The Philosophy and Practice of Coaching

教练式管理

[美]戴维·德雷克（D. B. Drake）
[美]黛安娜·布伦南（D. Brennan）
[丹]金·戈尔茨（K. Gørtz）
等著

黄学焦 王之波
等译校

北京大学出版社
PEKING UNIVERSITY PRESS

版权局著作权合同登记：图字01—2012—6299号

图书在版编目（CIP）数据

教练式管理／（美）德雷克（Drake,D.B.），（美）布伦南（Brennan,D.），（丹）戈尔茨（Gørtz,K.）等著；黄学焦，王之波等译校．—北京：北京大学出版社，2013．4

ISBN 978—7—301—22079—5

Ⅰ．①教…　Ⅱ．①德…　②布…　③戈…　④黄…　⑤王…　Ⅲ．①管理学　Ⅳ．①C93

中国版本图书馆CIP数据核字（2013）第026374号

书　　名：教练式管理
著作责任者：[美]戴维·德雷克（D.B.Drake），[美]戴安娜·布伦南（D.Brennan），[丹]金·戈尔茨（K.Gørtz）　等著　黄学焦　王之波　等译校
策 划 编 辑：袁　博　谢安洁
责 任 编 辑：李淼淼
标 准 书 号：ISBN 978—7—301—22079—5／F·3526
出 版 发 行：北京大学出版社
地　　址：北京市海淀区成府路205号　100871
网　　址：http://www.pup.cn　新浪官方微博：@北京大学出版社
电 子 信 箱：tbcbooks@vip.163.com
电　　话：邮购部 62752015　发行部 62750672
编辑部 82893506　出版部 62754962
印　刷　者：北京嘉业印刷厂
经　销　者：新华书店
787毫米×1092毫米　16开本　23.5印张　355千字
2013年4月第1版　2013年4月第1次印刷
定　　价：75.00元

Diane：感谢我的丈夫Bill和女儿Ashley，感谢他们无尽的爱、鼓舞和支持。感谢我的父母Chet和Ann给了我一个美好的开始。

Kim：我想感谢我的妻子和孩子，感谢他们的陪伴和极大的耐心。

David：感谢Kim的邀请，感谢Diane有力的指导，感谢我的妻子Gisela的鼓励，感谢我的女儿Hannab提醒我什么才是真正重要的。

译校者名单

（按姓氏笔画排序，其后为翻译章节）

王　珍	第14、15章
王之波	第2、3、6、7、8、9章
向明辉	要点回顾、后记、作者名录
李　红	第4、5章
李红燕	第12章
李雪柏	第16、17章
胡　丹	第13章
徐　冰	第10、11章
黄学焦	英文版推荐序、前言、第1章、索引

第2部分　教练的应用

第3部分　组织中的教练

‖推荐序一|

用教练技术推动社会发展

“在现在的工作场所，你在多大程度上发挥了自己的能力？”这是在每一次培训或演讲时，我都会做的一个小调查。

“发挥了一半的请举手。”寥寥数人举起手来。再问才知，他们都是老板。

“只发挥了一小半或更少的请举手。”绝大多数人举起手来。他们大都是员工或职业经理人，尤其是80后、90后的年轻人，他们对组织的满意度颇低。

再看看我们各个家庭，看看我们身边的孩子，大家都发挥了多少才能呢？估计情况不会比上面好多少。这就是我们社会和组织的现实。我们需要做出改变。

那么，是否有方法，用最少的投入提升这个比例呢？这样我们的组织就会更有效率，我们的家庭就会更加和谐，我们的孩子就会更加幸福。别的不敢说，但我可以肯定的是，教练技术可以帮助你实现这个目标。

教练就是一种相互支持与共同成长的伙伴关系。教练利用对话和分享的方法，帮助客户发掘潜力，最终实现其目标和梦想。教练不是教客户学习新东西，而是处于一种“空”的状态，通过倾听、提问、厘清、反馈及一些结构性的方法，让客户优化自身的内外资源，成为最好的自己。所以，教练技术既是一门科学，更是一种艺术。据国外专家评估，在组织中应用教练技术，可以获得投一返六的回报。而且这种正向积极的技术可以应用于包括政府、企业、家庭、学校等各个领域，通过正向引领，改变人们的观念和行为，为推动社会发展做出贡献。这也许正是《哈佛幸福课》、《正能量》等书籍在国内热销的社会背景，这也推动了教练技术在中国的兴起和发展。

作为国内首批教练技术爱好者之一，我从接触到学习再到实践推广，已经有十余年了，也算是见证了这种先进理念和方法在国内从无到有的过程。值得欣慰的是，通过与国外埃里克森国际教练学院的合作，我们培养了国内第一批国际教练联合会认证的国际专业教练，他们现在都在各行各业辛勤地忙碌着。与此同时，我们也深深地认识到，教练这个新兴职业，需要在从理论到实践等一系列方面，引进国外先进的经验，并与中国的实际相结合，才能规范而有序地健康发展，才能更好地为社会和各类组织服务。

了解一件事情，都有"知其然"和"知其所以然"两种境界。初读《教练式管理》这本书，是在2010年美国举办的国际教练联合会（ICF）成立15周年的年会上。一翻开便爱不释手，深感这是本每一位教练都需要认真阅读的书。全书由近20位国际教练联合会最高级别的MCC（大师级教练）合著，分为"教练的根基"、"教练的应用"和"组织中的教练"三部分，洋洋洒洒近400页，谈古论今，虚实结合，凝聚了全世界顶级大师的智慧和经验，描绘了一幅教练技术从过去、现在到未来发展的宏伟画卷，阐述了教练技术和心理学、管理学等诸多学科千丝万缕的关系，在各方面为中国的教练们提供指导。带着这本书回国后，我立即与身边多位具有扎实英文功底的教练联系，希望大家一起把这本书翻译过来，以飨读者，得到了热烈的响应。多名教练同心协力，分译互校，终于在较短的时间内完成了翻译和校对工作，又承蒙北京大学出版社青睐，这本经典译著终于付梓，在此由衷感谢参与这个项目的诸位同仁朋友，同时也请各界人士批评指正。

教练技术是融出世和入世、理论与实践、"人"和"事"为一体的综合变革系统，出世追求精神愉悦，是一套思想；入世追求现实创造，包括工具和流程。我由衷地希望国内的同仁们，在学习源于西方的教练技术同时，逐步融入东方的思想，让其成为整个人类智慧的结晶。

教练技术，是我们建设伟大组织的需要，是我们迈向幸福社会的需要！

黄学焦

埃里克森（北京）管理顾问有限公司董事长

国际教练联合会北京分会会长

推荐序二

通过改善人来改善世界

学焦几年前告诉我，他有一个心愿，就是把全球最有影响的关于教练的书籍介绍给中国的读者，帮助人们探索教练理论基础，了解教练在个人和组织发展中的实践，以及在教练应用过程中面临的挑战。没想到学焦果真把他的心愿变成了现实。不管你是在为个人和组织寻求教练服务，还是想成为一名教练，这本书都会是一块帮助你的“垫脚石”，帮助你打开教练行业的“黑匣子”。

在多元化、多变化、多不确定性的时代，人们在生活和工作中，难免要遇到一些重大的转变，人们不仅需要调整自己外在的行为，也要探索内在的真我，探索内在的动力，来理解和接纳充满挑战的现实，并预见充满期待的未来。人们越来越认同：仅仅专注于知识的传递，已经不能满足个人和组织的发展需要了。这促使教练行业在过去几年，实现了难以置信的发展。

教练看起来是一个新的现象，但是它的根基却可以追溯到几十年前，甚至诸多世纪之前，例如：追求生活的改善、个人的发展、意义的探索……这些都起始于古希腊社会，彼时，苏格拉底的话常常发人深省——“未经审视的生活不值得度过”，他整天到处找人谈话，讨论问题，探求对人最有用的真理和智慧。

教练行业的发展，借用了其他诸学科的理论和研究，比如心理学、哲学、组织发展学、成人学习理论、系统理论，等等，所以，教练是一个高度综合和复杂的学科。作为职业教练来说，我们不仅要学习“如何做”，更要深度理解“我们为什么这样做”；我们不仅要学习教练的理论，还要深入教练的实践；我们不仅要“陪别人练”，更要舍得“陪自己练”；我们不仅要看到树木，更要看到森林。《教练式管理》能够帮助我们在“如何”和“为什么”之间，在理论和实践之间，在“陪别人练”和“陪自己练”之间，在树木和森林之间，建立关联和滋养的桥梁。

教练行业是一个关乎生命的行业。物品是生产出来的，生命需要“生成”。作为职业教练，我们要陪伴“生成”的，是另一个鲜活的生命。只有生命才能陪伴生命，只有真我才能激发真我。让自己的生命强大起来，让自己的生命真实起来，把自己的生命建造在坚固的根基之上，是我们从事教练事业的基础。

教练行业是一个关乎信任的行业。客户要先信任教练，才能信任教练提供的服务。在这个过程中，教练如何成为一个自信的人，如何建立值得信赖的教练关系，如何成为值得团队和组织信赖的人，并学习对精神原则和内在良知加以信赖，是我们从事教练事业的基本功。

教练行业是一个关乎结果的行业。从长期来看，客户并不是为了短暂的快感来寻求教练服务的，他们期待的是改变和结果，这是我们从事教练事业的目的。

正因如此，我总是小心使用“教练技术”这个中文词汇，担心人们对教练的理解仅仅限于技术层面。教练所涉及的，是人的每个方面，正如书中所说，就像计算机的操作系统一样，全人理论就是人生教练的操作系统，不管你的辅导关系聚焦在哪个领域，总是会和生活的其他领域有内在的关联。

关于本书，Kim Gørtz期待的是：“引领人们深入探究教练领域，进而引发深刻的辩证思考，从而促使教练领域和相关人士的共同进步，以一种有思想、有道德、充满爱的方式开创更加美好的未来。”我相信，随着我们的阅读、反思、讨论、理解和实践，这一目标一定会实现，愿我们都以一种有思想、有道德、充满爱的方式，通过对人的改善，来改善这个世界。

郑志文

领导力发展教练

北京启承转合管理顾问有限公司合伙人

‖推荐序三|

成为教练式的领导者

能受邀为本书作序，是我莫大的荣幸！在学习和实践教练技术的过程中，不断有国际大师级教练和导师向我推荐本书，所以我深知本书对教练的学术和实用价值！今天，本书的中文版与读者见面，是众多教练和正受教练科学所影响者的福音。无论教练技术在你的生活和工作中处于什么角色，本书都将是你的良师和助手！

今天，越来越多的企业开始将企业的管理风格或管理文化定位为教练式管理，将企业领导定位为教练式领导者。“教练”如此受到重视，大家不禁会更加关注教练科学如何服务于企业的战略目标，及教练技术在组织管理中的实践。“不患无位，患所以立”，这是很多企业高管面临的实际问题：不是担心没有位置，而是担心在其位却无法做出很好的成绩。对于领导者而言，教练技术日益成为领导者必备的能力。教练对于领导者而言到底意味着什么？我粗浅地理解，教练为领导者搭建了一座桥。

教练是连接战略和执行的桥。“我们不缺战略，缺的是能把战略落地的人。”这是我们常听到的高管的心声。教练以终为始，以行为径，以果为终。正因为这鲜明的目标导向特点，使教练技术成为帮助企业战略执行的有效手段。教练式领导者通过教练技术使团队真正被激励，明确目标，周密计划，严格执行，最后以取得成果作为完结，这是完整的教练过程，也是战略落地执行的过程。此外，教练们认同被教练者本身是有创造性的，是资源丰富的，并且是完整的，被教练者在过程中被充分激发了潜能，能够更加主动地去想策略、找资源，从而实现战略的落地。

教练是连接短期目标和长期目标的桥。理论研究者们试图从积极心理学、组织行为学、成人学习理论、社会心理学等诸多学科中寻找理论基础，来解释教练对组织及个体的作用。被教练者的终极目标是实现自我和生命的意义，并在这个过程中充分体现自身价值。由于工作的原因，我有机会接触到很多成功的教练式领导者，他们通常能够把员工的长期目标和组织的长期目标相结合，同时把短期目标和长期目标相结合，让员工（被教练者）认同自己同组织的根本利益的一致性。短期目标是长期目标的基石，长期目标是自我价值体现的形式之一，员工会在实现价值和意义的过程中不断朝目标努力，员工在这样的学习—实践—自省过程中得到成长。

教练是连接企业内不同文化的桥梁。文化的差异会导致价值体系等一系列差异，教练技术可以帮助领导者构建和融合不同的组织文化，是“看不见的手”，是非强制性的影响力。利用教练技术，领导者可以建立信任和沟通，把企业文化转化成为无形而有力的推动力，促进组织目标的实现。在本书中，Charles Hamrick特别谈到在教练中关注文化因素，这对于我最近在思考的问题非常有帮助：教练这一起源于西方现代科学的学科如何运用到古老的东方智慧的土壤里。有的教练朋友正在研究教练与《易经》、教练与儒家思想的关系，本书作者分享的他在中国和印度的经历，有助于我们找到一个尊重和创新的接合点，更好地把教练服务应用于中国。

到这里你不禁会问，我如何能够成为一位教练式领导者？《教练式管理》提供了部分答案。本书介绍了教练的起源、教练技术的应用，尤其是教练在组织中的应用，结合个人教练、团队教练、领导力提升等备受关注的话题和实践，全面向读者展示了他们对于教练科学的系统研究和应用。非常值得一提的是，本书中对于教练状态（being）的介绍，帮助我们提升了教练的修炼和自我管理，是在该领域中不可多得的宝贵分享。

教练们是在用心工作，这是爱的艺术。无论是教练从业者还是教练式领导者，让我们以Kim Gørtz对本书所寄托的愿景——以充满爱的方式去开创更加美好的未来——共勉！

李鹏

IBM中国有限公司顾问讲师

国际教练联合会北京分会副会长

英文版推荐序

当今世界，教练已经深入到个人和职业发展的各个领域，而心理咨询师、顾问和教练们各行其道的产业模式正在逐渐消失。教练集心理辅导、咨询顾问和教练培训于一体，致力于个人的自我发展、增强自我效能、培养系统思维能力和战略思维能力、提升学习能力和执行能力，并在这一过程中，更注重积极的措施、实时改变和长期收益。正因如此，合格的教练和涉及多学科的教练团队越来越多地被用于提高一个组织乃至社会的自主水平、发展水平和表现水平。

随着教练的发展，大量相关书籍应运出版，但大多只停留在基本教练技巧、简单教练模型或教练对话方法等方面；其作者也都是通过鼓舞人心的文章，借助轶事或事例来宣讲成功之道。不过，近年来，与教练相关的书籍逐渐发生了变化：许多书引入了心理学的理论和研究，以此来支撑其教练模型；越来越多的书中包含相关学术资料或引用已发表的研究成果，以此作为教练方法的依据。

同时，有关教练的杂志也如雨后春笋般相继出现。例如，《组织教练国际期刊》（*The International Journal of Coaching in Organizations*）、《循证教练与启导国际期刊》（*The International Journal of Evidence Based Coaching and Mentoring*）、《教练心理学家》（*The Coaching Psychologist*）、《国际教练心理学评论》（*The International Coaching Psychology Review*）以及最新的《教练：理论、研究与实践国际期刊》（*Coaching: An International Journal of Theory, Research and Practice*）。这些出版物，有的甚至已被收录在著名的权威数据库中，如美国心理学协会（APA）的心理科学数据库。

教练成熟与专业化的另一个标志是，国际上已成立了许多有代表性的相关组织，如欧洲教练协会（Association for Coaching）、英国心理学会教练心理学特别小组（British Psychological Society Special Group in Coaching Psychology）、欧洲导师与教练委员会（European Mentoring and Coaching Council）、国际教练协会（International Association of Coaching）和国际教练联合会。这些组织为其成员制定了道德规范和业务法规，这一点极为重要。在此基础上，一些组织又制定了教练课程认证方案，多数组织进一步设置认证程序。这样一来，组织成员就会为达到认证标准而努力进行自我提升，进而成为优秀的教练。与其他行业组织一样，这些专业组织间也存在着良性竞争，它们都不断提升自身水平以更好地满足组织成员和社会的需求。

与此同时，许多类似公共教练联盟（The Coaching Commons）的新型组织也正在起步，激励人们站在崭新的平台上思考教练为组织机构乃至全社会所做的贡献。

综上所述，当今的教练领域依靠的是资料翔实的好书、论据充分且引用通过同行评审的研究成果的杂志，以及那些制定了道德规范和业务法规、为组织成员和供应者设置认证程序的专业组织。不难看出，教练已经逐渐从一种行业向一个专业转变，同行和客户对教练的期望值也随之增高。比如，在英国，组织机构就会问教练是否通过认证、是否接受持续监督以及是否掌握教练领域的所有知识。

本书时效性强，涉及当代教练所面临的诸多问题，包括对教练理论基础更深层次的探索、教练技术的应用以及组织机构在教练过程中遇到的问题。本书由多名教练领域的著名专家合作完成，非常感激这些专家能与我们一同分享他们在各自专业领域里广博且独到的见解。此书为读者提供了发展和提高专业能力的良好途径，是21世纪教练领域不可或缺的书籍。

正如Kim Gørtz构想的那样，这本书“引领人们深入探究教练领域，进而引发深刻的辩证思考，从而促进教练领域和相关人士的共同进步，以一种有思想、有道德、充满爱的方式去开创更加美好的未来”。此书衔接巧妙，成功地将教练的过去、现状以及教练作为一门专业学问在未来的发展这三个部分融合在一起。

Stephen Palmer 教授

英国伦敦城市大学教练心理学系主任

前言

亲爱的读者：

欢迎大家来到教练的世界，我们在此诚邀诸位加入这次探索之旅。由于教练行业至今仍处于发展、成熟时期，我们有必要对其现状和未来发展方向展开一次深入的讨论。本书就是围绕这一话题，以一种既鼓舞人心又富有理论依据的方式展开论述。本书的作者来自世界不同的地方，有着不同的背景，其中既有世界知名的教练，也有教育家；既有研究员，也有作家。本书为各位提供了一个极难得的机会去深入了解每位作者的思想和工作内容，从而展开自我反思。由此，我们就能够掌握学者和业内人士的教练技术——这些方法不仅在理论上讲得通，而且行之有效。

本书展现了作者怎样以各自的方式，日复一日地整合有关个人修持的理论与研究。通过了解他们的思想和工作内容，我们就像在他们的帮助下打开了教练的“黑匣子”。我们常有这样的疑问：是什么让教练如此有影响力？教练究竟是如何进行的呢？所以，这本书就是一份翔实的资料，供有关人士参考，为开拓教练的新纪元、为开创更辉煌的明天做出贡献。作为通往教练新纪元的一道大门，这本尖端、成熟且影响广泛的书已经等到了问世的最好时机。下面，请随我们一同去了解此书，继续你的探索之旅。

关于本书的内容和主旨，在阅读了作者们的手稿后，Kim提出了最初的构想：“引领人们深入探究教练领域，进而引发深刻的辩证思考，从而促进教练领域和相关人士的共同进步，以一种有思想、有道德、充满爱的方式开创更加美好的未来。”Kim的一腔热情得到了这一项目中多数作者的支持。David担任执行主编，Diane则承担重要的额外领导职责。我们一致认为，在阐述实践方法的同时也应介绍一些教练理论，让读者在学习“如何做”的同时也能够明白“为什么这样去做”。我们希望以此让大家更好地理解“我们为什么这样做”，帮助众多教练提高教练水平。书中也有作者对当今教练所面临关键问题的看法，读者可以从他们的见解中获益良多。我们生活在一个新的时代，希望这本书能够成为大家的垫脚石，去探讨如何让教练成功地抓住时代机遇深入发展下去。

本书分为三个部分：教练的根基、教练的应用、组织中的教练。每一章的结构都是一样的：

- 背景：教练理论发展和运用过程概述，提出作者迫切需要解决的议题。
- 内容：引用一些既重要又权威的近期实例，这些资料的深度与广度都恰到好处。
- 联系：列举各种主要理论是如何与教练的实际操作以及作者的真实经历联系在一起的，由此打开教练的“黑匣子”。
- 结论：本章作者对教练发展和教练作为一门专业的前景展望。

第1部分：教练的根基，介绍教练所面临的三个关键问题：

- 教练作为一种职业，源于何处？
- 作为教练，我们对“自我发展”的责任和义务是什么？
- 我们如何进行与教练相关的研究，以此来指导大家的判断和实际操作？

这些章节表述的是，我们需要将教练的过去、现在和将来联系起来，这样可以增强我们的责任心、能力和发展潜力。

Patrick Williams在开篇先就一百多年前的心理学和心理诊疗对现在我们所了解的教练领域的重大贡献进行历史性回顾。对于教练来说，多了解我们在实际操作中的观点和使用技巧的来源是很重要的，并且应该深刻意识到，这两个学科之间的联系要比我们想象的紧密得多。

Travis Kemp做了一个非常好的分析，他分析了源自社会心理学的三个关键理论，以及它们在帮助我们了解教练关系的首要因素和自我管理对精通教练方法的重要性所起到的作用。他为教练们提供了两个实际模型来支持这两个目标。

David B. Drake从叙事心理学中汲取几个关键原则，以此来说明将已建立的理论转变成实践的过程，并且提供几种叙述性思考方式来应对客户的经历。对于出现在教练过程中用来和客户沟通的材料，他要求教练们用新的方式对其进行思考和使用，并在这一过程中重新审视自己管理客户体验的角色。

Peter Jackson提出一个尖锐的问题——教练怎么想的重要吗？这个问题不仅是讨论理论和论据的角色平台，也是教练实践操作的基础。这里特别值得关注的是Peter对教练的一个要求：他要求教练超越根植于实用主义文化的虚假二元论，这样才能更加专业、更加全面地发展我们自己。

Francine Campone用一段话结束了这一部分内容，她对教练发展的三个阶段进行了精彩的回顾，并通过其研究分享了自己对教练将何去何从，或者说应该何去何从的见解。同时，她还提供了关于如何在理论、研究和实践中理清头绪的一些指导。

第2部分：教练的应用，论述了现今的组织和团体是如何通过教练来应对五大难题的。这一部分不仅包含作者的专业见解，还收录了他们在工作中与客户之间鲜为人知的生动事例。

Sandy Gordon在这部分的开篇提出了一种有实力基础的教练方式，并介绍了它的优势和应用方法。凭借在体育和商业领域的研究和经历，他论证了欣赏式探询是如何用于增强客户的心理坚韧性和弹性（resilience，也译作“复原力”）的，后两者正是推动成功的关键因素。

Charles Hamrick讲述了他个人发展的传奇经历和基于这些经历的反思，以及他在不同文化背景的多个国家中开展教练活动的故事。Charles重点着墨于他在亚洲各国的经历和对各国文化的理解，为国际教练提出了一些重要的指导建议。

Kristina Gyllensten着眼于前人和自己所做的一些研究，分析工作环境中压力造成的影响，她还谈到了教练绩效评估的初期成果，以期解决客户在这方面的问题。她的工作具有重要意义，它能够引领我们从一个公正、真实的角度去了解如何在组织中调查研究一个复杂的问题，同时也让我们看到了教练绩效评估所面临的挑战。

Peter Webb为我们呈现了一篇精彩的智慧文献综述，讲述了他如何将其应用到教练实践中去。他笃信，这个时代亟须有智慧的领导来解决富有挑战性的问题，他提出了两个模型，教练可依据这两个模型启发客户的更多智慧。

Peter J. Reding和Marcia Collins为我们讲述了其教练模式的发展过程，这一模式旨在发掘客户的人文精神。他们拥护基于经验的认识论，并解决了教练过程中的一些关键问题，帮助人们找到最好的自我。

Sabine Dembkowski和Fiona Eldridge概述了他们建立教练模型的过程。当今世界的教练使用的模型数以百计，但我们通常不会去探究这些模型是怎样形成的。他们举了一个客户案例来展示他们的模型在实际操作中是如何发挥作用的（Chris Argyris）①，这激励了我们以一种更严格的眼光去看待我们拥护的理论和实践知识的区别。

第3部分：组织中的教练，以深入的视角探讨教练在组织机构中的作用、期望、影响和价值。本书第一部分主要是从个人角度出发，介绍了一些准则、心理学知识和原理等教练理论基础；而这一部分则是从组织机构的角度出发，引入了组织发展和领导力发展等问题②。相应地，这些作者解决了组织机构所面临的问题，力求使教练活动达到更好的效果。

David Clutterbuck在这一部分的开篇阐述了工作环境中团队合作的起源和本质，我们可以通过学习这一方面的知识，设计出一套更严密、更独特的团队教练方法。除了为团队教练工作提供实用性指导，他还鼓励我们做好有关客户和方案的知识储备工作。

Diane Brennan讲述了对一家医疗机构的领导层进行教练的过程，通过分析

---

① Argyris, C. 教聪明的人学（Helping Smart People to Learn）.《哈佛商业评论》（*Harvard Business Review*），1991，5-6月：99-109.

② Drake, D. B. 一套完整的教练方法：一家大型专业服务公司的崛起（An Intergrated Approach to Coaching: The emerging story in a large professional services firm）.《组织教练国际期刊》，2007，5（3）：22-35.

这一案例而展开论述，介绍了这次教练的过程和方法，总结了教练为领导者和员工带来的进步，以及他们收获的经验教训，这是反思性实践一个非常好的例子。

接下来，Vicki Escudé 介绍了在组织中建立教练文化的步骤。她论证了如何运用一组教练能力来评估该组织是否为改变教练文化做好了准备，以及如何运用上述能力推进这一变革。

William Bergquist和Vikki G. Brock研究了6种不同的当代组织文化，并论述了教练如何适应这些文化才能更有效地发挥作用。本章的后半部分着眼于这几类文化中存在的问题及其对教练意味着什么，以及每种文化如何让工作达到最佳状态。

Kim Gørtz带我们走进斯堪的纳维亚一家大型金融机构，看教练是如何在这家机构遭遇重大变革时帮助其管理者提升领导能力的。通过借鉴精益流程、“流”和教练技术的相关文献，他列举了在组织中更广泛地应用教练技术所面临的挑战和机遇。

作为本部分内容的最后一位作者，Merrill C. Anderson根据投资回报率对教练干预进行评估，做出批判性的总结。许多组织想要得到其在教练的投入和产出方面更多的资料，但我们现阶段在这方面仅仅是刚刚开始思考怎样收集有意义的资料。他用一个案例分析来论述这些问题，并就如何评估教练有形的和无形的效果提出了指导建议。

我们邀请诸位认真研读此书——包括那些你熟悉和不熟悉的部分。做一个求知欲强的人，带着一份虚心和坦诚去探索吧。我们希望它能帮助你拓宽思维，通过对自身的深刻反思找到提升客户素质和自身专业能力的新方法；希望它能激励你打开自己的“黑匣子”，提高自身水平，成为一名优秀的教练。如果教练成为一个真正的研究领域，我们应采用更好的准则来与之接洽，包括渊博的学说和批判性思维；如果教练成为一门专业——正如Drake（2007）[①]所说，教练的本质就是后专业（postprofessional）——我们应该做好反思性实践，心甘情愿、坦率

① Drake, D. B. 寻找回家的路：探求新时代中教练的身份（Finding Our Way Home: Coaching's search for identity in a new era）.《教练：理论、研究与实践国际期刊》. 2007.

地做自己，正如我们要求客户都应做到的那样。这本书就是为有追求的教练和教练课程量身打造的。

我们为读者设计了两种学习途径：

第一，我们在本书每部分的结尾设有一些问题，总共51个。你可以通过做题回顾书中的内容，把本书介绍的全新的知识、全新的观点和全新的行动运用到实际操作中去。试想，如果你有心，在一年的时间里每周解决一个问题（不包括假期时间），你自身和你的事业将会有多么显著的进步。

第二，我们建立了一个网站：www.practiceofcoaching.com，里面有对作者的访谈和补充资料，你还可以在网站中与其他读者就书中的话题和问题展开互动。心动不如行动，试试看吧！

欢迎踏上这一探索之旅！

Diane Brennan

Kim Gørtz

David B. Drake

第1部分

教练的根基

第1章

人生教练的崛起：心理学探源

Patrick Williams

20世纪的心理学家为个人教练和专业教练的产生和发展奠定了基础。本章主要讲述的是他们的理论和研究及其在实践方面对教练的指导。专业教练需要明白的是，高质量的教练培训和教育是建立在一个有关人类发展与沟通的多维度模型之上的，它涉及人本主义心理学、积极心理学、整体心理学以及业内其他相关学科。同时，教练也融合了组织发展学、成人学习理论及系统理论的精髓。但由于它们并不是本章的重点，这里就不做详细描述了。 *3*（此斜体边码为英文原版书页码，下同）

引用心理学的理论与研究是必要的，而分析如何将具体技术在教练会谈中加以应用也至关重要。这样，教练们就能够发展出更多元化的与客户沟通的工具。许多相似的技术都来源于临床心理学，这些技术对于帮助客户重组过去的经历并发现自己的优势非常有用。它们包括：强有力的问题、引导意念（精神综合）、空椅子技术（格式塔疗法）、时间线与未来同步（NLP），甚至包括互动分析中的技术与理论（Eric Berne）、客户中心咨询法（Carl Rogers）以及人生阶段意识论（Carl Jung，Frederic Hudson，Carol Gilligan，& Robert Kegan）。 *4*

本章重点关注的是人生教练（life coaching）的某个角度，即用高质量的沟通来增强客户的自主权和自控感。这在应用于不同文化的时候，可能需要做一些微调。由于教练过程是教练与客户共同创造的、能使客户增强自主感的对话，因此单一的专家模式或客户模式并不存在。本章引用的很多理论和技术源于西方文化，但在推广到其他文化的时候依然是适用的。

人生教练运作体系

个人教练和专业教练在过去10年逐渐成为一个被认可的职业，为人们在面临人生转折点并寻求帮助时提供了新的可能性，使他们能够找到一个向导作为同伴，一起设计自己期望的未来人生。教练行业包括多种应用分支，而人生教练的基本体系是建立在将人作为一个整体、以客户为中心的原则之上的。作为一种运作体系，这种将人生看作一个整体的方法（全人理论），一直存在于教练会谈的背景中，就像是计算机的操作系统一样。教练关系中针对某一具体问题的探讨，也将与客户人生中的其他领域密不可分。比如，当一个客户谈到想成为一个更好的职业经理人，或者想转换自己职业的时候，你会发现总会有涉及他们生活中重要的人际关系、个人幸福，或困扰他们的压力之类的话题出现在会谈当中。这些方面交织在一起，组成了一个有血有肉的、具有整体感的个人。这就意味着，在教练工作中，你必须主动询问客户生活及其他方面的问题。哪些方面处理得不错？哪些方面还不令人满意？生活中某一方面的不满意又如何影响到别的方面，导致他们达不到既定的目标？

1990年之前，尽管有少数人在从事类似教练的工作，但除了企业内部，“教练”的概念很少被提及。Vikki Brock（2008）曾做过一些研究，认为教练的起源始于1980年英国Results Unlimited公司。John Whitmore爵士基于Tim Gallwey的“内在游戏”理论，于1988年在英国创建了第一所培训学校。启导和高管教练是很多CEO与高级管理人员使用的资源，或以非正式的方式从同侪那里得到，或以正式的方式聘请咨询师或者心理学家来传教。本章记录了人生教练作
5 为个人与专业教练范畴内一部分的崛起历程，并讲述了其心理学根源。

教练的发展延续了以下的路线：国际教练联合会于1995年成立，在1996年举办了第一次会议。联合会保留了自1990年以来的有关教练的媒体报道。其中美国在1993年刊登了2篇（20世纪80年代在英国有更早的刊物），1994年有4篇（包括来自澳大利亚的1篇），1995年有7篇——相关文献主要都是在美国发表的。1996年，教练的知名度骤升，出版了60多篇文章，还有电视访谈、相关的新闻采访

等。自此之后每一年，教练的媒体曝光率都达到数百次，包括在知名媒体上，比如《早安美国》（*Good Morning America*）、《今日》（*Today*）、CNBC、BBC等渠道发表文章，接受电视访谈及广播节目的采访。1990年以前关于教练的书籍，都是讲述企业教练和绩效教练的，其后才有涉及人生教练、高管教练、职业教练、身心健康教练等的书籍，其中一些还成为畅销书。迄今为止，全球大约有35所大学已经开设教练认证课程，也有越来越多的学校为教练学颁发硕士学位。所有这一切都显示了教练在世界各地的蓬勃发展。

一般认为，人生教练起源于美国，之后向全球推广。但是最近的研究和与其他教练的谈话表明，它事实上始于20世纪80年代的英国。随后Thomas Leonard与其他人在美国的工作，又推动了人生教练在英国的发展。我认为教练在不久的将来会风靡全球，人们会听说这个名词，知道自己什么时候需要一个教练，如何找到一个教练，也明白求助于人生教练与求助于心理咨询师有何区别。对教练而言，教练的发展史可以为他们提供一个当下与未来的架构，便于其更好地了解这种职业与未来的机遇。借由教练过去的发展，教练可以更好地认知当下，也能为自己在21世纪教练发展的进程中做好准备。同时，对教练发展史的探究也有助于其他助人职业，比如心理咨询师——了解他们的职业和教练之间的相似与不同之 *6*
处，从而方便他们转行（Hart，Blattner，& Leipsic，2001）。

人生教练的根基

教练有其独特的模式，但根基还要回溯到几十年前甚至几个世纪前。追求生活质量的提高、个人发展以及对生命意义的探讨是从古希腊就开始的，这反映在苏格拉底的名言“未经审视的生活不值得度过”。从那以后，人们总结了很多检视生活的方法，有的有用，有的没用；有的基于理论，有的基于实践，还有一些杜撰出来的旁门左道。始终贯穿其中的原则是：不再局限于满足温饱，而开始关注更高层次的需求，比如自我实现、成就感、精神上的相通。这也是为什么在贫穷落后的社会，当人们还在为生存而挣扎的时候，便不可能为自己的人生设计辉煌的梦想和目标。

我在第三世界和发展中国家待过很多年，发现教练方法可以让当地村落的居民获得更多资源，当然他们仍需要更多的资源使这一切发生。提供水、食物、住处等的NGO和非营利性组织，可以通过教练活动让缺乏资源的国家和地区持续从发达国家和地区那里寻求帮助。从整体的角度来评价教练，我们可以认为其主要是为权贵阶层和精英人士服务的，但与此同时，越来越多的人在基本温饱满足之后，也开始探索生命的意义。

教练在今天看来是一门新兴学科，但事实上它建立在很多其他学科理论和研究基础上，比如心理学、哲学。因此，教练是一门多学科、多理论的综合学科，并集中应用在行为改变上。当教练在公众视野中开始立足的时候，它慢慢融合了被大众广为认可的行为学方面的理论（Williams，2004）。然而，近年来，随着相关研究的数量与日俱增，循证的理论也开始形成一套专属于教练的知识体系（Stober & Grant，2006）。

7 心理学的贡献

心理学对教练的贡献和主要影响是什么呢？我认为，自心理学在1879年成为一门独立的社会学科起，有4个学派对教练产生了深远的影响。它们分别是：弗洛伊德心理学派、行为主义心理学派、人本主义心理学派与超个人心理学派。弗洛伊德学派和行为学派都源于生物学，集中在病理学部分并研究如何治愈疾病。Carl Rogers和Abraham Maslow的人本主义学派脱离了这种病理学角度，旨在突出心理学中人性和人本的一面，即人的健康和快乐（Williams，2007a）。20世纪60年代后期的超个人运动在更大范围内综合了能够让人们处于最佳状态的因素。这次运动关注思维、肉体和精神，涵盖了在意识、超然方面的体验和实验，及东方传统胜于西方理论的一些实践。最近，Ken Wilber和其他人提出的一个整体模型，有可能成为第五个影响因素，它提供了更为完整和多角度的多元模式，来理解人类的发展和我们对思想、物质、精神和社会的追求。

近年来，从上述4个基本的方向中也衍生出一些其他方法，并为很多教练所采用。比如，认知—行为心理学就是从行为与人文分支的综合中演化而来。之所以这么说，是因为认知心理学囊括了行为学和操作条件化的很多智慧，但当人文的成分加入之后，就可以用技术与理论来增加个体的选择。在教练过程中，便可以通过运用探询和强有力的问题实现思维方式和行为的改变，以此来引导客户明了他们自己做出回应的能力。这种回应来源于审视多个可能的认知和行为方面的选择，而并非仅仅是对情境做出习惯性的反应。

再如，积极心理学是建立在人本心理学两个重要原则基础之上的：对客户而言，一个非机械化的角度和一个非病理学可能性的角度。人本心理学和弗洛伊德学派与行为主义不同，后者将人视作为无意识所控制，其行为只是一种条件反射；而人本心理学强调个体成长，以及存在感和个体经历。

随着心理学的革命，对人类天性的理解也更加关注如何有效地与他人合作。 8
Wilber的综合理论也加入了这股洪流当中，成为教练可以运用的资源之一。

心理学的诞生

心理学发源于意识以及脑功能（如感觉和知觉）这一领域。《韦氏新世界大学词典》（*Webster's New World College Dictionary*，第四版）把心理学定义为："（a）一门关于思维和情绪过程的科学；（b）一门关于人和动物行为的科学。"很多对心理学早期的影响都来自于哲学传统和哲学家的内省思考。这些深入探索个体喜好的内省，以及关注和观察行为、想法及情绪的实践，既能够提升客户的认知，也能坚强有力地支撑教练活动。内省在19世纪晚期推动了心理学的发展。以德国的Wilhelm Wundt和美国的Edward Tichener为代表，将内省作为一种了解人类思维过程的方法学。

然而，他们最终认识到，由于无法对意识和心理活动进行客观的研究，因此，对于尚属年轻学科的心理学而言，一旦需要数据验证，内省并不足以提供支撑。这一心理学领域的困境，同样困扰着今天的教练领域。心理学和教练一样，都在起起伏伏中经历各种理论的荡涤。即使在今天，不同的理论和方法仍争论不休。我们不必对新兴的教练领域中“百家争鸣”的现象感到恐慌——争论什么方法可行、什么方法更有效，有助于推动我们对教练的理解，离开了这些争论，教练方法将缺乏理论支撑，成为无源之水、无本之木。正是得益于这些充足的研究成果，当今的教练们才能更好地进行实践，为客户提供优质的服务。接下来，我们就来探讨心理学的发展史和对教练领域有深远影响的一些主要人物。

9 William James是美国心理学之父。他偏爱基于科学实验结果的观点，并且以关于意识及人类能体验到的更高层意识状态的著作而闻名。他的作品涉猎很广泛，对大脑功能、空间知觉、通灵和超自然能力、宗教狂热、意志、注意和习惯等诸多方面都有所涉及。因为James致力于上述方面的研究，所以其研究中心逐渐偏离了心理学，进而在晚年时重点研究哲学，而他在哈佛的称谓也因此变成“哲学教授”。尽管如此，James仍然对心理学的发展产生了极大的影响，他的著作至今仍被广泛传阅。《宗教经验种种》（*The Varieties of Religious Experience*，1994）是其诸多历史性著作之一，是一部为现代心理学提供诸多借鉴的、关于宗教和超个人心理学意识的专著。

第一波浪潮：弗洛伊德心理学

弗洛伊德学派是心理学的第一股势力。当美国心理学还在为争取得到科学界的认同与承认而努力奋斗时，欧洲心理学已经被弗洛伊德的心理学研究理论所改造。弗洛伊德的观点和理论在医学界引起了一阵轰动，最后他却因为对精神分析疗法的突破——谈话疗法，而在精神学领域得到认可。他提出了诸如无意识、自我和超我等术语概念。他的理论和实践也很快得到美国的认可。一些追随者继承了他的理论，并且同样成为举世闻名的理论研究学者。其中最为著名的有：卡尔·荣格（例如他提出的原始意向、心理类型、个性化及阴影进化论）、Alfred

Adler（例如他提出的社会自我、补偿、自卑感及优越感）、Karen Horney（例如她提出的新弗洛伊德学派神经症理论、焦虑的根源——孤立与无助）。多年来，由于众多学者都在研究弗洛伊德的理念，精神分析疗法的实践变得越来越完善，越来越有影响力。

而后，许多美国心理学家开始反对弗洛伊德的理论，把其当成另一种精神上的不可验证的、主观的伪科学。而几乎在同一时期，一些心理学家正在进行两项重要的尝试。这两项尝试解释了为什么人类是了不起的杰作，揭示了什么是病态行为以及引起和阻碍失常行为发生改变的因素。但他们的关注点仍在病理学及人类问题的消极面，而非20世纪后期，尤其是人本主义理论崛起后以及21世纪广受欢迎的积极心理学所强调的积极面（参见Seligman，2002）。

第二波浪潮：行为主义心理学 10

当弗洛伊德学派思想在欧洲及美国的渐渐成形之际，一些理论学者开始关注可测量的行为。因此，在这一时期，以B.F.Skinner和John Watson为代表的行为主义心理学派作为第二股势力开始崭露头角。几百年前，莎士比亚就感慨道："人类是多么了不起的杰作啊！"行为主义者从学术上理解这句话，他们将20世纪初的人类看作可以像任何机器那样被研究的机器人——一台思想被忽略从而注重自控行为的机器，完全不考虑人性。行为主义者需以可在实验室被测试与确认的实证心理学为基础。由于有着更多科学背景，这些学者认为心理学只有客观化才能得以继续发展，所以他们期盼建立一个通过条件作用和其他技术来塑造的人类行为模型。

然而他们的想法被严厉地批判为忽略了主观经验领域，例如性格、情绪和内心体验。但值得我们注意的是，实证模型对于神经心理学新兴领域的影响仍旧不容小觑，它把所有的人类经验都简化为神经传递质和电信号的作用。该模型最著名的代表人物是Daniel Dennett和William Calvin。不过，许多前沿神经心理学研究者实际上已经接受并思考诸如人类能量场之类的因素，以及科学与之前组成通灵学和精神实践的部分相融合的其他发现，而这些内容恰恰是20世纪接下来的两股势力所要研究的范畴。

第三波浪潮：人本主义心理学

20世纪50年代，Abraham Maslow以及Carl Rogers形成了心理学的第三股势力——人本主义心理学。它关注人类经验中人性的、本体的和现象的方面，与弗洛伊德心理学的机械论和行为主义心理学的简化论截然相反。比起病理学来，Carl Rogers更加关注“全功能的人”。他认为人们需要通过从别人那里感受爱与接纳来实现全功能，他的研究促成了著名的客户中心疗法的产生。同样地，Maslow对人们如何寻找人生价值与人生意义感兴趣，提出了需求层次理论以
11 及自我实现的概念。Carl Rogers的《个人形成论》（*On Becoming a Person*，1989）和Abraham Maslow的《存在心理学探索》（*Toward a Psychology of Being*，1962）就是关于这些理论的非常重要的著作。

第四波浪潮：超个人心理学

超个人心理学原先是Roberto Assagioli的著作的主要主题。Roberto在他的作品中提到了超个人心理学意识。许多人认为心理综合实际上代表着第五股势力，但在本章，我们将它看作心理学影响深远的第四股势力（Assagioli，1991）。Maslow掀起了第四波浪潮——包含心理、身体和精神的超个人心理学。它深入探究意识的改变状态，这里的意识既包括自发引起的秘传的精神实践，比如冥想；又包括将化学药物作为探索超个人主义领域途径的实践，这样的化学物质有麦角酸二乙基酰胺（LSD）以及其他迷幻剂（正如Stanislov Grof、Timothy Leary和Richard Alpert所研究和体验到的一样）。该研究让我们初次了解到关于人类心智以及认知及其可能性领域的知识。

Abraham Maslow在为第三股势力——人本主义心理学命名的时候，提出了

这个新理论。他强调人本主义心理学是不同于精神分析和行为主义的一项重要理论，同时也预测了他所定义的“超个人主义”和“超人类主义”即第四和第五股势力（Goble，1970）。最近几年，超个人主义心理学已经在研究意识状态、精神和人类生活的积极面等方面融入了人本主义心理学的思想。实际上，当积极心理学在20世纪90年代产生的时候，许多学者就似乎已经忘记了人本主义心理学和超个人心理学思想的早期影响及其对人类认识及改变的积极推动。

Ken Wilber在1977年出版的《意识谱》（*The Spectrum of Consciousness*）将西方心理学与东方的精神实践，尤其是藏传佛教和吠檀多印度教相结合，创造了从最低级（前个人）到最高级（超个人）的人类发展综合模型，从而改革了超个人主义心理学。Wilber以及其他学者在过去三十几年来不断修正该模型，使其日臻完善。

主要的影响人物

那么，心理学的四大派系，哪个更为主要呢？它们对现代教练带来了什么
呢？以下是与教练相关的心理学及其理论影响的历史性回顾。 *12*

在《日常生活的心理病理学》（*The Psychopatholo1gy of Everyday Life*，1901，1971）等著作中，西格蒙德·弗洛伊德主要论述了关于潜意识、移情、反移情、心理防卫机制的理论。他的理论虽然是以病理学为主，但却揭示了潜意识的欲求如何影响人们的行为。而教练在当下谈论到潜意识时，通常都会让他们的客户内省，或者至少让客户对自己的想法、欲求和动机更有意识。

卡尔·荣格对心理学的发展有很多重要的贡献，包括精神王国、同步性、古代智慧的重要性、人生阶段、个性化、阴影进化论和灵性探求。他打破了弗洛伊德的模式，从一种更为整体和精神的层面来了解人的动机。他曾说过，“总是往外探索的人是在做梦，而总是向内探索的人是在觉醒”，这是当今教练领域的一句名言。他的理论是目的驱动和未来导向的，关注客户如何在创造自己的未来

理想中，从过往的人生旅程中学习。与早期弗洛伊德学派的理论不同，该理论认为个体能更自主地掌控自己的生活。荣格研究过一些古代部落文化和其他玄奥智慧学派，因此他的理论与心理学的第三和第四股势力密切相关。教练的一个主要理论即源于他的个性化概念——个人变为整体和实现独特目标与路径的过程。关于荣格的理论介绍，有一些短小精悍的文章，比如《人及其象征》（*Man and His Symbols*，1964）的第一章，是由荣格主编的；以及《荣格文选》（*The Portable Jung*，1976），是由Joseph Campbell主编的。

Alfred Adler的理论重点在于：人作为社会生物时社会关系和人际关系的重要性、家庭的核心作用、对归属感以及生活方式的测评。他理论中的“如果……会……”和“假如……发生，就会做……”式问题被很多教练所运用。对于工作重心在社会、公司及家庭关系的教练来说，他的理论更是被广泛运用。他提出我们每个人每天的存在受五个方面的影响：社会，爱，自己，工作，精神；并要处理三对关系：爱和性的关系，工作和职业的关系，他人和文化的关系。他和荣格都相信人的行为是有目的性的——都希望创造一个美好的未来，这也是专业教练一直追寻想帮助客户达到的一种状态。关于Alfred Adler的理论，可详见其著作《对人性的理解》（*Understanding Human Nature*，1998）

13 Roberto Assagioli，精神综合治疗之父，其著作揭示了人类综合各个方面达到更高意识状态的能力。他引入了亚人格、内在自我的智慧、更高自我及观察性自我等概念。他属于人本主义阵营，其代表作是《精神综合治疗基本著作选》（*Psychosynthesis: A Collection of Basic Writings*，2000）和《超个人主义的发展：超越精神综合治疗的维度》（*Transpersonal Development: The Dimension Beyond Psychosynthesis*，1991）。

Karen Horney是早期非常具有影响力的女权主义心理治疗师。她的主要理论包括非理性信仰、对安全感的需求、理性—情感理论的早期影响及“自我救助”范式。她与Adler是同时代的人，对荣格的理论有所影响。她被看作人本主义学派的支持者。其代表作是《卡伦·霍尼文集》（*The Collected Works of Karen Horney*，1950）。

Fritz Perls是格式塔疗法创始人，主要医治由于价值观与行为（欲求）之间的内在冲突导致的人格问题。他引入了诸如胜者和败者、两极性（白与黑的思考方式）、空椅子技术及当下意识等概念。格式塔理论也尊重客户的整体经验，包括思维、情感、生理及精神。Perls受Kurt Lewin计划变革理论的影响，其研究集中于个性—背景角度。Perls也是人本主义心理学派的一员，他认为人是一个综合体，可以通过对人的身体、大脑和存在及潜意识进行集中提问的方式对其加以了解。代表作为《格式塔疗法和目击者疗法》（*The Gestalt Approach and Eye Witness to Therapy*，1973）。

Carl Rogers发展了客户中心方法，认为客户是有能力自己找到解决方案的。他引入了无条件正向关注和人本主义心理学的概念，宣扬倾听、反省、复述以及沉默和神圣空间的价值等概念。他对心理治疗领域的影响非常大，《客户中心疗法》（*Client-Centered Therapy*，1951，2003）和《个人形成论》（1989，1996）等著作也对教练领域产生了深远影响，包括深度倾听的价值、共同创造的教练空间、客户导向的过程及认为教练是一个帮助客户探索的同伴的理念等方面。

Abraham Maslow反思了存在需求和不足需求、更高自我以及超个人的潜力，引入了需求和价值的层级。他被认为是人本主义心理学之父，也做了很多关于自我实现的研究。他的理论强调正向的发展，而非仅为了生存或者与现状抗争，在积极心理学领域和教练领域都影响深远。

Virginia Satir堪称家庭疗法的鼻祖。她曾于1970年坦言自己也无法解释 14
这里面的奥妙，只是运用了自己的直觉，让家庭的问题浮出表面，而她在享受这个过程的同时，也加深了家庭成员对问题的理解和认知。人们称她为“家庭疗法的哥伦布”，因为她并不按照一开始设定的路线进行治疗，而其治疗的结果也往往出人意料。她相信一个健康的家庭环境包含了对感觉、情绪和爱等方面公开而对等的分享。她善于描述家庭角色，比如解救者、受害者和安抚者，这些角色限定了家庭内部的关系与互动。她的理论系统研究了人际关系，对后来在公司环境中的教练活动有深刻影响——很多教练意识到她关于家庭的理论和技术对于有问题的团队和管理者来说同样奏效。我也在20世纪80年代末90年代初用她的理论为很多机构提供咨询服务。她的代表作是《与家庭一同改变：论人类的进修教育》（*Changing with Families: A Book about Further Education for Being Human*，Bandler，Grinder，& Satir，1976），这本书对人本主义思想影响深远。

Viktor Frankl基于自己在“二战”时期的体验，发扬了乐高疗法（logotherapy）。受存在性哲学和自身在纳粹集中营里经历的影响，Frankl在厕纸上记下笔记，出狱后写出了《意义的探索》（*Man's Search for Meaning*，1959）一书。他曾经说过，唯一不能够被剥夺的自由便是自己思考、梦想和创造的自由。他引入了心理学中自相矛盾的意愿这个概念——“你所抵制的会持续作用”及“你投入能量的东西就是你展示出的东西”。教练运用这些理念帮助客户将意念集中在他们的欲求和所想要达到的理想结果上面。Frankl倡导发现工作和生活意义的必要性，被很多后人认为是意向重要性方面的标杆性人物。

Milton Erickson主要关注催眠疗法以及语言学和两难困境。通过他的理论，教练学会了集中在可能性上，并且试图寻找引起改变的独特方法，比如提出能激起客户情感的、强有力的问题，或运用源自客户的与众不同的诉求。Erickson是美国催眠疗法之父，与Gregory Bateson同为早期神经语言学（NLP，其创始人是Bandler和Grinder）的影响者。

15 Jeffrey Zeig和Bill O'Hanlon是Milton Erickson的学生。他们引入了模式扰乱、迷惑技术、被迫选择、正向路径的假设、非昏睡状态的催眠以及潜意识资质等概念。他们理论中的重新架构法被教练广泛运用于帮助客户从另外一个角度看待现有情境。O'Hanlon的工作对于人生教练格外有指导意义。他的代表作是《一百零一种改变：改变人生或疗法的实操指南》（*Change 101: A Practical Guide to Creating Change in Life or Therapy*，2006）。

20世纪70年代，出现了关注解决方案的方法，这种方法并不以问题为导向，而是集中能量在发现能够奏效的解决方案上。这个领域三个知名人物是Insoo Kim Berg及其丈夫Steve de Shazer，以及Bill O'Hanlon。Berg与Szabo在2005年写了《短暂的教练，持久的方法》（*Brief Coaching for Lasting*

Solutions）一书，结合了解决方案导向理论以及短期教练过程。这种以解决方案为核心的方法催生了以解决方案为核心的教练模式。

Fernando Flores承袭了Austin和Searle的言行理论（Solomon & Flores, 2001），并将其运用在人们的沟通和交流中。一个最有用的教练工具——做出请求，是他探索语言如何能够影响行为的例证。Flores对Werner Erhard产生了早期影响；而后来成为“里程教育”培训主体的EST培训体系，影响了Thomas Leonard和他在教练大学的早期教学，同时也影响了Laura Whitworth和她在教练培训学院的教学。后两者在20世纪80年代都与Werner Erhard合作甚密。他们作为教练存在论的创始人，也都是值得一提的重要人物。

Martin Seligman是积极心理学的创始人，他认为人的成就是以其强项为基础的。他借用了人本主义心理学中的元素，关注人性当中积极和有生产力的方面，持续地重视建立和使用强项而非弱项，并将其运用在心理治疗、教练以及教育当中。Seligman的理论是建立在几十年的研究基础之上的，对于教练非常有用。他的主要作品是《真实的幸福：用新积极心理学发掘自身维持强项的能力》（*Authentic Happiness: Using the New Positive Psychology to Realize Your Potential for Lasting Fulfillment*，2002）。

除了以上几个理论家之外，还有不少人生发展心理学专家的研究成果，就特殊发展轨道做出阐释，对教练大有裨益。Daniel Levinson的早期工作研究了哈佛毕业生50年的人生经历，其研究结果在《生命的季节》（*The Seasons of a* 16
Man's Life，1978）一书中得到阐述，揭示了那个特定年龄群体的发展过程。Carol Gilligan在关于不同年龄女性的论著中深刻分析了女性一生中道德、认知及个性的发展与男性有何不同。Robert Kegan提出了关于评价在人类有限的生命中意识发展层次的理论和方法。

Ken Wilber完整的心理学理论对超个人心理学理论而言是青出于蓝而胜于蓝的。Wilber综合了许多著名心理学家提出的心理发展理论，包括Freud、Piaget、Erickson、Kohlberg和Bandura提出的早期发展理论，之后又融入了Jung、Graves、Gilligan、Aurobindo、Washburn、Kegan、Fowler、

Underhill以及其他心理学家的理论，进而形成了一套从出生到觉悟、共13个基本阶段的完整的心理学发展理论。Wilber同样提出，所有的人类体验都可以放置在一个基于个体与集体、内部（即主观）与外部（即客观）差别的象限图中。图1-1（Wilber，2000）就是Wilber象限图适用在培训方面的一个基本版本。

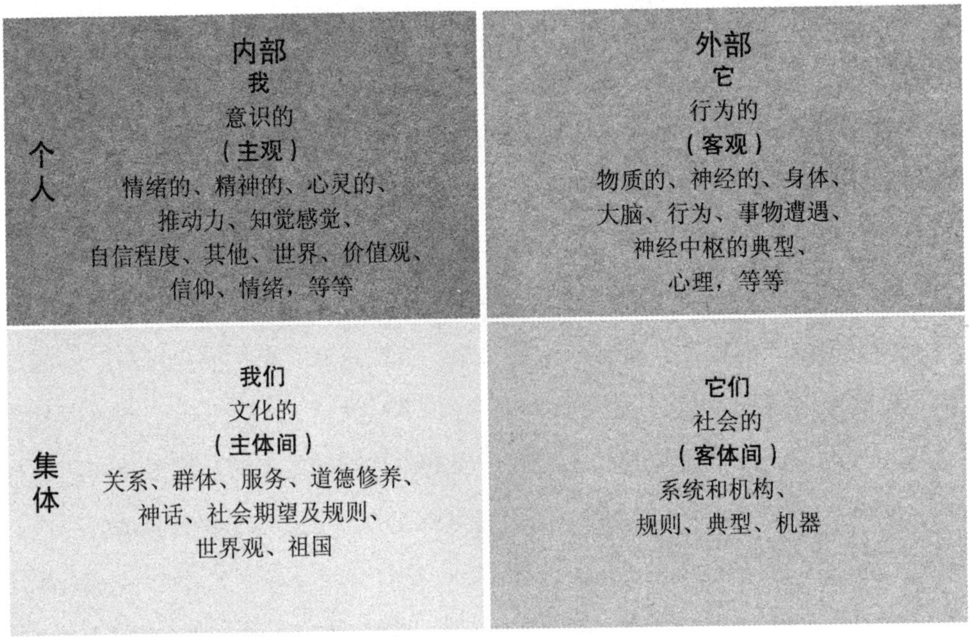

图1-1 客户和环境

17 随着教练过程的展开，Wilber象限图能够帮助教练理解客户所面临的问题的源头和具体情况。虽然4个象限相互依存，但每个象限都展示了不同的问题并提供不同的解决方案。要想大致了解Wilber的理论及如何将其应用于教练实践，请参阅其著作《肯·威尔伯基础理论导读》（*The Essential Ken Wilber: An Introductory Reader*，1998）。

将理论付诸实践

对于正在从事教练职业的人来说，认识到如下事实至关重要，即：教练的理论基础已经成为其存在的一部分原因，而不是教练（尤其是那些从心理学或其他类似行业转行过来的教练）用于帮助客户的技术（Williams，2007）。该理论基础的一部分已经融入我们的文化，并因此进一步增强了其重要性。与此同时，某些理论家（尤其是近代的一些理论家）在这一领域的贡献为我们提供了一个新的视角，帮助我们理解人类的行为，甚至可能帮助我们塑造一个全新的模型。下面的案例就展示了理论基础对教练过程的根本性影响。这个例子反映了目前健康教练领域常用的一个模型。它可以帮助教练学习如何运用这种评估客户准备程度的模型来对客户进行教练，以及根据客户特定的准备程度，选择应采用哪种有关人类行为改变的理论。

James Prochaska有关准备程度的理论可以帮助教练最有效地理解客户的生活现状。Prochaska的著作内容来源于戒除瘾癖的咨询领域以及相关研究（即咨询师的行为和风格应该与特定客户进行改变的准备程度相匹配）。Prochaska模型（Prochaska，Norcross，& DiClemente，1994）将客户可能经历的过程按照时间（不一定按线性顺序）分成6个阶段。这个模型可以帮助客户在进行改变的过程中采用合适且必要的策略，最终达到期望的状态或行为。

接下来就是利用该模型进行教练的一个案例。在这个案例中，客户的目标是希望改善健康状况，并开始有规律地进行锻炼。

意前期（precontemplation）： *18*

在这个阶段，客户实际上还未考虑做出改变。他们有时候没有意识到改变的必要性，或没有意识到他们目前的模式或行为有何不妥。如果教练发现客户可能处于这一阶段，那就说明客户还没有准备好做出重大改变。对处于这一阶段的客户进行教练时，最初的探索和评估至关重要。

如果一个客户想要改善其健康状况，那他就不处在这个阶段。我们所说的处于意前期的人并不是想不出解决方案，而是无法识别存在的问题。而本例中提到的这个想要改善其健康状况的客户已经正确识别了自己面临的问题，并且把问题转化成了目标，即开始锻炼，以便改善健康状况。一般来说，教练很难接触到处于意前期的客户，除非有些客户被公司送过来进行教练，而此前他们自己并没有意识到自身存在的问题。不过有时候，一些客户因为某些原因寻求教练的帮助，但在接受教练的过程中又出现了其他问题，在这种情况下，针对这一新问题，客户有可能处于意前期。

使用Prochaska模型的教练必须牢记：客户所处的具体阶段与具体的问题密切相关。针对不同的目标，一个客户可能处于不同的阶段，这就要求教练在教练过程中能够灵活处理。比方说，教练可能正在对一个客户的工作问题或如何改善恋爱关系进行教练，不过当该客户去看医生时，医生发现他的胆固醇和血压都偏高，于是建议他多关注健康。在这种情况下，该客户从医生那里接收了一些评估数据，而这些数据有时可以用于教练过程。这种数据既可以通过正式渠道获取，比如各种性格评估；也可以通过与客户的面谈或使用生命之轮（wheel of life）模型等非正式渠道获取。无论哪种情况，帮助客户从意前期进入第二阶段的教练策略都要使用评估数据。教练可以通过这些数据判断该客户是否接受这些信息或否认问题的存在。

意识期（contemplation）：

处于这一阶段的客户正在考虑做出改变，可能发现自己对改变有点模棱两可，或者他们压根不知道怎么改变。他们或许会没完没了地掂量改变的好处和坏处，却始终不能下定决心付诸行动。在这一阶段，教练可以帮助客户分析目前的情况及其习惯、行为和模式对其自身有何好处和坏处。依然以那位为改善健康状况而开始锻炼的客户为例，教练可以问他：“你最喜欢哪种运
19 动？”“如果你一切照旧，不寻求任何改变，会有什么结果？”“开始一项常规的锻炼计划对你有哪些好处，有哪些坏处？”这位客户可能是一位忙碌的高管，经常出差，业余时间非常有限。如果是这样，教练就应该帮助客户进行分析，让他意识到时间全部被工作占据会对健康造成的损害。除此之外，教练还要帮助客户发掘，哪些激励因素能够促使他进行改变，哪些因素会让他维持现状。

这时候，教练可以使用Perls的空椅子技术，让客户分别列出某件事情两个方面的好处和坏处。在本例中，某件事情的两个方面指的就是锻炼和不锻炼。然

后，教练让客户内心支持锻炼的部分选择锻炼的好处，并让他坐在一张空椅子上，就锻炼有害无益的部分进行辩论。这个方法让客户把内心的矛盾通过对话的形式进行外化。在这个过程中，教练的主要作用就是帮助客户找到前进的方向，并且坚定目标。这种让客户有机会表述内心不同声音的方法，在教练技术中被视为与内心的“小鬼”对话。它不仅可以把内心的矛盾通过语言进行外化，而且能够增加教练过程的趣味性。当然，在教练过程中，可以以一种轻松但颇具启发意义的方式进行，而不必像心理治疗时一样正式。

准备期（preparation）：

在这一阶段，客户已经准备进行改变——收集信息、汇集资源、尝试各种可能性并准备付诸行动。这是教练过程中最强调责任心的阶段。教练可以帮助客户发现有用的资源，识别哪些东西是必需的，哪些东西没有必要，与客户一起创造各种可能性和选择，并且鼓励他们不断前进。

帮助客户从意识期进入准备期本身就是一个不小的成就。客户开始克服意识期的惰性，不再只是对要采取的行动进行空想。有时候，如果客户一直只想不做，教练可能会有挫败感。所以，认识到准备期的重要性是非常有意义的。教练的工作就是帮助客户改变，比如，一个客户想改善健康，那么在准备期他可以上网研究当地的一些资源，例如当地的健康俱乐部、健身教练、各种训练班或其他相关的资源——这已经是进步了。当然，不熟悉Prochaska著作的教练可能并不 20
这么认为。有了这样一个模型，教练就可以有充分的耐心引导客户顺利完成每个阶段。如果客户每个阶段的独特需求都得到了满足，就更容易取得最终的成功。

行动期（action）：

这是客户真正付诸行动、实践新的行为方式、尝试新事物的阶段。这时，教练的角色就是要确保客户的行为与其身份及需求相一致。前三个阶段主要是找到各自适合的行动方式，而这个阶段就是要真正行动起来。这时有关行动的想法并非源自教练原本的想法或建议，而是由教练过程前三个阶段中教练和客户一起合作形成的。客户的行为可能包括聘请一位私人健身教练、购买一部健身设备并且坚持使用、制订一份常规训练计划、改变饮食习惯，等等。

维持期（maintenance）：

在这一阶段，客户已将上一阶段的行为坚持了很长时间，形成了新的习惯，而且这些新习惯已经成为其未来生活的一部分。这通常表明新习惯已经形成并且有可能持续。这时，教练过程依然要巩固改变。客户遵守教练的规则能够提高成功的机会，对曾经在这一阶段失败过的客户尤其如此。如果客户又回到了从前的老习惯或者情况发生了变化，教练就要帮助客户重新设定目标或校正行为。

就像维修汽车一样，我们必须时不时对汽车进行调整，以便解决当前的问题。有时候客户认为不论发生什么情况，他们都可以一直坚持。但生活充满着各种变数，这个希望改善健康的客户可能又遇到新的健康问题，而这一问题可能迫使他必须改变自己喜欢的锻炼方式。这时，真实的情况可能远比他想象的更加难以处理。或者，如果他的家庭新添了一个小生命，他也不得不重新安排时间和精力。

中止期（termination）：

Prochaska之所以采用这个名词，是因为这时候，客户已经不再需要通过教练的方法来改变行为了。新的行为方式已经成为客户生活的一部分，客户无需多想就可以自然而然地按照新的行为方式行事。对于本例那位希望改善健康状况的客户来说，锻炼已经成为他每周必做的事情，成为一个新的习惯，而且可能是令人愉悦的新习惯。

21 在教练过程中，中止期可能并不意味教练活动的结束，它可能仅仅意味着教练不再关注某个特定的目标，即有限的目标。一些客户可能觉得他们已经达到了教练目标。这时，教练应该帮助客户们认识到继续持续的教练和对于新问题的教练会使他们终身受益。

牢记“改变是一个过程，而非一个突发事件”非常重要。在任何需要的改变中，客户将在这些阶段中循环往复。这些过程不是线性的，而是螺旋式的。例如，教练经常会看到一个现象：客户承诺会在下一个阶段采取行动，但是到了下一个阶段，他又从行动期回到了意识期。教练的作用就是支持和帮助客户度过这些循环，并且无论客户此刻处在什么位置，都接纳他。

结论

教练的核心就是拥有领先于教练技术的坚实的学术基础以及理论，这个核心会随着教练的发展而发展，通过验证了的理论和基于实证的研究而变得更加重要。所有因现代心理学产生的先进工具都可以用来支持教练帮助客户实现其需要的改变。正如最近兴起的积极心理学描述的那样，新的发展产物变得随时都触手可得。

教练的特点是，它可以综合运用其他领域的工具并充满创新性。根据现在正在进行的实验，教练正在开发属于自身的新循证理论。它借鉴以前的理论，几乎就像心理学家从哲学家那里借鉴一样。随着教练渐渐成长为一个行业，它会在教练联盟这个特殊关系群体中，开发属于自己的关于有效策略和工具的研究基地。本章以及后面的章节就是从科学中收集实用知识的一种尝试。如何让所有的知识和理论指导你的教练业务？如何知道哪些工作技能对你的工作风格来说是最好也是最合适的？技能组合和能力并不是凭空创造出来的，清楚地了解这一点，将会为新兴产业保驾护航，同时，发掘教练关系理论的实际用途，将让人们的生活与众不同。

职业教练和企业教练帮助客户寻找需要的改变，走向新的人生轨迹。他们通过为客户的工作提供多种观点来实现这个目标。他们保持着对每个客户的独特天
赋及特长的欣赏。同时，他们能够看到客户所做的工作如何融入人类生命发展的 22
进程。

我认为，由于在当今社会缺乏真正的倾听以及经验的交流，教练已然成为一种职业。所有这些因素都源于社会经济状况的飞速改变、科学技术水平的提高和信息的即时获取。Carl Rogers曾说，咨询就像是买来一个朋友。雇佣一个教练也是类似的道理，不过你收获的当然远比一个朋友要多得多。教练就是被雇佣来帮助客户在其人生中的各个领域成就丰功伟绩的伙伴。人们或许并不是一直都需要一个教练，但我相信他们值得拥有一个教练。就像所有正式职业一样，教练是分不同的技能等级和资质的。所以为了寻找一个合适的教练，与多个教练面谈并

且充分进行调查工作，你将会因自己做了这一切而由衷地感到高兴。

参考文献

Adler, A. (1998). *Understanding human nature* (C. Brett, Trans.). Center City, MN: Hazelden.

Adler, A. (1956). *The individual psychology of Alfred Adler: A systematic presentation in selections from his writings* (H. L. Ansbacher and R. R. Ansbacher, Eds.). New York: Basic.

Albee, G. W. (1998). Fifty years of clinical psychology: Selling our soul to the devil. *Applied and Preventive Psychology*, 7, 189–194.

Albee, G. W. (2000, February). The Boulder model's fatal flaw. *American Psychologist*, 55(2), 247–248.

Allport, G. (1937). *Personality: A psychological interpretation*. New York: Holt.

Allport, G. (1955). *Becoming: Basic considerations for a psychology of personality*. New Haven, CT: Yale University Press.

Allport, G. (1961). *Pattern and growth in personality*. New York: Holt, Rinehart & Winston.

Assagioli, R. (1965). *Psychosynthesis: A manual of principles and techniques*. New York: Hobbs, Dorman.

Assagioli, R. (1991). *Transpersonal development*. London: Crucible Books.

Assagioli, R. (2000). *Psychosynthesis: A collection of basic writings*. Amherst, MA: Synthesis Center Publishing.

Bandler, R., and Grinder, J. (1975). *Patterns of the hypnotic techniques of Milton H. Erickson, M.D.* Cupertino, CA: Meta.

Bandler, R., Grinder, J., and Satir, V. (1976). *Changing with families: A book about further education for being human*. Palo Alto, CA: Science and Behavior Books.

Berg, I. K. (1994). *Family-based services: A solution-focused approach*. New York: Norton.

Berg, I. K., and Szabo, P. (2005). *Brief coaching for lasting solutions*. New York: Norton.

Berne, E. (1996). *Games people play: The basic handbook of transactional analysis*. New York: Ballantine Books.

Brock, V. G. (2008). *Grounded theory on the root, and emergence of coaching.* Unpublished dissertation.

Bugental, J. F. T. (1967). *Challenges of humanistic psychology*. New York: McGraw-Hill.

Calvin, W. H. (2005). *A brief history of the mind*. Oxford: Oxford University Press.

Dennett, D. (1991). *Consciousness explained.* Boston: Little, Brown.

de Shazer, S. (1985). *Keys to solution in brief therapy*. New York: Norton.

de Shazer, S. (1988). *Clues: Investigating solutions in brief therapy*. New York: Norton.

Erickson, M. H. (1990). *Uncommon casebook: The complete clinical work of Milton H. Erickson* (W. H. O'Hanlon and A. L. Hexum, Eds.). New York: Norton.

Fadiman, J., and Frager, R. (1976). *Personality and personal growth*. Upper Saddle River, NJ: Harper & Row.

Flaherty, K. (1998) *Coaching: Evoking excellence in others*. Burlington, MA: Butterworth-Heinemann.

Frankl, V. E. (1959). *Man's search for meaning*. New York: Pocket.

Freud, S. (1965). *New introductory lectures on psychoanalysis*. New York: Norton.

Freud, S, (1982). *Basic works of Sigmund Freud* (J. Strackey, Trans./Ed.). Franklin Center, PA: Franklin Library.

Freud, S. (1971). *The psychopathology of everyday life*. New York: Norton.

Gallwey, W. T. (2000). *The inner game of work: focus learning, pleasure and mobility in the workplace*. New York: Random House.

Gilligan, C. (1993). *In a different voice: Psychological theory and women's development.* Cambridge, MA: Harvard University Press.

Goble, F. (1970). *The third force: the psychology of Abraham Maslow*. New York: Harper & Row.

Haley, J. (1986). *Uncommon therapy: The psychiatric techniques of Milton H. Erickson.* New York: Norton.

Hart, V., Blattner, J., and Leipsic, S. (2001). Coaching versus therapy: A perspective. *Consulting Psychology Journal*, 53(4), 229–237.

Horney, K. (1950) *The collected works of Karen Horney* (2 vols). New York: Norton.

Horney, K. (1980). *The adolescent diaries of Karen Horney*. New York: Basic.

Hudson, F. (1999). *The handbook of coaching: A comprehensive resource guide for managers, executives, consultants, and HR*. San Francisco: Jossey-Bass.

Hudson, F. (1999). *The adult years*. San Francisco: Jossey-Bass.

James, W. (1994). *The varieties of religious experience: a study in human nature*. New York: Random House.

James, W. (1983). *The principles of psychology*. Cambridge, MA: Harvard University Press.

Jourard, S. M. (1974). *Healthy personality, an approach from the viewpoint of humanistic psychology*. New York: Macmillan.

Jung, C. G. (1964). *Man and his symbols*. Garden City, NY: Doubleday.

Jung, C. G. (1933). *Modern man in search of a soul*. London: Trubner.

Jung, C. G. (1953). *The collected works of C. G. Jung* (H. Read, M. Fordham, and G. Adler, Eds.). New York: Pantheon.

Jung, C. G. (1970). *Civilization in transition* (R. F. C. Hull, Trans.) Princeton, NJ: Princeton University Press.

Jung, C. G. (1976). *The portable Jung* (J. Campbell, Ed.; R. F. C. Hull, Trans.). New York: Penguin.

Kegan, R. (1982) *The evolving self: Problems and process in human development*. Cambridge, MA: Harvard University Press.

Levinson, D. (1978). *Seasons of a man's life*. New York: Ballantine.

Maslow, A. (1954). *Motivation and personality*. New York: Harper.

Maslow, A. (1962). *Toward a psychology of being*. Princeton, NJ: Van Nostrand.

Maslow, A. (1993). *Farther reaches of human nature*. New York: Arkana.

May, R. (1953). *Man's search for himself*. New York: Norton.

May, R. (1975). *The courage to create*. New York: Norton.

May, R. (1979). *Psychology and the human dilemma*. New York: Norton.

O'Hanlon, B. (1999a). *Guide to possibility land*. New York: Norton.

O'Hanlon, B. (1999b). *Do one thing different*. New York: Morrow.

O'Hanlon, B. (2006). *Change 101: A practical guide to creating change in life or therapy*.

New York: Norton.

O'Hanlon, B., and Martin, M. (1992). *Solution-oriented hypnosis: An Ericksonian approach*. New York: Norton.

Perls, F. S. (1966). *Ego, hunger and aggression: A revision of Freud's theory and method.* San Francisco: Orbit Graphics Arts.

Perls, F. S. (1973). *The Gestalt approach and eye witness to therapy*. Ben Lomond, CA: Science & Behavior.

Perls, F. S. (1969). *Gestalt therapy verbatim*. Lafayette, CA: Real People Press.

Prochaska, J. O., Norcross, J. C., and DiClemente, C. C. (1994). *Changing for good: A revolutionary six-stage program for overcoming bad habits and moving your life forward.* New York: HarperCollins.

Rogers, C. (1951/2003). *Client-centered therapy*. Boston: Houghton Mifflin.

Rogers, C. (1989/1996). *On becoming a person: a therapist's view of psychotherapy.* New York: Houghton Mifflin.

Satir, V. (1964). *Conjoint family therapy: A guide to therapy and techniques*. Palo Alto, CA: Science & Behavior.

Satir, V. (1976). *Making contact*. Millbrae, CA: Celestial Arts.

Satir, V. (1991). *Satir model: Family therapy and beyond*. Palo Alto, CA: Science & Behavior.

Satir, V., and Baldwin, M. (1983). *Step by step: A guide to creating change in families.* Palo Alto, CA: Science & Behavior.

Seligman, M. E. (2002) *Authentic happiness: Using the new positive psychology to realize your potential for lasting fulfillment*. New York: Free Press.

Skinner, B. F. (1976). *About behaviorism*. New York: Vintage Books.

Solomon, R. C., and Flores, F. (2001). *Building trust: in business, politics, relationships, and life*. New York: HarperCollins.

Stober, D., and Grant, A. (Ed.). (2006). *Evidenced based coaching handbook.* New York: John Wiley & Sons, Inc.

Watson, J. (1913) Psychology as the behaviorist views it. *Psychological Review*, 20, 158–177.

Whitmore, J. (1995). *Coaching for performance*. Sonoma, CA: Nicholas Brealey.

Wilber, K. (1977). *The spectrum of consciousness*. Wheaton, IL: Quest Books.

Wilber, K. (1998). *The essential Ken Wilber: An introductory reader*. Boston: Shambhala Publications.

Wilber. K. (2000). *Integral psychology: Consciousness, spirit, psychology, therapy*. Boston: Shambhala Publications.

Williams, P. (1980). *Transpersonal psychology: An introductory guidebook*. Greeley, CO: Lutey.

Williams, P. (1997). Telephone coaching for cash draws new client market. *Practice Strategies*, 2, 11.

Williams, P. (1999). The therapist as personal coach: Reclaiming your soul! *The Independent Practitioner*, 19(4), 204–207.

Williams, P. (2000a, July). Practice building: The coaching phenomenon marches on. *Psychotherapy Finances*, 26(315), 1–2.

Williams, P. (2000b, June). Personal coaching's evolution from therapy, *Consulting Today* (special issue), 4.

Williams, P. (2004). Coaching evolution and revolution: The history, development, and distinctions that will define coaching on the most important organizational development in the future. *Absolute Advantage*, 3(4), 6–9.

Williams, P. (2007). Bordaline: Understanding the relationship between therapy and coaching, *Choice* magazine, 5(3), 22–26.

Williams, P. (2007a). The theoretical foundations of coaching: You mean this stuff wasn't just made up? *Choice* magazine, 4(2), 49–50.

Williams, P., and Davis, D. (2007). *Therapist as life coach: An introduction for counselors and other helping professionals, revised and expanded edition*. New York: Norton.

Williams, P., and Thomas, L. (2005). *Total life coaching: 50+ Life lessons, skills, and techniques to enhance your practice and your life*. New York: Norton.

Williams, P., and Menendez, D. (2007). *Becoming a professional life coach: Lessons from the Institute for Life Coach Training*. New York: Norton.

Zieg, J. K. (1994). *Ericksonian methods: The essence of the story*. New York: Brunner/Mazel.

‖ 第2章 ||

教练的自我管理：有效教练的基础

Travis Kemp

为什么探讨此话题 27

循证方法论已被成功用于临床心理学、咨询和心理治疗方面，现在，探索如何在教练领域运用循证的努力也日益增加（参见Allcorn，2006；Auerbach，2006；Ducharme，2004；Kilburge，2004；Peterson，2006；Sherin & Caiger，2004）。而对教练情境中教练和客户间独特关系的探索却是比较少的，尽管许多从业者和理论家激烈地论证正是这种关系在教练干预中起着实质作用（Corey，2004）。如此说来，教练互动可以被概括成在应用心理学、积极心理学和行为心理学这一整体背景下的帮助者—客户关系。在本章中我会提出这种关系的关键因素和形成动力，正是它们构筑了教练互动，拓展了教练的理解平台，为教练提供管理个人内在和外在流程的机会。

我会在本章第一部分提出，不同于通常流行的教练观点的是，其实正是教练关系，而非任何具体的教练模型或技巧，才是导致客户真正改变的核心因素。 28
澄清这一点是很重要的，因为它并不主张用任何种类的关系来构建教练关系。显而易见，基于不同背景的人际关系的质量和功能是不同的。比如，朋友关系和教练关系就有所不同。后者始于关系双方为了客户发展这一目的，客户驱动方向和结果，而挑战、责任和参照标准也成为双方的共识。如此，这种关系的质量便更加直接地同客户成果的质量联系起来，而不取决于教练过程中所使用的教练模型。

对于一些从业者和理论家来说，这也许会挑战盛行的观点，这种观点认为，独特的模型具有相对有效性。我将运用循证文献来支持我的论点：客户—教练关系才是导致客户驱动改变结果、客户成果有效的核心因素（Bordin，1979；Connor-Greene，1993；Greenson，1967；Rogers，1957；Horvath，2000，2001，2006；Horvath & Greensberg，1989；Kivlighan，2007；Lilliengren & Werbart，2005）。进一步的分析研究也强烈支持这一理论，比如Horvath和Symonds（1991）的研究。在此基础上，我将介绍教练自我理解的核心角色，阐明自我管理和持续个人发展这一议题，从而令教练互动产生更深远的影响。

特别地，本章指出先前条件、流程以及个人和人际动态都是教练专业、负责和有道德的关键，也阐明工作联盟和教练互动中帮助关系之间的相似之处。本章就是基于之前所提及的专业实践的比较（Corey，2004；Egan，2002）。教练实践过程中遇到的紧急问题，比如道德操守（de Jong，2006）和监督（Hawkins，2006），也随之得到了探索。本章对于从业者的特殊贡献在于，呈现从业者所使用模型的发展流程，并且突出那些能够帮助客户在自我管理方面做得更好的机会。

29

为什么要自我管理

自我管理可以被最简单地定义为一个发展流程。在此流程中，教练们持续地觉察自身特有的认知、行为、视角和情绪体系，并且通过该流程发展出一套持续增强的能力来管理自己在教练过程中对客户的服务。教练活跃地参与这个流程的意义在于，它迫使他们和客户在同样内省和学习的空间里互动，从而有可能实现自我领悟。然而，到目前为止，自我管理很少在有关教练的文献、讲座中被提到。随着教练实践不断地需要作为一种职业，尤其是一种提供协助的职业被认可，教练必须不断地借助自我分析和职业发展来满足基本的道德操守，而这些都是我们的客户和同仁所期待的。

迄今为止，无论它已被承认与否，教练都已经在很大程度上结合了所需的知识体系。举例来说，Perrin和Newnes（2002）巧妙地论述了心理治疗师和心理学家在掌控治疗关系中客户和帮助者制造的多重身份时所遇到的诸多挑战。同理，教练关系也给个体系统带来无数复杂的挑战，正如我们作为个人时给每段关系制造麻烦一样。

在我们探索这些复杂问题的起始，我转向庞大的社会心理学知识体系来探索自我管理在有效教练实践中的重要性。社会心理学可以被描述为“对人们如何思考、影响和连接他人的科学研究”（Myers，1996，p.6），因此，想要让教练关系卓有成效，我们需要首先了解社会心理学的知识体系。

我从社会心理学的文献中发现了4项对教练关系特别有用的原理。

社会心理学原理

归因理论、特质推理和刻板印象

归因理论（attribution theory，Heider，1958）表示人们倾向于把他人的行为归因于他们自己的内部倾向，即特质、动力、价值观和态度，或他们的外部条件，比如环境、处境和社会影响。Jones和Davis（1965）发现我们经常假设 30
人倾向于那些和其行为有关联的喜好。所以随后的趋势就是人们以他们的特质和假设来总结其他人及其境况，这就是特质推理（trait inference）。这两种认知偏见导致个人期待某个特定群体或下属群体会有和他们一致的特征、信念或行为，也就是在缺乏充足且详细的数据的情况下便对某个人做出判断。

当教练特定的客户群体时，上述刻板印象（stereotypes）的危险性将显而易见。客户并未察觉教练潜在的对刻板印象的偏好，而如果教练不能觉察到这一点并有效地管理这些倾向，那么即使是教练的正面影响也会令客户陷入某个特定的刻板印象，以致显著地削弱，教练效果。最差的情况是，教练过程反而有可能变成一个负面的具有破坏性的体验。

Ross（1977）用“基本归因误差”（fundamental attribution error）这一术语来描述一个人作为观察者，低估可能影响情况的因素和高估个人行为对体系的负面影响的倾向。由于组织的教练过程中经常出现一些问题，因此，基本归因错误经常发生在企业教练身上。简单地说，如果一个不理想的情形或结果出现在群体中，而观察者本人并非该群体的一员，则其会倾向于将这些不利因素归因于群体中个人的能力。相反，如果群体中有问题产生，而观察者是该群体的一员，则其便倾向于将问题归因于超出群体控制之外的特定情况——这些行为经常发生在抱怨外部影响，诸如市场和经济环境带来不良的财务业绩，或其他家庭成员造成的不和谐关系的时候。

在教练关系中，当客户倾向于或开始抱怨其他人或事物而非其自己的行为和业绩时，许多发展机会就显现了，尤其是当客户发现自己处于一个被动的和防御的情形下，就更是如此（Kemp，2005a）。如果教练不能敏锐地认知他自己在客
31 户成功上的投资，同时意识到客户的改进在教练的眼中也被视为投资，那么教练在此时已陷入客户的基本归因误差中。如果教练不能积极地管理自己的想法和行为的话，他启发客户改变的效果就会被削弱。

行为证明、光环效应和信念坚持

人类总是倾向于自我实现，这一特有的认知偏见在信念上创造了行为证明（behavioural confirmation，Snyder，1984）现象——随着时间的推移，人们开始依照别人期待的那样行事。就是说，一个观察者的行为模式或许会被另一个可能直接受到影响的被观察者总结，而后者从此渐渐趋向于前者的行为模式。这个偏见效应被冠以“光环效应”（halo effect，Thorndike，1920）这一名称。这种效应导致一个人对于个人特质的判断变得非好即坏，继而进一步地总结和形

成对这个人的整体判断。一旦对此人的判断变成“好”或“坏”， 或者，对某个组织的判断是“高”或“低”时，尽管表面证据时常与现实相反，他们仍坚持已见。这个认知偏见通常被称作“信念坚持”（belief perseverance，Myers，1996）。

由于缺乏对这些认知偏见的觉察，当面对客户吸引人的或遭排斥的行为或价值观时，教练常把自己置于一个妥协的地位。教练如果不能有效地管理这些偏见并保持恰当的情绪、认知和行为，其在教练关系中作为客户个人发展变革推动者的角色便无从实现。所以，教练必须发展识别这些特殊阻碍的能力，而后建立一个机制和流程，在与客户互动的过程中调整和管理这些看法和回应。这两步是令客户拥有积极正向体验、令自己保持教练道德操守的关键。

教练的阿喀琉斯之踵

一个最能令教练失职的认知偏见就是他倾向于高估自己判断的准确性，这 32
大多出于他们的自信，而非源自其追求准确事实的愿望。这就是过度自信偏见（overconfidence bias，Gilovich，Griffin，& Kahneman，2002），如果不被检视，它便会限制教练进行准确的“个案概念化”（case conceptualization），以致在互动过程中削弱其引导客户的有效性。用教练的术语来说，个案概念化的过程包含了收集、排序和解读一系列与客户相关的复杂数据，从而帮助教练设计符合客户风格的最佳方式。没有这一步，教练提供恰当干预模型的能力就被削弱，而客户的教练成果也将再次受限。

一旦人们被这些价值观和信念所局限，就会对其深信不疑，于是，他们开始过滤信息，只对那些支持他们当前对人、状况和事件的看法和信息进行认知处理。证实偏见（confirmation bias，Gilovich，Griffin，& Kahneman，2002）建立的渐增信念严重地限制了教练在教练关系中保持客观。只有深入了解上述思想倾向和自身特质，教练才更能够保持自己的中立立场并有意识地引导客户朝着目标行事。带着这样的观点，当开始教练关系时，教练可以积极地管理一些情绪潜在的负面影响，这些情绪诸如源自对客户改变程度的恐惧、局限、希望和期待，从而始终把客户的需求和目标置于教练关系的首位。这在建立关系的阶段是极其重要的，也为教练互动的稳定性奠定了基础。

精神动力的影响

弗洛伊德的潜意识精神动力（psychodynamic）领域为教练关系增加了自我管理的复杂性。Kilburg（2004）争辩说潜意识动力通过不同方式显著地影响了教练关系。

比如，客户可能会把自己在类似教练的关系中所表现出的模式，或把自己对有相似特质的人做出的反应用于回应教练，这一倾向可称为“移情”。客户将
33 潜意识或主观看法、价值观和特质投射到教练身上，从而增加了教练关系的复杂性。这种复杂性，如果不被检视，其潜在的阴影将会笼罩教练关系，进而影响客户朝自己的目标推进。

同样地，潜意识在移情中的相互作用（或反移情）再从教练返回到客户身上，会在本应追求客户驱动的教练关系中产生更深层的挑战。最差的状况是教练不能做到从表象展开，并且在所有教练关系中管理自己有可能影响客户的偏见，从而引起职业操守方面的质疑。然而，最好的情况是，它能够被视为所有人际关系的自然结果，当人们有技巧地和有意识地运用它时，它变成了一种有价值的感悟工具（McAuley，2003），并为教练关系提供有价值的内容和框架。通过积极地持续这个自省流程，寻求全面而专业的支持，教练能够更好地识别其自身的精神动力模式。

我们通过一个简单的例子就能表现这种自省的重要性，即一个人和家庭的初始关系对其行为模式有着深远的影响。比如，一名教练和父亲的关系是不理想的，当他的客户有类似其父亲的行为时，就可能引起他童年时对父亲的反应。如果这些回应是积极的，它还能够支持客户去探索自己的行为对他人所造成的影响。然而，如果教练未能解决和其父母互动方式问题，同样的影响或不良关系的

互动模式可能在教练关系中再次出现，并削弱教练的有效性。所以教练必须强迫自己在专业和操守两方面，从表象上探索和识别自己潜在的影响客户的精神动力模式。

教练最好能够通过精心规划，以合乎职业道德、充满责任感的方式将其技巧和才能的积极影响最大化，要做到这一点，教练必须不断提升觉察能力，并学会管理自己的偏见精神动力模式。这样做的结果是，教练可以丰富客户的体验，否则很有可能令教练过程变得过分“临床”和“公式化”。通过展开、管理和最小化教练过程中认知偏见的负面影响，扩大教练独一无二的体验机会，客户的成长经历和天分在教练关系中才能得以体现，并积极地被扩大，从而成就Wesson和Boniwell（2007）所指的“跟随增强”（flow-enhancing）教练关系——参见 34
Moore、Drake、Tschannen-Moran、Campone和Kaufman（2005）关于“关系流”（relational flow）的部分。

我们可以做什么：人性因素透镜

通过发展和深入觉察我们独一无二的内在思考体系、行为、视角和感情表现，我们可以最小化潜在的“盲点”——那些在教练关系中显现出来的人性因素，对教练来说是未知的，也许对客户来说也是未知的。如果它显现出来，并在教练关系中未被管理，却被客户觉察到，就可能导致客户对教练专业和能力的怀疑。我们当然不期待这种情况发生，而即使教练的不当未被客户觉察，它也将不利于正向教练成果的达成。在下面的案例中，任何这些盲点的负面影响虽然都未被发现（当然也未被挑战和管理），而它却已经置客户及其心路探索于风险之中。

最重要的是，教练有责任不断地反省、阐明和管理其独特的性格构造和认知机制，以此支持，或至少不危害客户和他们所追求的成长发展目标。我认为，通过介入一个结构化的和持续的自我反省周期进行自我管理，教练可以发展出更深层次的自我理解并保持恰当教练—客户关系的能力。通过积极地向同事、上司和过往的客户寻求反馈，教练会发展出有效的方法，令他们在和大量客户互动的过程中获取对某一特定认知、行为和特质倾向的觉察。通过整合这些觉察，教练更加能够注意和调整有关那些特质的倾向。随之而来的结果是，教练能在某一瞬间整合这些领悟，从而调整他们的反应和行为。

35 在图2-1中，中间的发展杠杆取自框架概念，是教练探索他们内在环境的起始点。人性因素透镜（human factors lens）提供给教练不同的方法来反省他们当前的内在动态，从而形成观点并对周遭世界做出回应。作为教练，我们可以用这些透镜系统地反映4个问题（和它们的层面），这4个问题正暗含了人类的4个因素透镜（见图2-1）。

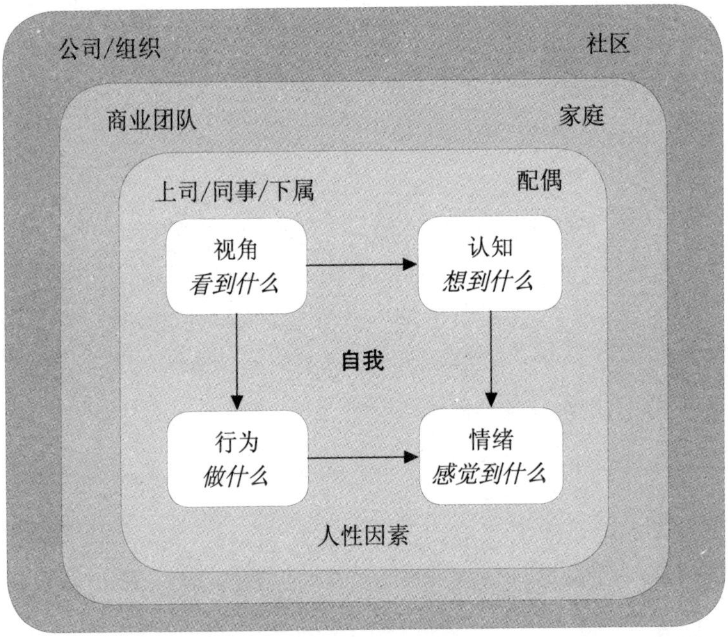

图2-1 人性因素透镜

第一，通过反思我们的认知或思维，我们探索对普通人都适用的认知偏见。反省我们独特的思维模式及其固有的倾向是一个有价值的起始点，它提出自我管理的挑战，并且为内省提供坚实的基础。这个“思考我们的思维”的流程，或被称作“元认知”，让我们对习以为常的认知模式和特性差异提出疑问。

第二，通过反省我们的感觉，我们开始觉察情绪对另外三个人性因素的重 *36*
大影响，如果我们可以更好地理解在面对诸如沮丧、愤怒、沾沾自喜和无数其他在教练过程中呈现的情绪时，我们作何反应并采取什么样的行动，就能更加注意到和管理这些反应的表现形式和影响。当我们体验客户的问题、语言和行为时，它们也将引起我们自己的情绪，而有了上述能力，我们就能很好地管理这些情绪。

第三，这些不同的回应和行为在情绪的范畴刺激教练关系，影响着当前的关系和环境，为我们评估内在倾向提供了丰富的数据资源。因为我们的行为是教练关系中最为明显的工具，也是最容易被客户感知的，所以，教练在应对个人情绪挑战时觉察自己的行为模式并及时做出适当调整是极为明智的。比如，在一个强烈的人际冲突中，上述问题在教练关系之外被恰当地指出来，从而确保客户的教练成果不会被教练的个人情绪所影响。也就是说，要通过反省客户的风格和与客户互动的模式来觉察这种倾向。

第四，我们必须检测我们看待他人和环境的视角。通过发现和测试这些视角，收集数据和反馈，教练的视角和实际情况的差异就会显现出来，随后被恰当地加以调整。

比如，如果教练看待他的客户是难亲近、冷漠和高傲的，而不是沉思和内省的，那么他的回应可能会是直接的挑战和对质，而不是支持和同理。这两种潜在回应中的任何一种都会对客户的教练体验造成不可估量的影响。如果教练已经习惯于偏见性地进行观察、解读和回应，那么，在不同的情形、人和理论，或事件面前，这一倾向就会更加强烈。就像之前所讨论的，倾向于坚持这些信念和视角，而并不理睬数据所呈现的冲突——一个认为所有财务人员都“情绪冷淡”的教练会在和这类客户的互动时削弱教练的有效性，即使真实情形就摆在他眼前；所以，教练不断地发现、挑战和归纳这些倾向的类型或模式就变得非常重要。

37 上述4个因素可以帮助我们了解我们作为个体同关系和环境的互动——我们在职场、家庭、社区和更宽广的社会，同我们的上司、同事和配偶互动。教练有许多机会来持续地反省和管理这些人际的和内在的复杂状况。一个被广泛运用的保证教练品质的方法，是对专业人员提供监督并保持长期的协助关系。拥有监督者是建立可信的和有效的教练关系的重要步骤，它确保教练的操守和责任，为教练持续在教练互动内外的自我发展提供坚实的平台。

这种关系并非教练和从业者之间的为教练提供教练服务的关系，而是为持续阐述未知的自己而设计的关系（Luft & Ingham，1955），它进一步加深了对自己的人性因素的理解。通常，教练会把特定的教练问题带到他们的监督会谈中，并且，与其说是被引导而解决问题，还不如说将监督会谈变成一个分析教练和客户之间个人关系动力的过程。也许外部公正的责任也同样重要，这种关系的建立开启了教练实践的公众监督。

这个流程背后有着双重的意义：其一，通过分享教练的个人教练实践（同时尊重保密性和细节），教练的潜在盲点和挑战可以在和第三方在一起时被识别、展开并加以讨论。这就为教练服务提供了一个高度专业的问责和保障机制。其二，这种监督关系提供了一个教练识别方法的空间，它产出积极的客户教练成果，并且确定如何更好地总结它们以便在未来客户所处的类似情形下使用。

这种关系一旦被确立，最初和最关键的一步便是教练持续这一全方位的流程并且反省其自我概念，也就是独一无二的结构化的“自己”，而后这些领悟将全程影响他所关注的与客户的关系。当一个教练全身心地和客户在一起并开放人
38 性因素时，自我管理的基础便建立了起来，从而对今后的教练关系产生深远的影响。自我管理金字塔（self-management pyramid，SMP，见图2-2）可以更完整地诠释内省的过程，通过这个过程，教练可以和客户一起达成共享的意义和积极的客户成果。

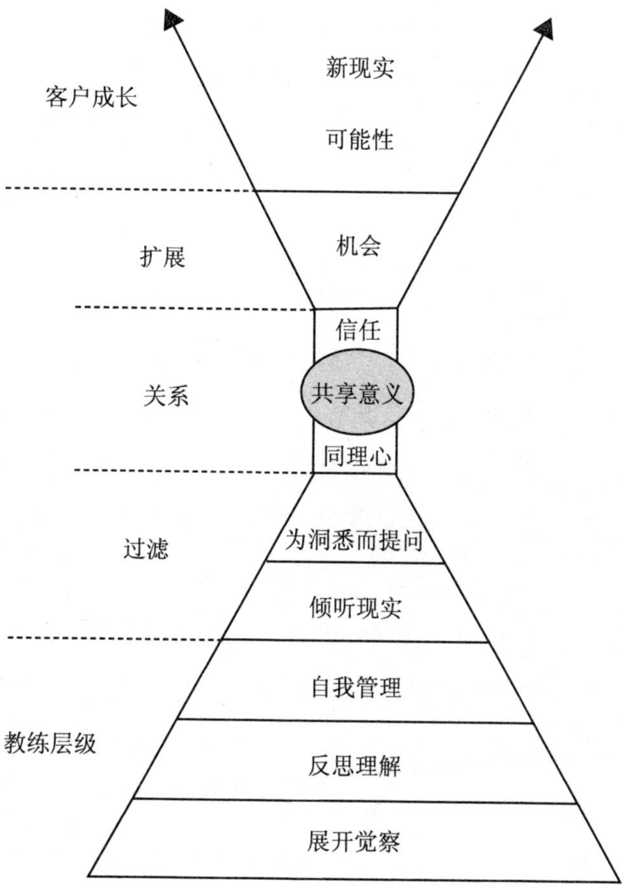

图2-2 自我管理金字塔

客户能得到什么：自我管理金字塔

由于人的变化过程的复杂性（Gilbert，2002），教练要在引导客户成长的同时排除自身的个人体验是富有挑战性的。而令人惊讶的是，这个问题并没有大量地在教练讲座中被提及，它只能在心理学和心理治疗的文献中偶尔被找到。所以，教练可以用以帮助其成长的指导少之又少。 *39*

鉴于此，自我管理金字塔（Kemp，2007）将教练自我管理的过程情境化，澄清它在支持客户成长中的角色，并阐释了专业的教练互动，将教练的自我管理定位为有效教练的基础。这个模型突出了教练自我发展在教练过程中的重要性，它是一个到目前为止仍然未被深入探索的专业教练课题。

展开觉察

在这个模型的底部，教练自我发展和尚在争议之中的建立自我管理平台的第一步，就是呈现教练的信念和价值观。这里的核心挑战是保持客观。偏见是存在的，由于教练引导者和催化剂的角色，他个人对于客户的发展方向和过程都存在着影响。此外，像之前有关认知过程偏见的讨论，教练的发展经历、文化背景、家族环境和其在人生旅程中的灵性体验，都增加了他的感知和诠释偏见的复杂性。

比如，一名教练在一个两代同堂的中产阶级家庭中长大，拥有三个兄弟姐妹，这一成长背景可能和客户的非常不同，客户有可能是单亲家庭的独子，经济拮据，对亲密关系心存疑虑。教练的独特性影响着他对客户独特性的看法，并且可能在当他处理客户独特的挑战时带来负面影响。当教练觉察这些内在信念时，就是对教练自我概念的确认，从而帮助理解和有效管理被自我概念所导出的行为
40 模式。要有效地做到这一点，教练必须积极地寻求正式和非正式的外部反馈，包括心理测试、多评估者反馈、访谈和问卷调查等，然后总结这些反馈在专业上和绩效上的影响。

反思理解

问题一旦浮出水面，教练对自己人性因素的觉察会变成反思的基础，伴随监督的协助，可以创建更深入的理解。就是在这个阶段，教练将获得最显著的自我理解的突破，澄清需要自我管理的相关领域。当教练开始觉察过去未知的自己的思维、行为、感觉或视角，这些感悟会在监督会谈中得到更深的反省和分析。在此阶段，教练会积极地探索和挑战其偏见和行为动机。探索这些个人价值观

和信念，通常的做法是反省其家族和其他重要关系，比如模式化的行为背后的故事和对事物反应的模式。由此，教练得悉自己人性因素透镜，从而继续推进工作。

在这个阶段，监督的技巧和经验是必须的。监督者必须在人际或个人的心理和发展方面都极有经验，掌握了丰富的资源，并且接受过大量训练，而非只是简单地为教练做教练。如果没有这种协助，最好的情况是教练可以在流程中自己醒悟，最差的情况则是带着迷茫和沮丧离开。在最好的情况下，监督者深入倾听教练的独特体验，并积极地挑战那些看起来不一致或不恰当的视角和行为。信任、坦诚和责任是建立有效监督关系的基础，促成了教练的发展。监督教练关系是积极的和专业的，它允许高度的外部监督，并确保教练的职业操守和责任。

自我管理 41

当教练有了足够的洞察和自我理解，他便可以运用这些洞察作为自我管理计划（self-management plan，SMP）的基础。简单地说，教练调整其潜在偏见、盲点和信念，最小化这些因素对教练关系的影响。概括地说，这也许会包括建立暗示、创建歧义，或撰写积极的自我陈述等支持教练自我管理的方法，在教练面临特别挑战的时候更是如此。比如，一个教练在面临情绪困扰或难以接受反馈时面临坚持“解救”客户的模式，也许他会在展开讨论时设计一个自我管理计划来分解这种模式。

其中一种做法是，首先识别引起教练习惯性的解救模式的情况，这也许会是客户在教练会谈过程中的突然沉默、流泪或烦乱。当这些情况发生时，教练也许会做三次深呼吸，并向客户表示，在教练的协助下，他能成功地面对这些挑战，然后数到三十，允许这种沉默存在，让客户完全体会他正在经历的情绪。随着教练重新聚焦问题，他仍能把客户带回问题所在。这对客户的成长和发展是重要的，因为人们经常在认知不协调和紧张中来完成学习，不仅对客户，对教练也是如此。

倾听现实

当教练继续发展对其自身的深层理解，逐渐掌握内在管理和认知行为的能力，调整其内在偏见，他便发展出倾听客户言外之意的能力。这一“用第三只耳倾听”（Macran，Stiles，& Smith，1999；Reik，1948）的过程帮助教练开始看清客户的独特目标和挑战。教练可以更谨慎地管理自己的视角滤网和偏见，更
42 少地丢失的客户视角和内容，而客户自己的体验可以更加丰富地在教练过程中被挖掘。简短地说，教练以一种减少主观经历和个人价值观的方式倾听和回应客户及其独特的目标。因此，客户在教练关系中的体验便更有可能通过他自己的创造来实现其渴望。

为洞悉而提问

随着内省和自我觉察的发展，提问变得更加重要（Clarkson，2000），尤其是和教练引导自我发现的能力有关的提问。Overholser（1996）提出，在辅导关系中，心理治疗师可以运用苏格拉底式方法去适应“无知”状态。这种无知的状态可以通过好奇、兴趣、关心和无条件正向关注达成。一旦达到这样的状态，教练就能够在谈话中创造一个心理空间，以允许客户的需要被反映和展开。当这种方法被用于展现客户的动力和资源的时候，他们会和上司、同事和配偶更好地互动，产生最好的效果。

当教练积极地介入自我管理的过程，他便可以进一步雕琢问题，唤起洞察自己和客户的艺术。洞察驱动的问题以更深地发展个人觉察和内省为普遍动机，比起一系列的开放式问题意味着更多。诸如“什么可以允许你改变对目前状况的看法”、“如果要改变你所描述的，有什么是可能的”之类的问题引导客户从其限制性信念中自我解放，并且思考这个过程——理性情绪心理疗法的创始人Albert

Ellis（1967）把这一治疗过程描述成“非理性应该且必须”限制教练客户设立目标。

共享意义

上述基本阶段的积累让教练建立和客户的关系，其核心是共享的意义和文字表达的清晰，这也是发展教练关系的关键点（见图2-2）。如果教练没有在一开 43
始做好自己的功课或介入自己的苏格拉底式问题，就很难建立清晰而准确的教练目的。更进一步，我提议教练通过拥护和展现Carl Rogers个人中心疗法的三大要素——移情、一致和无条件正向关注（Barrett-Lennard，1998）来创建一个建立在深层信任基础上的关系，并在这种关系之中，引导、发现和运用客户的内部资源，以支持其在教练关系中所追求的目标。

客户成果

跟随之前所提到的专注于总结觉察和理解的5个自我管理阶段，教练可以培养一种以客户成果为中心的教练关系并顺势而为。从一个共享的意义出发，随着不断的推进，一个更高层次的信任而开放的关系被发展出来，相对的防御也随之消失。这样，客户可以更加迅速地推进和延展自身的成长，伴以进一步的澄清，客户便可以进一步承诺并且解决问题。

当客户聚焦在自身行动上，进入改变的维持期（Prochaska，Norcross，& DiClemente，1994），新的业绩标准和自我优势将更加清晰可见，唯一所需的就是客户持续他的动力和努力。对于很多客户来说，这些可能性在以前也许是不可实现的想法而已，而现在自我束缚已被打破，客户可以无拘无束地致力于他所热衷的行为模式，从而总结新的想法，获得新的机会。以下案例突出了自我管理的流程及其复杂性。

案例

Jane是在一个被许多人认为拥有特权的家庭中长大的。她的母亲是一位高
44 中教师，在Jane及其弟弟还很小的时候全职照顾他们。当Jane和弟弟到了上学的年龄，母亲便到当地一所中学的行政岗位任职。Jane的父亲是医学博士，在一个国际医药公司担任高管。他被描述成一个完美主义者，坚定地追求卓越，从不妥协；经常以异常严格的标准挑剔孩子们的言行，而忽视了对其个性的培养。这种教育方式的结果是学习成绩的优异——Jane成为高中时期班上的佼佼者，以第一名的成绩毕业并被国内多所一流大学许以深造机会。

Jane继续被训练成一名电气工程师；她三十出头就读完了MBA，在跨国公司里服务了20年。然而，在即将成为资深副总裁时，她有了一个重大发现：她并不快乐。婚后18年，当她的第二个孩子上高中的时候，她离婚了。现在，她很孤独，并陷入一个不理想的职业生涯。她决定独自生活并且在余生做一些自己热衷的事情——帮助他人找到生活的平衡和意义，就像她经历的一样。所以高管教练显然是一个选择，因为它聚焦于人的成长，并让她能帮助他人避免沉痛的错误，类似的错误正如她早先在自己的职业生涯中遇到的一样。在富有挑战的、男性主导的行业中，显著的良好业绩以及MBA的学位，让她成为一名成功的高管，这一成绩也使她在担任教练时，能有效影响被教练的高管。

然而，在作为教练时，Jane面临着和某一个客户工作的一个巨大挑战。在高管生涯中，她总是倾向于爆发性的愤怒，但她能有效地管理自己的形象，并没有令自己的职业生涯遭到破坏。然而，这次不同了。她与日俱增地对这个客户感觉到沮丧和挫败。这是一个国际化学公司的资深副总裁，旗下产品包括除草剂和除锈剂。作为一个有激情和重承诺的环保人士，Jane对她的客户的化学活动耿耿于怀，比如，客户偶尔默许毒性有机物在食物链中的使用，Jane以直接和非直接的方式在教练会谈中表现出自己的喜恶。随着教练会谈的深入推进，Jane越发觉得徒劳无益。她的客户没有做出任何改进，而他们两人都知道这一点——她必须做点什么。

作为一个负责任的专业人士，Jane向一位德高望重的同行寻求帮助，同行建议她向另一位合适的专业人员寻求监督关系。Jane最初还持怀疑态度，但是她相信自己的这位朋友，于是她联系了那位潜在的监督者。他们的初次会谈进展得非常轻松且富有成效，Jane觉得这就是那个可以帮助她的人，而他们随即同意在一起工作。她的监督者鼓励她收集自己最近的感受和洞察，想一想她为什么会和客户在近来的会谈中遇到这些问题。在接下来的4次监督会谈中，Jane的监督者帮助她探索了这一状况，探索她自己制造的哪些“故事”可以用来描述当时的情形，而这些故事有可能从哪里延展开来。 45

随着Jane对监督关系的信任与日俱增，她的探索也日益加深。她开始看到她对这位问题客户的行为模式和她少年时期尽量满足父亲要求的行为非常相似。每每她试图更好地和这位客户互动，她的空虚感和不安全感油然而生。感觉到自己不能令客户“足够好”，不能被客户接受，不能被客户“爱”……所有这些像洪水般涌进她的情绪。而当这些情绪持续时，她连接客户的努力变得狂乱。她寻找能够解决客户问题和令他们快乐的方法；她任由自己妥协教练关系的原则来获得客户的许可；她把客户的问题接过来当成自己的问题，并且替客户变革……而这些加深了她和客户的鸿沟。有一次，她联系了这位男性客户的老板，表达了她的顾虑，她觉得自己对客户“太苛刻了”，而自己也许应该重新考虑自己领导者的角色。

当她更深入地反省这些事件时，她开始看到自己对另一位相似的客户也存在着同样的模式。她同时做了相同的观察——有关她是否有如此表现和不当的行为。当她意识到这些，她的回应要么是尴尬，要么是羞愧和混乱，但是，在监督者的支持下，她能够有效地运用这些洞察并积极地运用自我管理计划，在短期内联结客户，让她自己也在长期成长的过程中学习发展。

当然这是挑战个人的。她对这三个月的监督投资被证明是值得的。比如，和这个富有挑战的客户一起，Jane发现她开始用不同的耳朵倾听，哪怕她仍然对 46
客户的某些观点有发自内心的抵触。她对这位客户有了更多包容和耐心、更少评判。她开始在新的层面对客户有了一些微妙的理解，并且第一次发现他背后的意图和动机与她最初强加给他的完全不同。由于她对客户看法的改变，她注意到他对她的引导明显开放了，他们都开始享受新的层面的信任。

通过实施她的自我管理计划并积极地在三个核心层面上使用自我管理金字塔，她能够更好地通过客户主导的问题来倾听客户遭遇的挑战。她可以更有效地识别哪些是她下意识的行为，并让自己朝向客户主导的成果，而不再在困难的谈话中简单地“抗拒或解救”他。通过有效的自我管理，Jane可以有效地实施分析并重新定义她和客户的教练关系（从父母对孩子到成人对成人），并且保持客户对他自己的行为和成果负责。在这个过程中，她的客户开始识别和展开他自己特有的模式，并引导出他新的觉察和行动策略。

总结这一教练关系，Jane的客户实现了几项重要的发展飞跃，范围更是从业务到个人实践。他引入必要的改变来支持工作和家庭的平衡，结果是他的生活质量显著提高、更好地承担了作为两个年轻女孩父亲的角色。Jane管理自己偏见的努力在这段教练关系中令她的客户更好地参与教练互动，这种状态大大超出了Jane和她的客户的预期。

结论

本章的目的在于为专业和职业操守提供一个坚实的指导基础，令教练能够实施成果导向的教练干预。与迄今为止的优势教练干预相反，在教练关系中所使用的教练方法或模型有可能被视为极其重要的，但无论如何，我们都不能忽视最终
47 是要引导客户成功。循证文献有力地支持了教练关系——在我们的案例中，教练和客户成功地实现客户发展，它迫使我们检视教练所创造的与客户的关系中的现象。教练全面理解自身4项人性因素透镜，了解自己的偏见和发展机会是极其重要的。

本章论辩了要做到这一点，需要一个结构性的和渐进的互动，让教练在个人发展的过程中能够运用自我管理金字塔来引导这个过程。通过有效地展开、理

解和自我管理固有的个人的内心世界，教练可以创建和维持客户导向，从而建立有效的教练关系。在这样的关系中，教练的偏见和习惯可以从混沌变得清晰并有效地被管理。对于很多教练来说，最初的步骤是识别恰当且胜任的、有经验的监督教练并与之互动。为了提高教练实践的专业水平，教练不仅需要接受必要的培训，遵循由具有代表性的、影响力大的、超乎派别的专业协会制定的标准和规范；更离不开严格的和负责任的专业监督者。比如我们之前所呈现的，无论是从架构和还是内容上，都能够帮助我们做到这一点。

本章把社会心理学文献和当代教练实践相结合，帮助我们理解4项人性因素，以作为我们视角、认知和行为的透镜；同时提醒我们需要运用诸如专业监督的工具实现自律，这样，作为教练，我们会将自己的个人成长和专业实践提升到一个新的高度。

参考文献

Allcorn, S. (2006). Psychoanalytically informed executive coaching. In D. R. Stober and A. M. Grant (Eds.), *Evidence based coaching handbook: Putting best practices to work for your clients*. Hoboken, NJ: John Wiley & Sons, Inc.

Auerbach, J. E. (2006). Cognitive coaching. In D. R. Stober and A. M. Grant (Eds.), *Evidence based coaching handbook: Putting best practices to work for your clients*. Hoboken, NJ: John Wiley & Sons, Inc.

Barrett-Lennard, G. (1998). *Carl Rogers' helping system: Journey and substance*. London: Sage.

Bordin, E. C. (1979). The generalizability of the psychoanalytic concept of the working alliance. *Psychotherapy: Theory, Research and Practice*, 16, 252-260.

Clarkson, P. (2000). *Gestalt counselling in action* (2nd edn.). London: Sage.

Connor-Greene, P. A. (1993). The therapeutic context: Preconditions for change in psychotherapy. *Psychotherapy*, 30(3), 375–382.

Corey, G. (2004). *Theory and practice of counseling and psychotherapy* (7th edn). New York: Wadsworth.

de Jong, A. (2006). Coaching ethics: Integrity in the moment of choice. In J. Passmore (Ed.), *Excellence in Coaching: The Industry Guide*. London: Kogan Page.

Ducharme, M. J. (2004). The cognitive-behavioral approach to executive coaching. *Consulting Psychology Journal: Practice and Research*, 56(4), 214–224.

Egan, G. (2002). The skilled helper: A problem-management and opportunity-development approach to helping (7th edn). Pacific Grove, CA: Brooks Cole.

Ellis, A. (1967). Rational-emotive psychotherapy. In D. Arbuckle (Ed.), *Counseling and psychotherapy*. New York: McGraw-Hill.

Gilbert, R. L. (2002). *How we change: Psychotherapy and the process of human development*. Boston: Allyn & Bacon.

Gilovich, T., Griffin, D., and Kahneman, D. (Eds.). (2002). *Heuristics and biases: The psychology of intuitive judgment*. Cambridge, UK: Cambridge University Press.

Greenson, R. R. (1967). The working alliance and the transference neuroses. *Psychoanalysis Quarterly*, 34, 155–181.

Hawkins, P. (2006). Coaching supervision. In J. Passmore (Ed.), *Excellence in coaching: The industry guide*. London: Kogan Page.

Heider, F. (1958). *The psychology of interpersonal relations*. New York: John Wiley & Sons, Inc.

Horvath, A. O. (2000). The therapeutic relationship. From transference to alliance. *Journal of Clinical Psychology*, 56(2), 163–173.

Horvath, A. O. (2001). The alliance. *Psychotherapy*, 38(4), 365–372.

Horvath, A. O. (2006). The alliance in context: Accomplishments, challenges and future directions. *Psychotherapy: Theory, Research, Practice, Training*, 43(3), 258–263.

Horvath, A. O., and Greenberg, L. S. (1989). Development and validation of the working alliance inventory. *Journal of Counseling Psychology*, 36(2), 223–233.

Horvath, A. O., and Symonds, D. (1991). Relation between working alliance and outcome in psychotherapy: A meta-analysis. *Journal of Counseling Psychology*, 38(2), 139–149.

Jones, E. E., and Davis, K. E. (1965). From acts to dispositions: The attribution process in person perception. In L. Berkowitz (Ed.), *Advances in experimental social psychology* (Vol. 2). New York: Academic Press, p. 77.

Kemp, T. J. (2005a). The proactive behaviour framework: A reflective process for exploring thinking, behaviour and personal insight. In M. Cavanagh, A. M. Grant and T. J. Kemp (Eds.), *Evidence based coaching, Vol 1: Theory, research and practice from the behavioural sciences.* Sydney: Australian Academic Press.

Kemp, T. J. (2005b). Self management theory as grounding for executive coaching. *2nd Australian Evidence-Based Coaching Conference*, Sydney, July.

Kemp, T. J. (2007). Simplifying evidence-based practice: Applying the Human Factors Lens to the coaching process. *Opening Keynote Address, 3rd Australian Evidence-Based Coaching Conference*, Sydney, July.

Kilburg, R. R. (2004). When shadows fall: Using psychodynamic approaches in executive coaching. *Consulting Psychology Journal: Practice and Research*, 56(4), 246–268.

Kivlighan, D. M. (2007). Where is the relationship in research on the alliance? Two methods for analyzing dyadic data. *Journal of Counseling Psychology*, 54(4), 423–433.

Lilliengren, P., and Werbart, A. (2005). A model of therapeutic action grounded in the patients' view of curative and hindering factors in psychoanalytic psychotherapy. *Psychotherapy: Theory, Research, Practice, Training*, 42(3), 324–339.

Luft, J., and Ingham, H. (1955). The Johari window, a graphic model of interpersonal awareness, *Proceedings of the western training laboratory in group development*. Los Angeles: UCLA.

Macran, S., Stiles, W., and Smith, J. A. (1999). How does personal therapy affect therapists' practice? *Journal of Counselling Psychology*, 46, 419–431.

McAuley, M. J. (2003). Transference, countertransference and mentoring: The ghost in the process. *British Journal of Guidance & Counselling*, 33(1), 11–23.

Moore, M., Drake, D. B., Tschannen-Moran, B., Campone, F., and Kauffman, C. (2005). Relational flow: A theoretical model for the intuitive dance. Paper presented at the Coaching

Research Symposium, San Jose, CA.

Myers, D. G. (1996). *Social psychology* (5th edn). New York: McGraw-Hill.

Overholser, J. C. (1996). Elements of the Socratic method: V. Self improvement. *Psychotherapy*, 33(4), 549–559.

Perrin, A., and Newnes, C. (2002). Professional identity and the complexity of therapeutic relationships. *Clinical Psychology*, 15, 18–22.

Peterson, D. B. (2006). People are complex and the world is messy: a behavior-based approach to executive coaching. In D. R. Stober and A. M. Grant (Eds.), *Evidence based coaching handbook: Putting best practices to work for your clients*. Hoboken, NJ: John Wiley & Sons, Inc.

Prochaska, J. O., Norcross, J. C., and DiClemente, C. C. (1994). *Changing for good: A revolutionary six-stage program for overcoming bad habits and moving your life positively forward*. New York: Avon Books.

Reik, T. (1948). Listening with the Third Ear: The inner experience of a psychoanalyst. New York: Grove Press.

Rogers, C. R. (1957). The necessary and sufficient conditions of therapeutic personality change. *Journal of Consulting Psychology*, 22, 95–103.

Ross, L. (1977). The intuitive psychologist and his shortcomings: Distortions in the attribution process. In L. Berkowitz (Ed.), *Advances in experimental social psychology* (Vol. 10, pp. 173–240), Orlando, FL: Academic Press.

Sherin, J., and Caiger, L. (2004). Rational emotive behavioral therapy: A behavioral change model for executive coaching? *Consulting Psychology Journal: Practice and Research,* 56(4), 225–233.

Snyder, M. (1984). When belief creates reality. In L. Berkowitz (Ed.), *Advances in experimental social psychology* (Vol. 18, pp. 116, 167). New York: Academic Press.

Thorndike, E. L, (1920). A constant error on psychological rating. *Journal of Applied Psychology*, 4, 25–29.

Wesson, K., and Boniwell, I. (2007). Flow theory: Its application to coaching psychology. *International Coaching Psychology Review*, 2(1), 33–43.

‖ 第3章 ‖

叙述的三层架构：以故事作为教练平台

David B. Drake

引言 51

一切都从一个对Tom（化名）的简单问题开始：“你是怎么成为一名律师的？”

为了回答这个问题，Tom分享了有关Bruce（化名）的几个故事。Bruce是一名律师，他曾经在Tom年少时做过他和其他几名邻居儿童的导师。在Bruce的影响下，Tom把对于公正、公平的价值观带到了成年，并且选择以律师作为职业。而今，Tom也在辅导其他律师一些冥想的方法。这两个故事似乎都暗示着某一个关键时刻。我对Tom说：“我打赌Bruce一定会为现在的你感到骄傲。”在一段深沉的停顿之后，Tom忽然意识到一个核心叙述贯穿着他的生活——他和别人分享自己的领悟，见证Bruce赐予的礼物所搭建的成长通道，以及他的工作和未来的愿景。

虽然“叙述顺序”（narrative turn）是心理学和其他社会科学在近40年热烈讨论的问题，故事本身却在很久以前就完整地融入人类群体。我们用它们来记载和组织我们的过去和我们的现在沟通，并且预想和向着未来行动（Drake， 52
2005）。尤其是在后现代，故事令我们：

- 建立和保持社会身份。
- 识别影响文化的规范。

- 引航我们正式和非正式的从属关系。
- 在关键环境中商讨我们的身份和业绩。
- 从其他优势的角度观察我们自己。
- 测试和预演我们新的自己。
- 把我们置于一个更宽广的叙述之中。

我们可以在Tom的故事中看到部分上述功能，比如，利用Bruce的故事让Tom适合一个更大的有关他人生的叙述。

我发现叙述是非常令人满意的，因为它允许心和脑的整合，这在其他情形下经常是不可能的。

Robert McKee（2004）是这样说的：“在真实的生活中，我们从未有同时获得一个事件的情绪和意义的体验。时间的流逝将二者分离。而我们仍然有着统一情绪和意义的强烈需求，好的故事可以做到这一点。”所以，故事给我们提供了一个看到客户心智灵魂的窗口，构建了一个建立和表达他们在世间存在的平台。为了发展以故事为基础的方法来进行教练，我对叙事心理学进行了深入的研究，以便能够在已有的工作和教练之间建立一座桥梁。这样我就在基础知识（Drake，2007a，2007b）和教练及教学中的专业知识之间建立了联系。

本章描绘了怎样更好地理解将叙述作用于教练实践，加强教练在会谈中运用客户的故事创造突破性的关键时刻的能力。我延续Burke（1969）对于“主人公”的研究方法——寻找一个人的叙述动力，即所谓的“动力源泉”。同时涉及5个问题，这些问题可以发现他们的动力。本章的焦点是，把结构和叙述的因素作为客户故事的一个重要部分来看待。本章建立在教练会谈中叙述分析的三层架构上，这个结构是我根据Burke对他人的研究（参见Drake，2003，2004，2005，2007）和我自己的研究发展出来的。目的是帮助教练更全面地了解如何流畅地和强有力地运用会谈中出现的故事来帮助客户透过上文所述的7个方面来实现他们的目标。比如，围绕晋升的教练会谈可能会关注成员关系问题（正式和非正式的从属关系），或身份问题（关键环境中的身份和业绩）。在最后的部分，我们会
53 特别关注如何将这三个层面转换到教练实践的框架之中。结论部分给出一些为教

练创建叙述的建议。现在，让我们从一些幕后的故事开始探讨。

研究背景

我对于叙述在教练中的研究始于Clandinin和Connelly（2000）在其研究中运用Dewey的理论所发展出来的三度空间所需要的叙述空间现实，同时也受Jung毕生洞察所贡献的潜意识对自己的影响（Drake，2003）和Freire（1970）所批评的过分强调叙述的“银行业方法”的引导。在早期的研究中，我以通过仪式透镜（rites-of-passage lens，Drake，2003，2004，2005）关注于客户的故事，我研究了当人们讲故事时，他们所讲的故事本身和他们叙述的过程。运用这样三段式的方法，教练会谈就好像一个三角关系，来帮助人们发现通达他们理想的通道。这样做让故事在我的教练会谈中变得活灵活现，并能把谈话带到更深的好奇领域。本章描述用“三个层面”来揭示客户故事的目的，以此阐述叙事心理学和教练之间的关系，也即理论和实践之间的关系。

本章的题目源自一个著名的儿童寓言的题目，意在指出故事在教练中的重要性。第一层（once upon a time）[1]表达了通常对于叙述者的关注，并同时提供了一个环境——一个故事即将开始的暗示和将要出现的行动的环境。这是和听众建立密切关系的过程，也是一个理性的建立信任的过程。第二层（twice upon a time）关注故事，此时问题和机会是它的核心。这是情节和目的的层面，是一个随着故事的展开共同创造相互理解的过程。第三层（thrice upon a time）关注教练和客户之间的谈话及叙述过程所创造的领域，它被前后贯穿的故事规划成形。我认为就是从这个领域开始，那些可能固有的东西在故事中显现出来，并通过作用于其因素（比如其他特征、目标、地点、形象和隐喻）和它们之间的变化来实现。

我认为，这三个层面在思考、工作和叙述上，在与客户的互动或教学中都是
很重要的。第一层是有关当创造一个信任的空间时，帮助客户完全表现他自己并 54

① 此处作者玩了个文字游戏。——译者注

设置他故事的情境。第二层是展现完整的故事，让叙述的内容更充实并贯穿整个谈话。在第三层经常会出现突破，在这一层客户再造或重新排列故事的材料，从中获得新的视角、新的有关自己的透镜，或新的行动选择。通过以上三个层面，故事可以被看作客户预见的延伸，它有意无意地在教练会谈中变得触手可及。为了管理这些叙述领域，教练要尽可能多地关注叙述材料，从而引起改变。

这个分层的方法是基于整合了教练和客户谈话中的认知和社会意义而创建的。一个故事和它形成的环境不可分割的，环境包含故事（Boje，1998；Rossiter，1999）。任何一个在教练过程中被讲到的故事，都是一个客户在该环境中转变的载体，它必须经过复述，它也能存在于其他情形中，让客户保持已经开始的改变。所以，我关注将“叙述性思考”（Drake，2007b）作为教练会谈的综合架构，而不是仅仅把故事作为一个工具而已。为了能够这样做，我加入了Boje（1998）和其他后现代研究者的队伍，把常规思考中的“故事作为目标”转换为“故事作为内容”。就是说把在教练过程中出现的故事视为一个中立和变化的过程，而非仅仅单一的静态的东西。

这种观点在叙事心理学领域普遍得到支持，该领域中存在着对叙述和社会结构及自然关系的应用，并且持续支持非主流的观点。在教练过程中，我将客户的故事视为社会心理的建设，它在客户的人生环境中运作（并在教练会谈中被告知），而不是在沟通和历史背景之外运作的。这个观点反映了后现代对于情境识别（Ochs & Capps，1996）的强调，并指出M. M. Gergen和K. J. Gergen（2006，p. 119）的要求：“人类改变需要理由，在其中我们理解和识别心理，它可以通
55 过关系上的行为来了解”。教练可以运用叙事心理学的文献来发展和展开与客户及其故事主动的新方法。在接下来的部分中，我会介绍其中一种方法。

在故事中寻找什么：三层架构

对于教练来说，了解叙述的结构特点是非常有帮助的，它可以在客户所述

故事的所有三个层面上运作。否则，故事中可以帮助客户有效工作的那些细小差别就无法被识别了。就如同任何的雕琢，在让故事生成对客户有效的意义之前，我们必须掌握其基础。以下的三层模型就提供了这样一个基础。它用5个叙述词语来理解人类的行为，包括Burke（1969）提出的戏剧五元素、Stein和Glenn（1979）提出的上下文故事结构、Ollerenshaw和Creswell（2002）共同研究的问题—解决方案叙述结构，以及McKee（2004）所描述的熟练故事元素等。我给Burke的清单加上了第六个元素，即尾声（参见Bruner，2002），以便强调教练中的行为主导，并支持通道仪式中客户发展的再合并阶段。总体的框架突出了Burke的5个关于行动和叙述的问题："做了什么（行动）、什么时候和在哪里做的（情境）、谁做的（执行者）、怎么做的（手段）和为什么（目的）"（Burke，1969，p.xv），以及对客户及其故事来说最终意味着什么（尾声）。

第一层：情形

情形包含环境（Stein & Glenn，1979；Ollerenshaw & Creswell，2002）、情境（Burke，1969）、主角（Stein & Glenn）和执行者（Burke）——我们在乎的某个人。随之而来的是其他元素和人物的介绍，预示着一个事件就要发生了。情形提供给我们即将开始的故事的环境，并令我们想要知道围绕人物会有什么事情发生。故事的背景经常表现为人物生活经历的失衡。叙述依据动机指出他最初的期待和现实的差距（McKee，2004）。在这个过程中，社会标准和环 56
境在叙述中把期望勾画得更为清晰，以便重新思考和选择。这些期望和情形被用到问题中，让客户修复失去的平衡而继续向前。在这个过程中，他会经常被挑战是否探寻释放旧有的依恋。

第二层：探寻

探寻涉及行动（Burke），包括一个人应对初始事件导致的情形（Stein &

Glenn）时的内在反应或回应（Stein & Glenn）和他对手段（Burke）的感觉。问题在于他相信是什么东西能令他的生活回到平衡状态，探寻它便形成了故事的主线（McKee）。显然这个人所要做的选择是令他经常反省个人模式和曾经做过的探寻，这些探寻涉及人物和态度（Burke后来在自己的五元素后面加上的一项）、思维模式以及随后的手段（Bakan，1966）。在这个阶段，尝试和磨难、遇到的人和种种阴影、“卡在中间”的感觉等，都是很常见的。

第三层：转变

转变，也就是Burke所指的目的，就是一个人为其追求所付出的行动的结果，（Stein & Glenn；Ollerenshaw & Creswell）。潜意识的渴望经常在探寻阶段出现——它允许意识的渴望带来改变，但最后执行者必须选择究竟哪一个故事和目的是一致的（McKee）。而客观的渴望经常是那个人必须面对的挑战，他必须回答这个新问题或做出最困难的选择；然而，结果也许是那个人最初所追寻的，也许不是（McKee）。此时这个故事的高潮带来了探寻的解决方案，但它必须在此过程中考虑所有所发生的事。转变反映了一个人对自己的感觉、思维模式、期望、叙述策略及结果。它经常以尾声（Bruner，2002），以一个故事的寓意（Stein & Glenn）结束，作为新意识、新行动的平台，使叙述者本人和他所讲述故事的对象受益。

57 让我以一个案例来展示这三部分行动结构。

情形：

我为一个区域组织提供服务，它当时正经历着突然解聘其CEO所带来的巨大改变。Nancy（化名）是一个年近六十的高级经理，正式地和非正式地，她与日俱增地被要求在这段领导力真空时段为管理层发表主张。她拒绝做这些讨喜的事务，她不清楚自己为什么要做这些。教练在最初的会谈中，目的是了解在她所处的情形中正发生着什么，以便令她在组织中可以做出更可靠的决策和更真实的回应。她最初的故事在“我只是帮派中的一员”展开。

探寻：

一方面，Nancy好像很愿意让事情一如既往地、顺其自然地发生。然而，故事在我们的谈话中出现一个年长的女人在家庭中为女儿们充当先锋的情节。一系列其他故事也显现有关她在一个重要社会团体中的位置，比如当她的孩子步入20岁时，她和他们一起转入新的角色。当她谈到被“卡在中间”、她的改变和她祖先的迁移、她对自己为人母的反省时，她的那些故事呈现了一条非常强的有关空间的主线。我们在这些画面中试图发现它们有可能意味着什么，关系到她作为一个年近六十的女人，正在寻求自己在组织中的何种位置。

转变：

Nancy的客观渴望通过对她的故事更深层的探索而展开，在家庭中充当先锋的形象，在一系列她的故事中作为主线浮现出来。把故事组织在一起的是“我只是帮派的一员”，这是她关于“难道这些已不再是真的了”的觉察。在那一刻她开始意识到一个事实，随着时间的推移一个最年轻的人变成群体中最年长的，这个角色对她来说是全新的。当意识到“现在轮到我作为一个长者”时，她重新组织了生活中、家庭中有关自己位置的故事，以及在组织中作为一个领导者的故事。

材料在和Nancy的教练会谈中自己从故事里显现出来：她早就发出信号，即使在最初只是无意识的，发展的过程却是伴随她的，她所做的选择已经通过她讲故事的方式告诉了我们。重要的是客户很少会把他们的故事以一种连贯的顺序讲 *58*
述出来；教练的角色是帮助客户展开故事并发现新的联系，从而抓住新的感觉。情形、寻找和转变合在一起，共同为我们提供了一个倾听的结构，然后追踪和回应这些故事可以加深其影响。这种方式和Chanfrault-Duchet（1991）的观察是一致的，最关键的信息经常能根据叙述过程的组织方式来找出端倪。我将这个架构作为我应对叙述材料的指导，并把它用在教练会谈、教练教授和组织教练的策略中。它基于把客户看作人或人类体系的信念，继而寻求如何发现、表达和让自己的故事更令人满意。

教练的一个重要角色就是利用叙述来反省客户故事及其元素，以便令更重大的模式和策略变得清晰。用这种方式让客户的故事历经所有三个层面，故事就能创造出更强的改变基础，系统化地运作于觉察及行为的认知和社会体系。第一层聚焦于叙述者、他的叙述策略和叙述环境；第二层聚焦于故事和东拉西扯的因素在教练会谈中所体现的结构；第三层聚焦于谈话的领域，在会谈中通过故事的元素追溯到客户的人生。下面，让我们探索更深层次的通过三层架构建立的教练叙述基础。

根据叙述的三个层面展开教练

概述

教练中可预见的叙述方式基于客户对教练的信任，客户可以自由完整地叙述他的经历，运用叙述的材料来服务于他们的目标。Stern（2004，p.408）说过，这是有关“成为一体的过程，在其中每个节点来临的瞬间，都要更加用心地对待，赋予它更重要和深层的欣赏”这一说法的延伸。这个在当下运作教练的方式
59 和客户及其故事所在的空间是共享的（Drake，2007a），它给予故事的身份是合情合理的。不仅仅是客户的叙述模式可以在行动中被观察到，他们也可以在此过程中体验更大的自由。

比如，我的一个客户不停地重复着一个有关负担的故事，于是我们开始探索这对他来说会怎样，对他周围的人会怎样——每个人不是总能控制一切，这样就解除了他对这些想法的依附。在此过程中，我也观察到我不时地催促自己来接受他的负担所带来的不幸。对教练来说，这正是在提醒我们，我们对于出现的情绪并不是免疫的；相反，当客户的故事被叙述的时候，这些情绪在所难免（Schwartz-Salant，1998）。秘诀在于，当客户叙述故事的时候，教练要能够觉察并很好地处

理教练双方及故事情景中出现的这些情绪。当和客户在一起时，教练也在不断探寻，尝试一个新的故事和更健康的方式，从而获得觉察。

讲故事的方式非常适合教练领域，因为双方间介乎清楚和暗示、迹象和意指之间的沟通，原本就是自然的叙述。叙事心理学对教练的贡献是，它承认聚焦于暗示的教练—客户关系，认可共同创造的改变载体和更加熟悉领域和内容（Stern，2004）。不然，如果客户的故事仅仅流于编年史和流程的话，就把经验降低成了抽象的分析——而这两者在教练中都不够有效。为了更加了解叙述结构和叙事心理学及教练原理和实践之间的关系，以下部分会近距离地观察三层架构来指导教练如何一次、两次和三次地作用于客户的故事。

情形（执行者、情境）

每个人都为自己创造一个故事，经常以巨大的代价耗费其一生。

——Max Frisch，1972

第一层是指故事及其叙述者的背景。它提供了故事的平台，它的构成回应了 *60*
认知、情绪或当下状况的缺口。它基于人们用故事来叙述一个事实，即发生了什么事，他们是如何体验所发生的事，以及他们想象接下来会发生什么事（Drake，2003，2005）。这些框架勾画了在当时什么对他们来说是可得的，从而影响行动和回应的范围。客户的故事可以帮助我们在需要时描述和调整他们叙述的模式，从而更完全地展现他们面前的发展机会。作为教练，在这一层的焦点是发展出一个完整的情形，比如，环境、人物，并且让客户作为叙述者全身心地参与。

教练帮助客户增强他们对故事的觉察并将其带入他们的生活和工作中，评估它们是否有效及它们的运作模式，令叙述的框架生成所期待的结果。这项工作的核心是让客户围绕“我是谁”识别适合时空的身份。通过谨慎地置身于一个当下的叙述框架中，教练得以帮助客户运作当时时空的故事。比如，我有一个客户不停地讲述那些基于她过往经验（时间）得出的有关她的领导团队（空间）的种种不可能。当她被要求想象，在当下组建一个新的并且更令人满意的团队（空间）时，开放的未来（时间）使之成为可能。这样，对方就拥有了机会来超越那些已被构建的问题（White，2007），从而获得一个新视角来看到更多的选择。

教练在这方面的一个核心能力就是处于我所称的“故事时间”和“故事空间”中，并支持客户也这样做。这里所用的一项技巧是问那些可以保持客户的叙述并进行分析或计划的问题。比如，与其问“你下一次会做什么不同的事”，不如问“当你正谈到这个行动，对你来说此时此刻正发生着什么”。就像Stern（2004，p.170）所强烈要求的：“一个人应该顺其自然，让故事全部完成并找到自己的命数。”

教练要做的是，支持客户连接自己当下的体验，让他们联系内在和外在的叙述，让过去和未来更易于获得，然后结合他们的能力做出改变。这部分是因为在过去、现在和未来这三个时间点中，每一个都非常紧密地联系着另外两个时间
61 点的意义。White和Epston（1990，p.10）观察到，“因为所有故事都有一个开头（或历史）、一个过程（或现在）、一个结尾（或未来），那么对现在事件的解读就如同过去对未来的勾画那样”。于是，我在故事中模仿客户的倾向出入过去、现在和未来，比如我会问类似这样的问题：“你现在在哪里？”“你过去曾什么时候到过这里？”“你什么时候可能再来到这里？”

我在教练过程中运用的识别情形的问题还包括：这个客户在哪里投入精力最多？他在哪里寻求指引？他的能量在哪里被卡住或误用？在每个当下，为了能让他可以讲一个新的有关自己及其人生的故事，他需要做些什么？这项工作的关键是“打破客户原有的过去、现在和未来的僵化联系，并建立新的可能”（Boscolo & Bertrando，1992，p.121）。最终，帮助客户松动他们有关过去、现在和未来的叙述网（narrative grip），从而为所要讲述的新故事腾出空间。

我们可以看到上述方法作用于现实的价值，这点可以用Susan（化名）的案例来说明。她是一个中年经理，曾经用教练帮助她度过新的晋升，让她能够在下一次晋升到来前做好准备。在运作她的故事时，有关发生了什么，我们发现了一个在她如何重拾自己（“我只是个培训师而已”）和她现在如何存在（“我的领

导们对我的发展选择充满尊重”）之间的分离。当我们在一次会谈中把故事都串在一起，就让她看到自己对已有实际经验不予重视，这和她讲述的她过去和未来的故事都有差异。我们继续探索她可以怎样用具体显现的自己作为行动的基础。我们通过邀请她回想这个有关过去的新故事（Hewson，1991）来强调了这一立场，帮助她准备一个和她老板的有关她未来职业生涯的会议。

像Susan这样的客户是通过创造和讲述故事把意义带入一个关键经历的。教练可以了解客户的雇佣策略（Hermans & Kempen，1993；Polkinghorne，1988），他们通过故事来体现这个时间点和他们在其中的位置。正是因为那些和客户策略相反的证据往往被他们视而不见（Polkinghorne，2001），所以这个过程对客户极有帮助。通常正是那些现实不遵从期望的部分会成为客户采取新行动的催化剂（Ibarra & Lineback，2005），比如，获得晋升并不像他们想象的那样有成就感，自己创业揭露出一些他们在企业中被隐藏的局限，退休更加强了他 62
们的失望和对生活的恐惧感。

这些在叙述中展现的差异被视为客户的背离（Bruner，1986；Riessman，1993）。这个叙述的举动试图解决期待和现实之间的不同（Ochs & Capps，1996）。教练可以倾听客户故事中的划分信号（Gergen，1994）和标志（Strauss，1997），以此来跟踪这些背离。教练过程中的关键环节是邀请和支持客户进入他们的故事中，从而注意到他们惯常的叙述策略，比如，“我是个受害者”，或“我只能自己做所有这些”，并且创造不同策略来应对同样的情形。这些策略反映了一个人有关自己和世界的思维模式，它们让教练来理解为什么一个人做了一些事，以及如何帮助他改变他的行为，如果改变正是他渴望的（Siegel，1999）。

客户如何看待世界并采取任何行动，都基于他们所讲述的故事和故事所讲述的他们。客户的体验是他们如何构建、倾向于和回应他们的世界的结果。然而，结果就如同他们对自己和世界的原本看法妥协了一样，他们的渴望对过往的经验妥协了（Siegel，1999）。Swann和Read（1981，p.371）指出：“通过这样的过程，人们会在他们的头脑中和实际环境中创造一个社会现实，这个社会现实适应、验证并保持原有的概念。”

留意以上所提及的，教练可以帮助客户通过反省一些影响他们成果的叙述来更完全地表达情形。这点是非常重要的，因为一个社会心理学家发现，我们的解释、我们的期望和我们的行为都强烈地彼此互相影响（Sherman，Skov，Hervitz，& Stock，1981）。它们精确地结合，然而其框架却不能够很好地运作，而正当它们和环境或目标不吻合时，新的故事便成为可能。就如同我们在Nancy的故事中看到的她对于自己新的领导岗位的看法，在这些瞬间，教练可以帮助客户识别这些故事在探讨有关他们自己的什么（Drake，2005）。

教练让人们和他们的故事再度连接，令他们更有意识地选择自己在故事中的情形、地点和角色，以及新故事和新角色。有时客户会离开一个旧故事，腾出空间给那些能够更好地服务于他们现阶段人生的故事。有时两个看似没有关系的故事被带到一起来创造一个新的联系或觉察，比如他们是谁，他们在当前的情形下
63 想做什么。在第一层展开探讨，把情形和教练过程的发展联系在一起，最终的目标是把客户完全带入他们自己的故事中并增强他们的作者身份感，让其至少对叙述者的角色保持清醒的意识。这个层面集合客户所关注的领域和载体，对到达下两个层面来说至关重要。

探寻（行动、手段）

通过拒绝他建造的网，她也击破了支持他论调的杜撰。

——James Hillman，1983

探寻阶段聚焦于客户自己的故事并且回味它们，让故事对自己和对他人而言都更清晰可见，其中隐藏的身份和事件的原理（Foucault，1965）也都更明了了。在这个过程中也经常会展开有关客户的特质和能力等重要信息，这些都可以更多地用于达到他们的发展目标。其中一个展开这些信息的方法就是倾听客户说出的任何直接的和暗示的“如果……那么……”这样的句式，比如：如果我在这

个项目上做更多的工作来取悦我的老板，那么我就会得到晋升；如果我有所有的答案（或至少看上去是），那么人们就会尊重我并需要我（并永不离开我）。在这里，教练的一个核心原则是在最初的阶段不被客户牵制，而是耐心地探索他们为什么而做（行动）和他们如果要成功的话需要什么（手段）。

然而，挑战是那些统治客户人生的叙述倾向于蒙住他们的双眼，令他们看不到其他叙述存在的可能性（Drake，2007b）。所以，教练可以帮助客户理解那些勾画他们对世界和自己看法的、影响他们的语言和行动选择乃至更多缄默的文化力量。如果教练想支持客户做出改变，他们必须对更广阔的适合客户身份的叙述有所意识。这点是非常重要的，因为人们经常觉察不到他们现有叙述的局限性，直到他们试图跨越这些规范或寻求在此范畴之外讲述他们自己或自己的体验时，才会有所觉察。当旧的故事失效后，教练可以非常有效地帮助客户把这些叙述的缺陷转变为新的内在回应和外在行动。在这里我们看到叙述材料和管理连接的价值，自此身份也被建立了起来（Drake，2007b）。

在这个世界上，每个人，特别是对我们来说极具影响力的其他人，都有角 64
色要扮演，他们通过倾听我们讲述值得叙述的故事，以及分析我们的讲述方式，来实现这些角色。他们塑造在我们的讲述范围内随之而来的身份，我们也随之变成了我们喜欢讲述的故事（Schank，1990）。这反映了Berger（1963，p.99）“自我和身份并非‘与生俱来’的，而是在社会认可的行动中被授予”的社会学观点。然而，我们把故事讲给别人听的同时，也讲给自己听。Schank（1990，p.147）讲到，这就是“导致我们以宿命的角度看待自己的生活，让熟知的故事模糊现实存在和标准之间差异的奇怪效果”。教练在很大程度上帮助客户辨别自己和他人讲述的他们的生活和故事。探寻阶段经常包括让故事开启客户和关键人群的分离或谈判的过程。

诚然，这一过程向来不易，客户在教练过程中经常对可能阻碍他们成功的改变持有矛盾情绪。这也映射了McKee（2004）的观察，对人物角色期待的困惑往往是大多数故事的问题根源。所以，对教练而言，识别客户试图通过这个故事来实现什么以及为谁实现，就极为重要。在这里，教练的核心角色是帮助客户识别最深层的目的、最真实的本性和所寻求的最终意义——客户想要以什么来终止这个故事（McKee，2004）？在某种程度上，这一转变从探索中得来，“所谓历史的，通常是无意识的包含于故事中的需求，并且要考虑是对谁而言”（Phillips，1994）。为了让这种转变发生，必须有“一个对之前所接受的理解的分离，一个曾经熟知但已然讲不通的观点，一个对从前理所当然的东西的洞察”（Bruner，1986，p.53）。

教练可以帮助客户走过这些时间空隙，在此过程中老的故事被遗忘，而客户向着问题解决的航向进发，但此时仍然未能完成觉察。是时候让客户的问题和渴望变得清晰了。复杂性常常在开头就已有显现，它们经常在客户联系到更深层的改变时得以加强。比如，一个客户渴望拥有更健康的工作习惯来自他因恐惧而回避回家。只有在那时我们教练工作的深层目的才变得明显。探寻阶段就是不断觉
65 察，聚集资源，以准备解决问题，并在故事、身份和行动中实现转变。在两次以前的层面上工作，开启了引导客户到达探索和完成更深层目的入口。

转变（目的、尾声）

> 就像我们所了解的，每个故事中最重要的入口唤起我们最大的恐惧或对世界的依附。
>
> ——Laura Simms，2000

一旦客户清晰自己故事中的规则之后，焦点就变成基于故事的各个元素领悟解决问题的方案。这和Hermans（2004，p.175）有关“对话空间”的说法如出一辙：“新的关系在已有的故事部分中，或者新的元素被引入”。在教练会谈中运用叙述和被弗洛伊德称作“均匀悬浮性注意”（evenly suspended attention，引自Yalom，2000）的方法，有助于发展故事世界（McLeod，2004）——一个包含治愈性情节（Mattingly，1998）和转变性对话的世界。Stern（2004，p.22）关于当下瞬间的研究和对于“主体间矩阵”（intersubjective matrix）的猜想

都作为双方持续共同创造的对话方向：“共享在参与者之间创造了新的主体间领域，提醒他们的关系并允许他们同时走向不同的方向……改变就在这些非线性的跳跃过程中以彼此间共同存在的方式发生”。这个领域尤其重要，第三层叙述聚焦于解决问题，它的意义（尾声）便是成果和收获。

系统地看，这种方式与成人的发展和改变是一致的。客户经常面对艰难的选择和极具吸引力的机会，这些选择和机会都致力于讲述一个他们人生中不同的故事。不管是哪种方法，转变阶段都是标注客户故事的转折点（Ibarra & Lineback，2005）。这最后的一步包含了一些在最初就设立的寻求解决问题的催化剂——客户通过它得到的也许并不是他们开始时想寻求的。其重要之处在于它支持客户走进他自己的故事。通常一个客户的觉醒时刻就来自于这些情形，在他们自己的故事中，他们惊奇地发现和教练所一同觉察到的东西。比如，一个客户讲述了一个他想在目前角色上有所改进的故事，最后发现其实他深层想要的却是 *66*
辞职去做别的事情。

如果客户在故事中觉察这些并且必须创造不同的结尾，那么这些领悟经常会来得更早和更有力。当他们被邀请反省他们的故事时，客户就会拓展他们的意识并更能觉察他们所做的选择和想要做的选择，那个故事也就会引导他们。在这个过程中，他们也许会决定：一些老故事已经不那么突出或典型（正面或负面的）——它们已经无关紧要了；有些故事可以拥有新的典型特性；有些故事强烈需要被“重新叙述”并被允许将它们沉入生活的大海；其他故事被引入并“变得浓重”（Geertz，1978），因为这些故事更能代表他们想成为什么和如何实现这一想法。重要的一点是，转变是在客户自己的叙述材料中发生的，它在教练的对话中展开。

在这一层面运作故事，所处的领域既源于教练和客户，又高于教练和客户，后者通常在故事中寻求新的关系来重新组织过去，开启新的现在的可能性，或为未来建立新的平台。这样做的结果是，帮助客户来做他们的工作，面对核心挑战，回答关键问题，做出艰难的选择（McKee，2004），从而把一个新的有关自己的故事带到生活中。这是一个在故事和教练过程中客户问“我现在要做些什么”的时刻。在第三层下，能够帮助客户转变他们作为叙述者的感觉，转变他们所讲述（和听到）的故事，转变故事中各个因素之间的关系，转变他们生活在故事中的方式。

我相信教练的角色是一面带着关爱的明镜，客户可以坦诚地把他们的故事带到教练会谈中来，并在那里找到解决方案和他们所寻求的回报。作为教练，我们要在会谈中创造上述领域，重要的是要记住，当客户过去和未来的故事对塑造他们的身份和行为具有影响力时，根本上，所有当下的问题只不过是采取新的行动的时间问题（Boscolo & Bertrando，1992）。所以，教练的一项重要原则，就是和客户在叙述材料中互动时，尽量地留在故事时间和故事空间里。

这样做能让客户把任何觉察到的生活经验或能力转变印在脑海中，成为改
67 变的锚（Drake，2007b）。“此时此刻”的观察角度和教练的“当下”特性是一致的，它有着许多优势。它提供了一个安全的试验环境，客户在把行动带入真实的世界之前，在这个环境中测试心得、行为和体验（Anderson，2004；Yalom，2000）。而教练就扮演着叙述旅程管理员的角色。

结论

我们通过讲述故事来理解生活。

——Joseph Dunne，1995

叙事心理学为教练提供一个有价值的基础，以帮助客户实现他们所寻求的改变。这项工作贡献了巨大的资源，教练以此去理解叙述的动态和有关客户的身份、认知、沟通和行为。它让教练拥有清晰的头脑和开放的基础。人们接受教练，是因为他们的老故事在某个层面上不再有效了，他们需要讲述新的故事或将故事讲给更适合的听众。

客户在教练会谈中分享的故事散发着他们想要努力的新诉求，重新组织有关他们是谁的叙述的光芒。这些故事通常反映了在他们的一贯动力（和稳定性）及

他们渴望非贯性（和改变）之间的张力。而在同样的故事中，存在着为什么要解决这个张力的线索，从而引向行动，引向有关他们自己的故事、他们的生活和对他们重要的人。这依赖于教练拥有理论和实践的工具来运作这些故事，从而令它们得到重视，实现转变。

在叙述层面上工作，令教练看到客户在世界中构建和保持他们身份和方向的过程。我的目标是延展客户的立场，从而令他们更能在每一天走进和走出故事时（Hermans，2004）灵活地从一个位置移动到另一个位置。在教练会谈中运用叙述性思考的方式，我更强调体验而不做解释或行动。我作用于故事的要素，就是我令自己和共同叙述（Drake，2007b）的内容协调一致。在我的实践中，我不再过多担心客户先分享哪个故事，我相信他们会在准备好的时候开始恰当的故事。叙述倾向于全息的特质，无论客户从哪里开始讲述，关键的主题会以一种或另一 68
种形式来表现。所以，我更多地关注创造丰富的叙述领域，注意出现了什么，相信任何故事或任何系列故事都是进入更广阔问题的入口，而这些问题就关系着客户的发展渴求。

把叙述带入教练的一个原则是不被所探寻故事的外部动机所牵制。这种外部动机可以变成善意的欺骗，即使是无意识的，我们自己的价值观也会运作于别人的故事。根据我的经验，更重要的是当叙述的主题显现时就认可它们，致力于谈话中出现的相关领域，关注强有力的方法来工作于这些经常看似简单的故事。了解叙述结构提供给教练们更强大的能力，以便在要点显现（或不显现）时识别它们。所以，重要的是要记住：

> 客户的故事不是简单的故事。它们是丰富的、动态的，是显示客户的挣扎的……优秀的教练可以帮助客户进入其故事的更深层次，从而了解它们的叙述结构和过程，并利用这些材料运作于故事本身。有时它也许能帮助客户走出故事从而更直接地处理深层的问题……通常来讲，相较那些已经被讲述的，更多的东西仍在发生。
>
> —— Rennie，1994，p.242

致力于我们的专业，教练要觉察那些人生故事中看似合理的诉求。我们发现自己所提倡的常常是基于我们的训练、专业（商业）压力和审美上的完美需求，那么，到底什么是合意的人生（Phillips，1944）？

这项研究的核心是一项深层的承诺，就是创造一个不评判同时具有生产力的空间，在这个空间里客户可以在他们自己的叙述材料中探索，将它作为引向他们发展和满足的通道。追溯叙事心理学对加强教练的这一能力的影响，我确定了叙述方式的三部分。第一层聚焦于帮助客户完全进入他们讲述的生活故事的角色中，并澄清他们在故事中所分享的情形。在这一层面工作设立了一个供客户了解他们自己是谁和他们如何抵达他们渴望的人生舞台。他们信任教练，将其作为叙述的伴侣，以至于他们可以更多地讲述整个故事，并直率地认可他们所处的共同探索旅程。第二层聚焦于为整个故事创造空间以便深入探索。在这一层面上帮助
69 客户识别他们故事和生活中的核心故障，辨别和认识他们的资源，发现和深化他们探索旅程的目的。第三层关注谈话的领域以及叙述的元素，并协助转变。这一层面帮助客户找出故事中的所有元素以寻求解决方案。

教练可以和客户在所有三个层面——叙述者、故事和故事的元素上互动，以实现他们的渴望。我在这里倡导相关的方法，聚焦于动态的叙述领域。最后，教练和客户在每次会谈中一同走过他们讲述的旅程。通常，他们最终反省他们所学到的故事寓意，从而真正地掌握他们究竟能够走多远。我会像开始一样以故事结束。这源于一本令人陶醉的书——M. Tarlow和P. Tarlow（2002）的书从人类学的角度，把土著智慧和数字生活下的后现代觉察融为一体。

> 土著追踪者是世界上最棒的，他们甚至能通过一个人若干年前走过的沙漠追踪到这个人。一个人类学家问了其中一个追踪专家他们是如何做到这一点的。跟踪者答道：“哦，这很容易。我们和他们一起走。”他并没有试图去找线索，他只是进入旅程发生的时间和空间。他了解如何进入他所寻求的世界。
>
> ——M. Tarlow & P. Tarlow，2002，p.205

参考文献

Anderson, T. (2004). 'To tell my story': Configuring interpersonal relations within narrative process. In L. E. Angus and J. McLeod (Eds.), *Handbook of narrative and psychotherapy: Practice, theory, and research* (pp. 315–329). Thousand Oaks, CA: Sage.

Bakan, D. (1966). *The duality of human existence: Isolation and communion in Western man*. Boston: Beacon.

Berger, P. L. (1963). *Invitation to sociology*. Garden City, NY: Doubleday.

Boje, D. M. (1998). The postmodern turn from stories-as-objects to stories-in-context methods. *Research Methods Forum*. Retrieved January 7, 2006, from http://www. aom. pace. edu/rmd/1998_forum_postmodern_stories, html.

Boscolo, L., and Bertrando, p. (1992). The reflexive loop of past, present, and future in systemic therapy and consultation. *Family Process*, 31, 119–130.

Bruner, J. (1986). Ethnography as narrative. In V. Turner and E. M. Bruner (Eds.), *The anthropology of experience* (pp. 139–155). Chicago: University of Illinois Press.

Bruner, J. (2002). *Making stories: Law, literature, life*. Cambridge, MA: Harvard University Press.

Burke, K. (1969). *A grammar of motives*. Berkeley, CA: University of California Press.

Chanfrault-Duchet, M.-F. (1991). Narrative structures, social models, and symbolic representation in the life story. In S. B. Gluck and D. Patai (Eds.), *Women's words: The feminist practice of oral history* (pp. 77–91). New York: Routledge.

Clandinin, D. J., and Connelly, F. M. (2000). *Narrative inquiry: Experience and story in qualitative research*. San Francisco: Jossey-Bass.

Drake, D. B. (2003). *How stories change: A narrative analysis of liminal experiences and transitions in identity*. Unpublished doctoral dissertation, Fielding Graduate Institute, Santa Barbara, CA.

Drake, D. B. (2004). *Creating third space: The use of narrative liminality in coaching*. In I. Stein, F. Campone, & L. Page (Eds.), Proceedings of the Second ICF Coaching Research Symposium (pp. 50–59). Quebec City, Canada: International Coach Federation.

Drake, D. B. (2005). *Narrative coaching: A psychosocial method for working with clients' stories to support transformative results.* Paper presented at the Second Australia Conference on Evidence-Based Coaching, Sydney, Australia.

Drake, D. B. (2007a). An integrated approach to coaching: The emerging story in a large professional services firm. *International Journal of Coaching in Organizations*, 5(3), 22-35.

Drake, D. B. (2007b). The art of thinking narratively: Implications for coaching psychology and practice. *Australian Psychologist* (Special Issue on Coaching Psychology), 42(4), 283-294.

Drake, D. B. (2008). Evidence in action: A relational view of knowledge and mastery in coaching. In K. Gørtz and A. Prehn (Eds.), *Coaching in perspective*. Copenhagen: Hans Reitzel Publishers.

Dunne, J. (1995). Beyond sovereignty and deconstruction: The storied self. *Philosophy and Social Criticism*, 21(5/6), 137-157.

Eakin, P. J. (1999). *How our lives become stories*. Ithaca, NY: Cornell University Press.

Foucault, M. (1965). *Madness and civilization: A history of insanity in the age of reason*. New York: Random House.

Freire, P. (1970). *Pedagogy of the oppressed*. New York: Seabury Press.

Frisch, M. (1972). *Tagebuch.* Frankfurt, Germany: Suhrkamp.

Geertz, C. (1978). *The interpretation of cultures*. New York: Basic Books.

Gergen, K. J. (1994). Mind, text, and society: Self-memory in social context. In U. Neisser and R. Fivush (Eds.), *The remembering self: Construction and accuracy in the self-narrative* (pp. 78-104). Cambridge, UK: Cambridge University Press.

Gergen, M. M., and Gergen, K. J. (2006). Narratives in action. *Narrative Inquiry,* 16(1), 112-121.

Hermans, H. J. M. (2004). The innovation of self-narratives: A dialogical approach. In L. E. Angus and J. McLeod (Eds.), *Handbook of narrative and psychotherapy: Practice, theory, and research* (pp. 175-191). Thousand Oaks, CA: Sage.

Hermans, H. J. M., and Kempen, H. J. G. (1993). *The dialogical self: Meaning as movement.* San Diego, CA: Academic Press.

Hewson, D. (1991). From laboratory to therapy room: Prediction questions for reconstructing the 'new–old' story. *Dulwich Centre Newsletter*, 3, 5–12.

Hillman, J. (1983). *Healing fiction.* Woodstock, NY: Spring.

Ibarra, H., and Lineback, K. (2005). What's your story? *Harvard Business Review,* 83(1), 65-71.

Mattingly, C. (1998). *Healing dramas and clinical plots: The narrative structure of experience*. New York: Cambridge University Press.

McKee, R. (2004). Story seminar (notes), 10–12 September. Los Angeles, CA.

McLeod, J. (2004). The significance of narrative and storytelling in postpsychological counseling and psychotherapy. In A. Lieblich, D. P. McAdams, and R. Josselson (Eds.), *Healing plots: The narrative basis for psychotherapy* (pp. 11–27). Washington, DC: American Psychological Association.

Ochs, E., and Capps, L. (1996). Narrating the self. *Annual Review of Anthropology,* 25, 19–43.

Ollerenshaw, J. A., and Creswell, J. W. (2002). Narrative research: A comparison of two restorying data analysis approaches. *Qualitative Inquiry*, 8(3), 329–347.

Phillips, A. (1994). *On flirtation*. Cambridge, MA: Harvard University Press.

Polkinghorne, D. E. (1988). *Narrative knowing and the human sciences*. Albany, NY: State University of New York Press.

Polkinghorne, D. E. (2001). The self and humanistic psychology. In K. J. Schneider, J. F. T. Bugental, and J. F. Pierson (Ed s.), *The handbook of humanistic psychology* (pp. 81–99). Thousand Oaks, CA: Sage.

Rennie, D. L. (1994). Storytelling in psychotherapy: The client's subjective experience. *Psychotherapy*, 31(2), 234–243.

Riessman, C. K. (1993). *Narrative analysis* (Vol 30). Newbury Park: Sage.

Rossiter, M. (1999). Understanding adult development as narrative. *New directions for adult and continuing education*, 84, 77–85.

Schank, R. A. (1990). *Tell me a story: A new look at real and artificial memory*. New York: Charles Scribner's Sons.

Schwartz-Salant, N. (1998). *The mystery of human relationship: Alchemy and the transformation of the self*. New York: Routledge.

Sherman, S. J., Skov, R. B., Hervitz, E. F., and Stock, C. B. (1981). The effects of explaining hypothetical future events: From possibility to probability to actuality and beyond. *Journal of Experimental Social Psychology*, 17, 142.

Siegel, D. J. (1999). *The developing mind*. New York: Guilford Press.

Simms, L. (2000). Crossing into the invisible. *Parabola: Myth, tradition and the search for meaning*, 25(1), 62–68.

Stein, N. L., and Glenn, C. G. (1979). An analysis of story comprehension in elementary school children. In R. O. Freedle (Ed.), *New directions in discourse processing* (Vol. 2, pp. 53–120). Greenwich, CT: Ablex.

Stern, D. M. (2004). *The present moment in psychotherapy and everyday life*. New York: Norton.

Strauss, A. L. (1997). *Mirrors and masks: The search for identity* (2nd edn). New Brunswick, NJ: Transaction.

Swann, W. B., Jr, and Read, S. J. (1981). Self-verification processes: How we sustain our self-conceptions. *Journal of Experimental Social Psychology*, 17, 351–372.

Tarlow, M., and Tarlow, P. (2002). *Digital aboriginal: The direction of business now: Instinctive, nomadic, and ever-changing*. New York: Warner Books.

White, M. (1995). Workshop Notes. Retrieved September 21, 2005, from www.dulwichcentre.com.au.

White, M. (2007). *Maps of narrative practice*. New York: Norton.

White, M., and Epston, D. (1990). *Narrative means to therapeutic ends*. New York: Norton.

第4章

教练实践中的证据：用理论提升教练技巧

Peter Jackson

引言

通过本章内容的学习，你将了解自己所处的位置以及清楚了解自身情况的重要性。我写作本文的目的是通过描绘一幅图画来让大家明白，作为专业教练，我们该怎样理解自己的所作所为。我希望，通过分享这幅图画，读者们可以更清楚自己的作为，并由此受到启发，从而对这个问题进行更深入的探索。我相信这也是教练基本职业素养的体现，而且对于教练队伍、教练客户和教练市场的整体发展也益处颇多。 73

这个迅猛崛起的行业，其发展历程有据可查（参见Jarvis，2004；Grant & Cavanagh，2004）。尽管如此，我们还是有必要知道，教练行业走过的并非如意坦途，而是一个有时渐进、有时组织良好、有时突变的过程，其中既有间断式跳跃，也有反思式评估。跳跃无疑会带来伤痛，而平稳的渐变期又会很长。做业务的人都知道，一个行业如果管理不好，这个行业就会经常与自己先前的影子搏斗。这样的例子很多，例如，先前被国有化的行业就常常与商业化争斗不休；许多大企业也在试图摆脱其创立者的影子。迄今为止，教练行业的发展也充满了渐变过程和冒险时期，而对于一个快速发展的行业而言，冒险常会留下结构性的弱点。虽然这些裂痕现在还不大，但是随着教练这座大厦越建越大、越建越高，其产生的危害也会随之增加。有人曾预言业内的不良做法可能会造成的危害，这种 74

危害甚至可以严重到使这个“昙花一现”的行业陨落深渊。我不想成为一个哗众取宠的人，也没有一双可以看穿未来的千里眼。但我还是要说，重视基础建设已经为时不早。我们这样做，既是为了每个个体从业者的健康成长，也是为了整个行业的长远发展。

但是，这些宽泛的问题与教练的想法之间又有什么关联呢？在我看来，这种联系就表现在建设性调查研究的过程中，通过这项调查研究，我们就可以理清这些问题。对我们如何构建自己的实践进行调查研究，可以为此打下更加坚实的基础——这件事可以由我们分别来做，也可以合作完成。此外，我还要提醒大家，在进行调查研究的过程中，从业者可能会遇到一些障碍，尽管这些障碍在很大程度上是我们想象出来的。随着教练领域中表达用语和哲学思想的发展成熟，教练行业的企业文化也在当前阶段悄然形成，而这些障碍就嵌在这种文化里。从行业发展的角度来看，也许现在正是跳跃的时期，我们需要利用这一跳，以重新评价业界的某些观点到底是从何而来，又将向何处去。那么，就让我们先后退一小步，来审视一下业内这些思潮产生的原因。

审视

众所周知，尽管教练是在几个成熟领域的知识基础上建立起来的，但它依然是一个新兴的学科，实践特点突出。之所以能发展到今天的程度，主要是仰仗市场的引导。在其发展道路上，与其共同成长的还有其他诸多专业化活动，其中就包括日渐壮大的以下项目：

• 专业协会。从20世纪90年代中期的一两家发展到2007年的数十家（既有地区协会，也有国际协会）。

• 研究生级别的教育计划。例如，第一个硕士课程于2001年在英国向学生开放，此后又有许多课程陆续开放。现在已经开放博士课程。

• 倾向于教练特定课题的博士学位（参见Grant & Cavanagh，2004）。

• 集中刊登教练学科文章的同行评审类杂志。

事实上，后来的这些活动均落后于教练实践。举例来说，早在10年前，许 75
多从业者就已经在从事教练活动；早在20世纪八九十年代及更早的时候，就有重要从业者（例如：Clutterbuck，1985；Parsloe，1992；Whitmore，1992；Gallwey，1974）开始著书立说。事情沿着这样一条主线发展，意义非凡。这证实了我先前所说的演变次序，逐渐的本质性变化之后自然就是有组织的再评估。正是在教练行业无序发展的过程中，应势出现了越来越多的声音，要求逐步改变教练机制。在此重申，我的目的就是要考察这种背景和发展动力，以便更有效地改变我们的实践，并使教练行业进一步向职业化方向发展。

我要说的是，这段由市场需求引导而形成的历史开创了一种充分的实用主义文化。把教练当作一门实用学科来讨论，确实引人入胜。教练是一个解决方案，而不只是一个想法；教练在乎效果，而不是过程。如此框定教练的意义，就意味着教练是以行为为导向的，是以市场结果为目的的。然而，我们不能混淆纸质地图和真实地形的差别。这种实用主义文化是以市场为定位的，尽管它也有自己的价值和科学基础。同时，它还使得教练实践、专业发展和成熟这些问题模糊不清。

这个框架不该一成不变，而应该有所改变。在给研究生上课时，我有幸见证了那些既称职能干又事业有成的从业者们，是如何得益于以新方法来指导自己的实践的。他们谈论怎样增强信心、如何更好地理解不同观点所带来的力量、如何在实际工作中更自主地做出抉择等问题。从本质上来说，即便只用自己已有的知识，他们也已经能灵活处事，有能力应对突发事件。只靠收集信息、学习新技巧、给人们的实践活动建立模型，是不能取得这样的成果的。这个成果的取得是他们在实际工作中不断检验教练的基础、不断审查理论假设的结果，也是他们不断质疑自以为对的东西，探索“我们是怎样真正理解自己所知道的东西的”这个问题的结果。这三个方面的内容也是他们经常从客户那里求证的东西，但是由于无意中就会受到实用主义文化的影响，他们通常很难在自己身上得到这样的求证机会。

因此，本章的重点并非教练技巧本身，而是思考如何提升这些技巧。有些读者也许会对此感到不舒服。但我这样做是有原因的，毕竟我要向现有的模型发起挑战，只有这样做，才能为教练的职业发展和专业实践开创更多的机会。

76 作为讨论的开始，就先解释一下我所说的“实用主义文化”吧。我说过，随着这种文化在教练行业的兴起，它就一直阻碍着这个行业的发展步伐。之所以会这样，是因为它使人们分不清什么是证据的本质、什么是理论的本质。然而，作为一种哲学上的构想，教练实践中实用主义的存在又是合情合理的，而且作用显著。至少，用实用主义哲学家Peirce、James和Dewey的理论来简要地解释这个问题，就是这样的。理解实用主义的起源和本质，有助于我们理解其在教练领域的现实中表现的缺点。为了区分理论与不同类型证据之间的差别，我研究了基于经验的调查研究的主要模型。这个模型由Karl Popper提出，他的思想在很多方面都反映了实用主义者的观点。我对来自学习理论家的知识进行了进一步的调查研究，并由此引出了一个模型。教练可以用这个模型来指导自己的教练实践。这个模型不但为许多专业活动提供了一个框架和逻辑方法，而且也能激起读者从事这些活动的兴趣。

实践中的实用主义

什么是实用主义文化

前面讲过，在教练这个学科发展的过程中，主要出于实用和商业层面的考虑，才出现了实用主义文化。在扩大教练知名度和在从业者圈子内共享技能这两个方面，以从业者为导向的那些文献起到了很大的引领作用。这些文献展示出这样一个趋势，就是人们重视实践多于重视理论。我曾试图告诉大家，这种考虑是合乎情理的，也是有价值的。这在学科发展的过程中也是完全合情合理的。然而，进一步的考察却表明，这会影响到人们对理论与实践关系的认识，不利于整个行业的发展。在本节中，我将讲到这种文化是怎样表现的，还会提出对教练未来的一些见解。

在此，我举一个简单的例子。这个例子引自Chapman、Best和van Casteren（2003）所著的一本广受关注的书。书中有这样的话（p. 16）：“本书内容不是理论推测，也不是想要告诉大家将来会有什么事情发生，而是要告诉大家已经发生的事情和取得的成就。”之后，他们又写道（pp. 16-17）：“与一些学术型同行不同的是，我们只提供那些经过真正客户验证过的模型。”

这些作者到底说了些什么？后面我们会讲到，从实践推导出的理论是合乎情 77
理的，但是在这些简短的摘要中，推测和学术理论却融合了一些非真实的东西。事实上，这些作者对于规避理论的做法丝毫不感到内疚。整本书都是理论，按他们自己的话说，是基于亲身实践的理论。在这一实践的过程中，他们选择了一些理论并加以应用，结果发现，有些管用，有些则不管用。我们可以理解他们遭遇的挫败，“我们注意到，太多的教练即使在不合适的时候，也试图把现有模型硬生生地套入教练过程中”（p. 22）。但是从逻辑上看，这并不能证明“理论≠管用的东西”。这是一种错误的二分法。这些作者的基本诉求就是要告诉大家，他们的理论（就是，他们期待在什么情况下，什么东西会达到什么目的）比别人的理论更厉害，或者说，“我的理论＞你的理论”。他们这样做也许是对的，但是他们为什么要假装与理论无关呢？我无法回答。但是，其中一位作者的话却很直截了当（p. 3）：“作为教练，同事和客户都说我的优势是关注商业和性格直率。我同意。”在我看来，这个说法具有浓重的实用主义文化色彩。

当然，这不仅仅是一个特例。我还经常听见一些学生说到类似的话（例如“我还没有用过任何理论，因为我不是理论家”）。教练服务的提供者可能更愿意谈论他们自己专有的“系统”（效果会很好），而不是谈论他们的看法或想法（好像他们也不会照做）。2003年，我对一个由英国的个体从业者提出的理论的应用情况展开了一项小规模的初步研究（研究结果没有出版）。在研究的对象中，有些人对所使用技巧的理论来源有所认识，尤其是当它们来源于治疗时；其他人则明显而有意识地表明自己的实用主义偏好（有一名学生曾对我说“科学对NLP不起作用”）；还有一名学生说，理论确实“很重要”，但是他认为那些给从业者阅读的文献资料只不过是一些解释和说明而并非理论来源；没有人实际描述过科学理论或者证据，即便他们已经把一些技巧方法收进了自己工具箱，或者即便他们随后又把这些技巧用在了自己的具体工作中。更确切地说，当教练把一个方法用得得心应手而有了直接经验时，或者当教练自认为如此时，他们似乎才接受这个方法。

在引言部分，我讲过，在教练这个学科的专业基础奠定方面，实用主义文化一直在拖后腿。确实如此，因为在学科知识不断增长的今天，它给人们提供了一个错误的框架标准。在我上面所列举的例子中，无论是文献资料方面还是访谈方
78 面，教练都声称不要使用理论。这是一个错误的举动，是在错误地理解什么是理论这个问题后做出的错误判断。从本质上来说，任何在认知决策过程中所做出的决定、任何在某特定情形下基于特定结果的合理期待所采取的行动或进行的思考方式，都可以看作一种理论。我们每时每刻都在理论的指导下行事，只不过，有些理论我们意识得到，有些理论我们则意识不到；有些理论具有个人属性，有些理论则具有公共属性。实际上，这种“理论无用论”使人们对决策过程中的思考基础认识不清，这也就是我为什么说它是一个错误的框架标准。

为了构建一个可选择的框架，我首先要澄清一个术语表达问题。为了辨别那个所谓的哲学和文化诉求，我这里要简洁地介绍一下实用主义哲学的背景。其实，实用主义哲学的核心思想对于教练实践来说是非常有用的——它在实用方法和技巧方面形成了一个有力的主题，而且还将理论与实践紧密地结合了起来。

实用主义的传统

有意思的是，“实用为本”这个词已经深入人心，而“实用性”、“脚踏实地”这样的词则在某种意义上是“理论性”和“理想主义的”的反义词。实用主义哲学始发于19世纪晚期和20世纪早期的美国，是随着分析哲学和“我们到底该怎样生活”这样的实际生活问题之间的距离越来越大而应运而生的。说到这里，就不得不提到三个重要的人物，他们都是美国人，分别是Charles Sanders Peirce、William James和John Dewey。实用主义哲学特别强调知识的构成要素

（这一领域的哲学称为“认识论”），而且它还与实用主义有一定的市场有关。需要强调指出的是，实用主义的认识论并不排斥理论问题，而是要确保理论问题能在现实世界中发生效用。

实用主义提倡实用的认识论。对于这个问题，上面提到的三位学者各有不同的论述：Peirce认为，研究权威性的认识论会无果而终，并且特别强调合作调查过程中所呈现出的问题的重要性；Dewey强调的是在有效的调查过程中能实际保障的那些东西；而James则强调实践中最管用的那些东西。对于这些观点，当代从业者也有颇多评论。

例如，按照神经语言程序学（NLP）的观点，James的认识论会明显地导致行为变化的发生。O’Connor和McDermott（2001）告诉我们，信念与事实是截然不 *79*
同的，我们的信念会影响到我们的行为，而且有些信念的作用可能会更大些。为了改变负面的信念，我们可以提出这样一个问题——“我们更想有一个什么样的信念”（p. 152），或者“有了新信念，我的生活会有多好”（p. 153）——这就是实用主义认识论在现实生活中的体现。这实际上是在说，“我们应该选择适合自己目标的现实结构”。

并不仅仅是在技术层面上我们可以看到实用主义认识论的影响，在从业者和作者们所用的教练方法的原理和基础中，我们也可以看到它的影子。这样的例子很多，在此仅举一例：Rogers（2004，p. 7）把教练原理描述为“客户都很聪明”，她将其称为一种“信念”。Rogers还阐述了这样的原理是如何对教练实践产生直接影响的——“正是在有了信念之后，教练的角色就不再是给人提出建议和忠告”（p. 7）。教练的思想肯定会影响他们的行为，持有这个观点的人，绝不会只有我一个！

如此，实用主义者认为，我们的知识是建立在合作调查（Peirce）、有效调查（Dewey）或者管用的东西（James）的基础上的。在一些教练技巧和原理中，我们可以看到这些观点的具体体现。我们的设想为自己的思维进而为自己的行为构建了一个框架，从这个意义上来说，认识论是支持我们理解证据的过程。在下一节中，我将探讨这种基本联系，向重新构建教练与理论的关系再迈进一步。

知识、理论与实践

如果说，我们的设想影响了我们的工作方式，那么就可以说，我们对知识本质的设想会影响我们接受什么样的证据。这里再举一个我教学中的例子。在一个“教练在组织中”的课程中，我采用了一个案例。案例涉及诸多历史、金融和组织方面的信息。每当我问是什么东西吸引了他们眼球的时候，我得到的回答总是千差万别的。有些人注意到了其中的一些关系，有些人直奔经济指标部分，有些人则恰到好处地分析了人力资源策略的作用。当学生们注意到一个组织的某些方面会比其他组织强很多的时候，那些职业经历往往就会出现在他们的脑海里：例如组织发展顾问、会计师、人力资源经理等。这些都说明，不同的视角会产生不同的现实结构。

那么，作为教练，我们对“这个世界是怎样运作的”这个问题有何期待呢？
80 怎样由此形成理论呢？教练科学又是什么呢？也许我们应该问一问，这些问题的最有用的答案是什么。在下面关于教练中理论和证据作用的讨论中，我采用了Karl Popper（1959，1972）关于科学知识发展的模型。Popper关于科学的哲学，在内部冲突这个方面，并非完美（参见Hindess，1977）。他认为，科学方法可以用来理解教练为什么可以在社会上大行其道。这个观点值得商榷。尽管如此，他的理论概念经受住了这些问题的考验，并为我们提供了一个模型，来帮助我们理解如何选择要做什么。

Popper的出发点是要澄清形而上学（在日常用语中我们可能将其理解为一种抽象哲学）与经验主义的科学的区别。他认为这样可以确保把哲学中的纯理论问题与可论证的科学事实明显地区别开来。他指出了归纳法与演绎法之间的基本区别。归纳法可以认为是公理表述在逻辑方面的发展结果。公理表述可以在其推理，即二级真理等方面自证其理。而演绎法则通过对可能的真理（假设）的逻辑推理的观察，看其是否出自于实践，来予以确认。

Popper（1959，p.46）非常清晰地区分了假设与个人信念之间的不同。他写道：“有没有一个表述可以通过让K.R.P[opper]完全信服其真实性这样一个方法来证明其正确性？答案是‘没有’。”然而，这并不是要拒绝那些自身就可能引起假设的信念和逻辑归纳，这种区分只是告诉我们：它们与那些假设的基于经验的调查研究没有什么关系。现总结如下：

> 一方面，我们必须将**我们对主观经验或信念的感觉**（这种经验或感觉并不能证明任何表述的正确性）与[……]区分开来；另一方面，我们也必须将那些存在于科学表述的多种系统中的**各种客观逻辑关系**——区分开来。
>
> ——Popper，1959，p.44

前面提到，实用主义文化基本上就是主张“理论≠管用的东西”。而Popper的模型意味着一个更有用的划分，即可以用经验验证的理论与不能用经验验证的理论。在Popper的观念里，理论其实就是真实世界中可以观察到的事实。一切关于原因和结果的论点基本上都是理论性的，但是并非所有的论点都可以被经验所验证。实用主义文化把理论和实践对立起来，这向人们传达了一个错误的信息， 81
即我们必须在毫无意义的理论与已经证实过的实践之间做出选择，就是一个人说的不对，其他人说的都对。这样一来，就忽视了世界上的特定经验与那些可以可靠而广泛地应用到更多领域的模型，以及个人信念与那些有经验做支撑的假设之间的区别。

因此，这不是一场关于理论的辩论，而是一个伪命题。辩论更多地倾向于构成证据的那些东西。这就是我说“理论≠管用的东西”这个伪本质对立可以重新表达为“我的理论＞你的理论”的原因。现在，我们可以把擂台再扩大一些，那么，这种观点实际上就是“我的证据＞你的证据”。实用主义文化的伪真实性把这个观点藏了起来。如果这类观点依然藏而不露，我们所面临的实际后果就是要冒下述风险：

- 相信有证据支持的特定干预，而实际上却没有；或者，相信证据更强大或在某一特定环境下更适用，而事实并非如此（这种情况更常见）。

- 与客户打交道时认为客户跟我们一样，进而把我们自己感性的有色眼镜和偏见与真实情况混淆起来。

• 不能准确地看到我们自身专业的局限性。

对于专业发展和成熟而言，这是怎样的一门课程？在这个问题上，我同意Drake（2008）的看法："我们在教练中的每项决定都是基于某一类型的证据而做出的，即便是我们读过的最新版的书籍也是如此。"让我们基于实践的证据更加透明、更有说服力，是客户应该得到的，也是我们的努力方向。

我们使用什么样的证据

对这个问题的讨论会引起一系列关于如何实践的问题。职业实践是否仅仅是经验证据的具体应用？教练不是一门科学和一项艺术吗？直觉的知识在这里可靠吗？

当然，经验主义应该有更大的影响才对。Grant和Cavanagh（2004）认同关于教练的以理论为基础的详细阐述，也认同基于经验的研究的发展，这也是在寻求专业化的过程中，教练行业所面临的三个挑战中的两项内容。在引言部分，我提到随着市场引导实践活动的进行，在专业化发展过程中所出现的一些现象。这
82 样的实践活动主要体现在专业协会的成长、大学里研究生教练教育的发展、教练专题博士论文数量的增加。这些发展和进步都从不同侧面展示了对证据的关心，并使证据通过不同的途径送到严肃的从业者手中。这些途径有：通过论坛形成的各个专业协会、认证与"最佳实践"指导活动、大学里开展的从业者职业能力提高活动（把这些从业者培养为有自主观点的评论型研究者）、产生真正新知识的博士研究成果。

然而，在评论实用主义文化时，我并不是简单地站在基于经验的调查研究的立场上进行反驳。当然，实用主义文化确实有其自身的缺点。经验证据应该缩小其应用范围，这个观点应该受到批评。Drake（2008）写道："人们进行最为定量化的研究，以通过严谨的测试来取得内部效度，但随后将研究成果向样本之外推广时却显得能力有限。"Schön（1991）的观点则是，这种知识的分化（他将其称为"专业的合理性"模型）使得从业者难以从整体上解决问题。如前所述，

这也许也是Chapman等人（2003）所抱怨的。针对这个非常现实的问题，我曾问过一位在学术机构工作的心理学家（我认为此人知识渊博、富有创新能力），他是否考虑过要进行更多的商业咨询活动。他回答说：“还没有证据表明我们所做的工作会产生效果，因此没有组织会为这种无影的事买单。”经验证据只是证据的种类之一，我不会只见树木，不见森林，我这样做只是为了澄清事实。

在学术研究方面，有一件事可以与其匹敌。学者们选择不同的方法去发掘知识（方法论），并采用不同的工具来做这件事（方法）。他们对方法论的选择是基于调查的性质，在某种程度上还基于研究者在知识构成（认识论）上的立场。就学术研究而言，让声称证据的基础对读者更透明公开是一个非常重要的原则。学者们要不断澄清：对那些假设所进行的研究（包括对认识论方面假设的研究）、他们所使用的方法、（还要尽可能准确地说出）当下的主流情况，这些都使他们痛苦不已。问题的关键在于，研究者的文章内容越清晰、越透明，读者就越能从中形成自己对这项研究的看法。这就会使得批评和辩论的内容更加丰富多彩，从而反过来又促进我们知识层次的提升。在职业实践中，我们也可以运用同样的原则：当声称有了新方法、新技巧时，无论我们是否将其公开，都要尽量提高其透明度，这会使自己可以更好地检验这些方法和技巧是否有效。为此，就需要为我们所用的证据创建不同种类的清晰模型。那么，模型有哪些种类呢？

起点就是认识论。Popper提到过他是如何成为一个“演绎派哲学家”的 *83*
（Popper，1972，p.30），并将其与“我们的主观经验或者我们信服的感觉”（p.44）进行了对比。他对经验证据的标准问题进行过非常有效的表述。但是，Popper的模型就其本身而言，可能会使职业实践中固有的艺术性有所贬值，也会使我们对主观价值有所贬值，而这些主观价值目前看是正确的方法。为了充分理解我们所用证据类型的宽泛性，我们就需要看到那些Popper所看不到的问题。

有些学生跟我一起工作，他们的经验昭示了客观反应和主观反应的相互作用。在为期8个月的实习课程期间，许多学生，特别是那些对其现有的教练经验信心不足的学生，描绘了一个典型的弧形。一直以来，他们都是跟着感觉走的。实习课程结束的时候，他们在报告中说对关系的关注要比对技巧的关注多。许多学生都将其解释为一个从“有意识的无能力”到“有意识的有能力”再到“无意识的有能力”（其来源不清）的过程，而且还经常引用Whitworth、Kimsey-House和Sandahl（1998）关于“在此刻舞蹈”的概念。

对这一过程有很多种解释。H.L.Dreyfus和S.E.Dreyfus（1986）引入了一个五级专业知识模型，从“初学者”开始，一直到“专家”，专家的技能“已经成为其自身的一部分，他们应该更多地意识到自己的身体而不是意识到这种技能的存在”（p.30）。Eraut（2000）描写道，知识的过程已经变得更“事务化”了，以至于就像可以自动地进入这一过程一样（就像骑自行车一样简单）。同样地，Prietula和Simon（1989）也描述说，专家们逐步地把信息的模型“一块一块”地塞进单个的单元中，以便尽可能多地保留更多更复杂的信息。随着专家们逐步承认并应用这些“知识块”，知识就不断地被强化、被扩展，获取知识也就更加在无意识中进行了。

这些解释的共同点就是都说明了意会知识或者直觉并非一些云山雾罩、神秘莫测的东西，而是经验的积累。因此，我们对自己“所相信的东西的感觉”，正如Popper所描述的那样，很可能是基于真实世界的经验，尽管经验可能会逃避解释。Popper这话的合理之处在于，这种感觉可能不再跟推理的严密程度有关，而这种感觉的强度也不能再被视为一种对其可靠性的衡量。

84 这些诠释凸显了在知识的创立过程中个体经验的重要性。然而，上面提到的那些参加实习课程的学生，跟他们的学习方法一样的人不在少数。在参加研讨会和进行督导的过程中，我们可以创造机会跟同学们和经验丰富的从业者一起检验一下这些诠释，听一听别人的看法，并亲自试一试。在这个课程期间，我注意到了两种新型的知识创新，这些创新都跟与他人互动有关。首先，小组成员作为一个整体要对某个主题达成一致。例如，我们花了一些时间来考察教练和指导的定义。这类定义很多，而且互相之间不尽相同。但是，各个小组都趋向于得出一个相似的结论：教练一般来说都会很顺利地进行下去，而且是以过程为导向的，而指导过程中则包含有更多的知识转移。我并不是说这就一定是“对的”，而是要说这里发生了一个过程，在这个过程中思考的结果得到了共享，有了这种共享，小组活动就会（或多或少地）继续下去。其次，模仿时有发生。处在不同发展阶段的从业者会模仿那些受人敬重的个人实践过程（参见Bandura，1977）。这些学习课程的学生们以学生的身份试用了那些其他同学提出的方法和想法；或者像教练读物中阐述的那样，接受（然后适应）那些实践监督员用过的方法；或者采用那些我们实际演示的方法。

在实践中，个人会将所有这些经验都当作证据来对待，但是这些类型的证据之间有着根本性的不同。如果我们想使自己的实践更加清晰，以便对其进行仔细的分析或者开发知识主体，那么我们就需要逐一理解下面这些认知方式的长处和短处：经验证据（客观性）、直觉证据（主观性）、共同协定（一致意见或者文化）以及受人敬重的榜样人物的证据（最佳实践）。让我们来逐一研究一下吧。

教练实践中的证据

基于经验证据的认知，表现为客观知识

Popper的假设—推论方法堪称“科学”。采用这一方法得出的结果可以被清晰地加以校正，从而使其效度和可推广性得以提高。在这一方面，人们可以相对 *85*
明确地分享信息，进而可以进一步批判性地评估、扩展或者否定这样的信息。这个方法被认为是公正合理的，而且具有很强的预测能力。但是，在一些领域，尤其是在社会领域，这个方法也因其对人类行为的机械预测及对结果适应性的固有限制而招来一些批评。换言之，这种方法不能反映出职业工作者是如何处理那些复杂状况的。

Schön（1991）对这一模型的技术合理性提出了批评。他认为，分析专业工作者的构成时把重点放在客观知识上会导致专门化的扩展，从而形成一个陷阱。

“这个陷阱很诱人。如果你只有锤子这么一件工具，你就会把别人都看成钉子”（Maslow，1966，pp. 15-16）。在把统计数据从科学资料转化为日常用语时，那些复杂的条件就会损失掉，从而导致错误的解读。新闻界和一些生活杂志就经常干这种事。这也是一种常见现象。对于经验证据，我们必须既看到其优势，也要看到其劣势。

教练应该全面地理解经验性知识的产生条件和存在的复杂性，领会不同方法的长处和不足，并谨慎对待第二手来源。只简单地指出经验证据的不足是不够的，我们这个专业群体应该鼓励、支持并参与知识的更新。

基于先前个人经验的认知，表现为直觉

这是一种专业的内在感觉、一种预感。这种认知有两个优点：一是从业者可以随用随取而不假思索，二是它对一些在许多方面都与前述情形不同的异常复杂情况的适应性非常强。这种认知是一种实际经验型的艺术，是H. L. Dreyfus和S. E. Dreyfus（1986，p. 30）所言的“一种成熟而精炼的理解”。这类认知的核心优势也要经历某些风险的考验。H. L. Dreyfus和S. E. Dreyfus（p. 30）脱口而出：“这就好比专家司机开车时人车一体，体验到的只是驾驶的乐趣，而没有意识到驾驶的是一辆汽车。”

然而，在这种情形下，有谁不曾忘记以前熟悉的行程呢？例如，我就曾经有一次想去超市结果却开车去了工作单位。这是这种认知的本质，我们从不怀疑
86 它。我们可能一开始就错了。同样，我们也不清楚自己的预感在多大程度上是有事实依据的。我们该怎样区分经验带来的智慧与不幸事件引起的胡思乱想之间的差别？它们的分界线又在哪里？当预感来临时，我们确实知道有多少经验在背后支持这个预感吗？简言之，不经过有意识的自我审视，这个问题分析起来会很纠结。

因此，教练应该善于进行清晰的自我审视。这样的审视可以通过教练、监督或者反思式实践来进行。

基于共识的认知，表现为文化

这种东西就像我们每次讲话的开头都先说“众所周知……”或者“显而易见……”一样（当然，有时我们也会引用孔子或者爱因斯坦的名言）。文化蕴含着极为丰富的信息。文化使每个个体都把关注力放在具体的细节和问题上，而不是放在平凡的日常事务上。文化为人们创造了一个安全的避风港。只要在这个港湾里呆着，就不会招致批评。然而，文化是大家都心照不宣的意会知识，既可能被误读，也可能生出不被自觉意识（例如歧视）所接受的要求。

理论批评家所用的词汇是“意识形态”——“意识形态深深嵌入在语言、社会习俗和文化形态这些在我们看来是形成这个世界的东西之中，很难检测得到”（Brookfield，2005，p.41）。Brookfield（p.66）还进一步解释道：“每当对自己说出‘显而易见’这个词的时候，意识形态就潜藏在距离我们很近的地方。”了解意识形态对于正在讨论的这个问题很有用处，因为它展示了我们所相信的那些东西可以在我们的思想中、在我们如何认识自己的思想中潜藏有多深。

正如Brookfield一样，我们也应该意识到那些显而易见的东西。

基于榜样表现的认知，表现为最佳实践

这是我们对所敬重的人物的一种模仿。他人的经验可以很好地传播开来，传播的效果取决于经验的（通过观察可以看到的）精细程度。他人的经验也可以随时转变为我们自己的个人经验。再者，采纳他人的经验跟个人的品质，如榜样的领导能力以及心境密切相关。

作为证据的来源之一，这种认知可以未经评判就被接受（或者被拒绝），然后转变成一种亚文化。这就与前面一种共识/文化的情形一样，他们的固有本质是一样的，这种认知就可能存有一些风险，尽管作为一种外来资源这种认知更容易加以辨别。因此，我们对那些可能是空洞的或者教条的方法应该提高警惕。任 87
何实践都必须经得住考验。

教练实践中运用证据的指导方针

前文中我已经提到了各种证据类型所存在的风险和不可靠性，还提到了减少这些风险的一些观点。然而，我们有必要进一步探索一下证据的整体情况，也有必要进一步搞清楚证据之间的相互关系。有鉴于此，我们可以把职业发展视为一个包含三个主要阶段的过程：弄清证据来源—尽可能从广泛的证据中获益—减小每种证据各种弱点的固有风险。在本文的最后一部分，我会提出一些可以采取的措施，讨论一下这些阶段是否已经成为教练实践的一部分。无论如何，我都希望前面所进行的探讨会对此有所帮助。

人们对基于证据的实践的本质和专业发展中所面临的各种挑战讨论颇多。尤其是Grant、Cavanagh（2004）和Drake（2008）都对此分别进行了大量的讨论。这里，我并不是要取代这些讨论，而是要给这些讨论提供更多的支持。通过提出这样一个证据类型的模型，我相信教练专业发展过程中所有的这些方法可以变得更加明确、更具有逻辑性。在这一部分，还要讲一讲上面提到的三个发展阶段，并对从业者的实践行动提出一些建议。

弄清证据来源

我们不要被自我分析所吓倒。这不是把事情一一地放在实践面前进行检验，而是要进行建设性的思考。要做到这一点，我们就要养成不断询问的习惯。其方法可以是教练、监督、写日记、对重要事件进行思考等。“我是从哪里得到这个想法的？对这个想法我有多大把握？”提出这样的问题很重要。对这个问题的回答具有两重性：一方面，我们可能对某些类型的证据过度信任，这样机会就只能在其他地方出现了；另一方面，我们可能会识别出一些个人理论：这些理论一旦被置于“日光”之下，我们就会对他们重新进行研究，或者直接丢弃不用。

尽可能从广泛的证据中获益 88

从某种意义上来说，这个行为最有益于专业发展的储备，雇主、行业实体和学术机构等都可以应用。途径可以是专业论坛、实际示范、短期培训班、会议、杂志、文献资料，等等。其实，我们还可走得更远些。相对于偶尔才举办的培训课程，个体从业者更能将持续的专业发展（CPD）与前述的阶段联系起来。因此，这就为我们提供了一个可以重点关注广泛影响（而不只是一个影响因素）的机会。

减小每种证据各种弱点的固有风险

我已经分析出了每种证据的固有弱点：客观经验证据的适用性不强、预感或内在感觉在个人偏好方面的敏感性、未经审查的文化规范的固有歧视风险、魅力榜样背后出现盲从追随者的可能性。这些弱点会在多大程度上影响教练对客户的服务质量，这很难说。再次重申我的观点，通过分辨证据的来源、弄清楚我们对信以为真的东西有多大的把握等方式，我们就可以在一定程度上控制这些风险。但是，我们能做的不仅局限于此，我们可以把一种类型的证据转变为另一种类型的证据，从而丰富我们的实践并为他人提供更多的知识。举例说明如下：

- 把行业中的最佳实践应用于自己的实践活动，就会将这个实践转化为自己的经验知识；把个人的直觉知识向本行业的众多工作者解释清楚（通过物理演示、给媒体写宣传材料等方式），就可以将这种知识转化为行业的最佳实践。
- 把文化知识搞清楚并认真研究，就可以将其转化成经验知识；把经验知识反复地进行解释说明并广泛传播，就可以将其转化成文化知识。

上面的分析到底说明了什么？如果让我来归纳一下的话，那么我要建议大家：通过监督和反思实践来检验实践的基础；探索出一些自己不是很熟悉的知识 89
形式；让大家分享你的知识，为这个学科的发展做出自己的贡献。

结论

讨论开始的时候我首先分析了实用主义文化，我的观点是，理论与实践的固有对立，对专业和职业实践的发展没有帮助。通过对理论和实践性质的分析，我们得出了这样的结论：这种对立是错误的，是我们想象出来的。

教练是一个应用型学科，这一点常常被人们误读为理论和证据并不重要。而事实却是，我们都在理论的指导下行事，我们所用的证据也是对理论的具体度量。在这方面，教练跟其他社会科学的应用领域没有什么两样。Fay（1996）曾经概括性地说过，错误的二元论（例如：对个体和社会进行同等水平分析，把个体要么看作应负全责，要么看作社会的产品、意义与原因；还有人们经常提到的主观性和客观性）对社会科学的进步没有起到过有益的作用。实用主义文化所主张的就是一个错误的二元论。实用主义文化就是教练发展历史进程中的一个人工制品。我们必须继续前进，重整教练认识论的框架，使这个框架能够促进教练这个学科的发展、鼓励其从业者努力前行。

理论和实践不能互相取代，但是可以相互影响、相得益彰。身为从业者，我们应该积极投身于各种（经验性的、直觉性的、文化、最佳实践）证据的全面活动中，随时准备通过监督、反思实践来检验自己的偏好并让同行们对这些进行评论。这就是专业发展的意义所在。

参考文献

Bandura, A. (1977). *Social learning theory*. Englewood Cliffs, NJ: Prentice Hall.

Brookfield, S. (2005). *The power of critical theory for adult learning and teaching*. Maidenhead, UK: Open University Press.

Chapman, T., Best, B., and van Casteren, P. (2003). *The executive coach: Exploding the myth*. Basingstoke: Palgrave.

Clutterbuck, D. (1985). *Everyone needs a mentor: fostering talent at work*. London: IPD.

Drake, D. B. (2008). Evidence in action: A relational view of knowledge and mastery in coaching. In K. Gørtz and A. Prehn (Eds.), *Coaching in perspective*. Copenhagen: Hans Reitzel Publishers.

Dreyfus, H. L., and Dreyfus, S. E. (1986). *Mind over machine: The power of human intuition and expertise in the era of the computer*. New York: Free Press.

Eraut, M. (2000). Non-formal learning and tacit knowledge in professional work. *British Journal of Educational Psychology*, 70, 113–136.

Fay, B. (1996). *Contemporary philosophy of social science*. Oxford: Blackwell.

Gallwey, T. (1974). *The inner game of tennis*. New York: Random House.

Grant, T., and Cavanagh, M. (2004). Toward a profession of coaching: Sixty-five years of progress and challenges for the future. *International Journal of Evidence Based Coaching and Mentoring*, 2, 1.

Hindess, B. (1977). *Philosophy and methodology in the social sciences*. Hassocks, UK: Harvester Press.

Jarvis, J. (2004). *Coaching and buying coaching services*. London: CIPD.

Maslow, A. H. (1966). *The psychology of science*. New York: Harper & Row.

O'Connor, J., and McDermott, I. (2001). *Way of NLP*. London: Thorson.

Parsloe, E. (1992). *Coaching, mentoring and assessing: A practical guide to developing competence*. London: Kogan Page.

Popper, K. (1959). *The logic of scientific discovery*. London: Hutchison.

Popper, K. (1972). *The logic of scientific discovery* (3rd edn). London: Hutchison.

Prietula, M. J., and Simon, H. A. (1989). The experts in your midst. *Harvard Business Review*, 67(1), 120–124.

Rogers, J. (2004). *Coaching skills: A handbook*. Maidenhead, UK: Open University Press.

Schön, D. A. (1991). *The reflective practitioner: How professionals think in action*. Aldershot, UK: Avebury.

Whitmore, J. (1992). *Coaching for performance*. London: Nicholas Brealey.

Whitworth, L., Kimsey-House, H., and Sandahl, P. (1998). *Co-active coaching*. Palo Alto, CA: Davies-Black.

第5章

承上启下：教练技术研究的过去、现在和未来

Francine Campone

91 引言

描绘蓝色……提笔描述教练研究这一主题，就如同要描写蓝色带给我们的感觉一样。每个人都能感受到蓝色的存在，但是它给我们带来的感觉却又千差万别。话虽如此，如果真的没有了这种差别，我们可以共享的这个世界将会变得多么平淡无味。读者们也许还依稀记得，我们可以看到的彩色光谱就是能量波长存在的例证，这是学校里老师教过的知识。紫色是在光谱上出现的第一个颜色，也是我们首先见到的波长。紫色之后便是蓝色，蓝色的波长略长，有更多的能量向热端（红色）移动。有关教练研究的文章首次出现在20世纪50年代，当时，像教练这种实践特色突出的行业，几乎不见其踪。最早的教练研究文章为我们探索这一新兴的实践领域带来了第一缕曙光。最近，教练研究得到了不断的深入，对早期的工作也有诸多拓展，这使得教练这个行业的蓝色之光更为清晰可见。

本章内容旨在为读者提供有关教练研究文章的概况，并由此引出教练是怎样作为一个职业性的实践行动出现的。此外，文中还提出了一些特别的策略，帮助那些正在从业的教练提高自己的专业技能，并尽快达到较高的专业水平。充分理解教练研究的演变过程，有助于教练从业者领略教练行业的渊源和发

展历程（过去），并将有效的实践技能和知识应用到自己的工作中（现在和 92
将来）。

写作本章时，我遇到的挑战之一就是到底要写哪些内容。就像教练实践一样，教练研究也要用到诸多学科的方法和原则；而且，教练研究也正在形成自己独具特色的研究方式。已经出版的资料中，对于教练理论、教练模式、教练过程和教练实践等内容都有严谨、系统的阐述，本文对这些内容也多有引用。此举的目的并非是要给大家提供一个关于教练著作的翔实的学术报告，而是要激起教练从业者和教练研究者的兴趣，来进一步探讨这些著作。本章的结尾特别提供了一些方法，教练可以用这些方法来深化自己的实践和研究活动。

本文按照出现时间的先后对教练研究的各种“颜色”进行了列举。从1955年到2003年为过去，是一个“紫色时代”。这一时期的著作定义了教练目的和实践活动，并借用其他领域的模型构建了本领域的一些早期模型，从而为培养教练者展示了教练行业的一片崭新领域。从2003年开始直至本文写作之时，为目前的“蓝色时代”（从光谱上来看，这两部分略有重叠）。这一时期的著作更多地阐述了用科学手段进行研究，介绍了附属学科的成果所带来的活力，同时也给我们带来了对学术和实践两个方面的思考。未来始于当下。我看到，蓝色正在让位于绿色，更为卓有成效的研究方法和研究规划正在兴起，并从过去的成果中吸收营养。此后各节是关于过去和现在的内容，讲的是研究主题和研究场地概况、教练从业者和教练领域的意义等。当然，对于未来如何发展和变化，我只能预测和想象。尽管如此，我还是根据自己在本领域的经验和培训行业的实践活动，就教练研究的未来发展方向，提出了自己的看法。

没有了蓝色，无论是天空、海洋，还是矢车菊、蓝莓，它们的形象都会惨不忍睹；有了蓝色，我们世界中的这些东西才会熠熠生辉、百看不厌。同样，研究没有了坚固的实体，教练的实践活动就会缺乏实质性内容，就会模糊不清——这也是心理咨询、组织发展和其他基础学科的大敌。教练研究的成果提供了一套独具特色的模型和语言，使教练用以提高工作业绩；也提供了一些实用材料，使我们可以充分利用这些模型来做出专业性的判断。这使得那些支撑教练工作的能量和思考更加活灵活现。教练还可以用这些研究成果来评估自己的教练工作和教练
93 效果。教练研究的主体部分阐明了教练实践是怎样进行的和为什么会这样，从总体上为教练领域提供了坚实的基础。

正如Grant（2004）所言，如果要把教练发展成专业领域，那么教练研究就显得十分重要了。Irene Stein（2004，pp.viii）写道："我们注意到，教练概念和教练本身的理论基础都需要进行进一步明确定义。"作为对这些观点的回应，Stober（2005）鼓励人们进行反思性实践，以加快教练领域的发展和教练者的培养。对教练研究的需求依然是主要问题，现在如此，将来也如此（Campone，2006；Page & Stein，2006）。

众多作者都注意到，教练研究的根基触及一系列的学科领域。随着教练领域的不断专业化、教练从业者的不断职业化，教练研究表现出三个重要的目的。首先，正如Irene Stein（2004）所预言的那样，教练研究正在呈现出系列化的特点，这表示教练的概念性框架已经形成。这个框架是学科发展和理论研究的基础，人们可以借此深入教练实践，为使自己成为专业的教练做好准备。这一理论基础必须以有效的研究作为依托，必须建立在实践、科学和健康发展的基石之上。其次，像其他领域的从业者一样，教练从业者具有很强的职业责任感，以便使自己通吃天下；具有自我反思的优势，以便使自己更好地为客户服务。为满足此需求而不断涌现的教练研究著作也体现了这一点。最后，作为内部和外部教练与服务提供者，我们以可靠的数据为基础，向客户和潜在客户展示我们的价值和进入市场的必要性。

我鼓励读者们有更细化的具体追求目标，并把研究者的心态和在具体的客户工作中积累的良好经验结合起来，这正是我的期望所在。我还希望，每个读者都能投身于这个领域的研究，与其他从业者和学者进行充分协作，为教练研究的发展做出自己的贡献。

教练研究的三个时代

过去（1955—2003年）

在我们的时间光谱上，这是一个“紫色”的时期。其间，教练作为一种管理技术或者策略从无到有，从不可见到发出自己的光芒，进而成为人类或组织发展的一种特别方法。在这一时期的研究文献中，先驱教练们探索了教练与治疗的界限问题，讨论了教练的目的，从自身的背景和经验出发提出了教练的战略思想， 94
从而确定了教练的领域范围。这些早期的文章探讨了教练应该做什么、跟谁一起工作等问题。许多作者都概括地提出了早期教练方法和技巧的指导性意见，这些都成为当今培训课程和实践中不可或缺的组成部分。在这个时期的末期，文章的重点放到了对教练的定义上面，这些定义一直沿用至今。作者们探讨了一些从其他学科借用来的模型和理论，如在特殊背景下的人们变化过程问题等。

对从业者来说，深入探索这个时代的文献资料，就不难发现其中透露出的公司背景下教练技法的根基。Drake（2008）所说的专业知识和基本知识，就起源于这个阶段。许多研究成果都是作者自身经验的提炼和浓缩，尤其是在20世纪90年代前，多数都是案例研究或者少有经验成果的描述性文章。说起这一时期的研究和著作，我们就自然想起，当时的教练工作是何等的缺乏依据，知识的极度匮乏表明这是一个新兴的领域。

在我看来，这一时期的两个重要资源值得一提：一个是Kampa-Kokesch与Anderson（2001）合著的一篇文章，另一个是Anthony Grant博士编写的带注释的参考书目[①]。在《咨询心理学：研究与实践》[②]（*Consulting Psychology:Research and Practice*）的一期特刊中，刊登有多篇以实践为基础的文章；在心理学、

---

① 源于Grant博士研究的所有参考文献已被作为附录收录在《首届国际教练联合会研讨会专刊》他的文章中，这些文献的更新版本可以直接联系博士获得：anthonyg@psych.usyd.edu.au.

② 咨询心理学：研究与实践. 1996，48（2）. 参见Kampa-Kokesch全部引证的原文.

培训与发展、管理等领域的期刊中，也有很多与教练有关的文章刊出。Kampa-Kokesch和Anderson从这些文章中发现了6个主题思想：定义和标准，目的，技巧和方法，咨询与治疗的比较，.证据，受众（p. 208）。这些作者写道，“心理学的著作为技术和方法论做出了独特的贡献”（p. 209），这一现象至今一直都引人关注。他们还写道，心理学的早期贡献体现在能展示关键点的案例研究成果上。他们还列举了数个基于理论的模型实例，其中一个就是Laske的交互发展模型①。

95 这一时期的一些书籍最早对教练语言和从其他领域借用的框架模型进行了铺垫，如Robert Hargrove（1995）用于企业教练的改造学习原则、O'Neill（2000）的书中提出的企业教练的系统方法、Kilburg（1996，1997，2000）提及的从潜意识精神动力角度来从事教练工作等。除了以过程为导向的文献资料外，Kampa-Kokesch和Anderson还发现了这一时期企业教练7种基于经验的研究成果。

这7种研究成果中的6种散见于各类商业期刊、管理类文献和心理类作品中，而第七种则出现于《论文摘要》（*Dissertation Abstracts*）刊出的一篇博士论文中。这些研究成果数量稀少，说明在教练工作开展的早期缺乏教练研究的跨学科阵地，也没有为教练实践而设立的论文发表方向。当年，教练要想找一些有关教练研究的文章来读，可真要花一番工夫了。

人们把萌芽状态的教练活动与心理学、组织发展等现有学科联系起来，Anthony Grant博士（2004）便是其中的一位。作为首届“年度国际教练联合会专题研讨会”主题演讲人，Grant（2004）向人们展示了他的一项研究成果。为了这项研究成果，他研读了行为科学方面的同行评审杂志和学术期刊中出现的有关教练方面内容的文章。本章的编写就参考了其新版（Grant，2005）的有关内容。通过对“教练”这一术语的研究，Grant发现，在1955—2005年刊出的文献

---

① Laske关于此模型最新的综合著作是《潜在尺度测量：完美成人的艺术与科学》（*Measuring Hidden Dimensions: The Art and Science of Fully Engaging Adults*，2006），Interdevelopmental Institute Press出版.

中，有417篇论文出现在商业文献资料中。其中并不包括有关心理健康、教育/同事辅导或竞技教练类文章。Grant还发现，只有105篇（25%）是基于经验的研究成果，而大多数则是“非受控或小组的案例研究”（p. 1）。

在这些研究成果中，Grant（2004，p. 6）发现了三个简明的主题思想：“第一，管理人员撰写的内部教练报告；第二，开始对内部教练进行更加严谨的学术研究，及其对工作业绩的影响；第三，职业教练开始对内部教练展开研究。”他对数据采集和报告的惯用做法进行了分析，认为其特点是“描述性的文章、基于案例研究成果的实践性评价，以及基于小组研究成果的实践性评价”（Grant，2004，p. 6）。

首篇有关教练的同行评审文章于1955年刊登在《哈佛商业评论》上。该文认为，教练活动应该渗透到企业的发展中，让工程师也走上管理岗位。早期的研究侧重由经理人或高级职员从事教练工作，以期达到诸如提高工作安全性、促进销售、增强人际交流技能等特定目的。关于教练的首篇博士研究论文出现在1967年，这标志着人们开始对教练这一特定科目进行学术研究。在20世纪90年代，随 96
着有关教练的博士研究不断深入，教练研究，尤其是基于经验的研究，获得了迅猛发展。由于教练工作已经成为一种手段，被用来探索人们变化的机制和进程，并促进这种机制的形成和进程的发展，诸多研究都集中于教练—客户关系这一课题上。2003年，首个有关人生教练影响的经验性同行评审研究成果出现了[①]。

20世纪90年代的相关教练研究还把目标定位于新的研究对象——职业教练，但是兴趣仅在于理论性研究。有关教练的性质、实践和评估等的研讨文章不断涌现，不久就成为这一领域的主要话题。人们开始撰文对企业教练进行综合性评论（Grant，2004），并对教练与治疗的区别、教练的定义等课题进行了深入探讨。从Grant编写的参考书目的范围可以看出教练研究的变化趋势和全球化走向。在1955—1969年，教练文章主要刊登在《哈佛商业评论》、《培训与发

① A. M. Grant. 人生教练对于目标达成、元认知和精神健康的影响（The impact of life coaching on goal attainment, metacognition and mental health）.《社会行为与人格》（*Social Behavior and Personality*）. 31（3）: 253-264.

展期刊》（*Training and Development Journal*）和《加利福尼亚管理评论》（*California Management Review*）这三份杂志上。在1996—2006年，研究过这一领域或者出版过研究成果的国家有英国、澳大利亚、加拿大、新西兰、荷兰、日本、中国、南非、比利时、萨尔瓦多、捷克斯洛伐克、俄罗斯，当然还有美国。

现在（2003—2007年）

在当代，教练研究开始显现出“蓝色之光”。企业教练不再与竞技指导有任何联系，有关领导力培训的文章开始在刊物上挤占原本刊登治疗教练文章的版面。研究凸显理论和模型相互融合的特点，这些模型有的源自心理学领域（例如情商、积极心理学、成人发展等），有的则源自组织发展领域（例如欣赏式探询）。有关培训的其他影响范围也很广，涉及诸如冥想与关注、量子物理学、神经学、沟通理论、荣格心理学和叙事心理学、系统论等多个方面。著作开始涉及企业教练之外的领域，例如对健康教练、人生教练和牧师教练等新领域的探索。人们开始讨论教练的投资回报率问题，包括怎样计算投资回报率、为什么要测算投资回报率，以及是否需要计量投资回报率等。

97 这一时期的文献资料为广大从业者提供了更加宽阔和复杂的视野，从此认识教练的目的和原则，这超越了早期商业发展框架的范畴。同时，用于教练研究的场地也得到了扩展，这便于教练研究的创新和传播，也为教练获得更多的信息提供了极大的便利和机会。教练研究前进的步伐正在加速，这就意味着从业者想要保持领先优势，就必须不断地学习最新的知识，不断地拓展自己的视野。在Grant的417个参考书目中，有82%是在1996年以后出版的，2001年以后出版的基于经验的研究文献则占到76%。

Grant的书目主要是2003年以前印刷出版的商业和心理学刊物，这也是教练类文章的主要来源。2003年，国际教练联合会的首次研讨会在美国科罗拉多州的丹佛市举行。在大会的前一天，进行了为期一天的研讨，为教练研究提供了分享的地方。会上推荐了一些论文供同行赏鉴、评论，这些论文都发表在《首届国际教练联合会研讨会专刊》（*The Proceedings of the First ICF Research Symposium, 2004*）上，是首批出现的有关教练理论和实践的跨学科论文。专刊编辑之一Irene Stein（2004）推出了第一册文集，文案中写道，这是“一个前途光明的对话的开始”（p.viii）。他还指出，组织研讨会的过程就是把教练研究者、学者型从业者聚集起来，形成一个大家庭，而这在以前是从来没有过的事情。

本届及此后各届国际教练联合会研讨会上发表的演讲和会后发表的论文都体现出这样一个特点——教练和教练研究领域的发展逐步呈现出多样化的趋势。也有一些论文验证了建立在心理学基础上的教练模型（2003年的认知方法、2003和2004年的成人发展、2004年的叙事性局限和行为心理学的运用）以及组织发展理论（2005年的欣赏式探询和自适应教练）。会上还展示了一些理论模型，如2003年的教练者角色的原型、教练过程中对话和隐喻的运用，2005年的循证教练和相关流程。2004年在南美和菲律宾、2005年在南非、2006年在中国、2004年在加拿大（与当地大学生合作）都进行了一系列研究，这些研究表明，教练正向全球化、多方位方向发展。

《组织教练国际期刊》创刊于2003年。该杂志刊登了专业领域的系列文章和基于经验的研究成果。2005年（vol.3，no.1）曾刊登了一些对教练研究进行了重点论述的文章。它们对当时的研究成果进行了回顾和评论，有谈方法论的，有论述特殊干预案例研究的，还有两篇文章是关于投资收益率计算方法的。《组织教练国际期刊》已经推出了多期其他主题的专刊，如2003年的全球组织教练、 98
2005年的闭锁企业中的教练、2006年的教练与神经科学、2006年的合作企业中的教练等。

在这一时期内，《咨询心理学：研究与实践》也刊登了一些文章，对教练中使用的特定模型的应用进行了分析，这表明人们对教练效果的衡量越来越感兴趣。在2004年秋季刊（issue 56，no.4）中，刊出了数篇研究成果，都是关于企业教练中的概念性方法的，涉及认知—行为、情绪、行为框架理论和心理动力方法。其后该杂志还刊出过多篇关于教练研究的专题文章。

《循证教练与启导国际期刊》和《国际教练心理学评论》都在万维网上表达了自己在教练领域的心理学方面的观点。《国际教练心理学评论》还同时出版了硬拷贝文本，供英国心理学会（BPS）的会员阅读。2003年8月，《循证教练与启导国际期刊》的首期（http://www.brookes.ac.uk/schools/education/ijebcm/vol1-no1.htm）发行。这家杂志的总部设在英国的牛津布鲁克斯大学，杂志始终强调，教练作为一门专业，其研究和理论的发展十分重要。该杂志还刊登文章，对教练效果、组织和其他环境下特殊教练模型的应用、教练能力和行为等问题进行深入探索。英国心理学会教练心理学特别小组每年出版三期《教练心理学家》，在线阅读的网址是http://www.bps.org.uk/coachingpsy/publications/thecoachingpsychologist.cfm。2006年4月《国际教练心理学评论》也推出了网络版（http://www.bps.org.uk/coachingpsy/publication）。其首刊的社论中有这样的话（p.10）：“我们应该从学术和从业者两个角度来促进教练心理学的发展，这是当务之急。”这份资料学术气息浓厚，与心理学领域的核心理论和模型密切相关。《国际教练心理学评论》由英国心理学会和澳大利亚心理学会（APS）联合出版发行。这些组织与澳大利亚和英国的大学通力合作，已经结合教练会议主办了数期研究论坛。

也许，目前有关教练研究的主要资料来源是那些博士论文。《论文摘要》做了一项调查，输入关键词“教练”，把“竞技”（athletics）和“学校”（schools）排除在外，仅在过去的5年中用英语写作的论文就可以搜出166个结
99 果。剔除其中非教练特定主题的文章，依然有134篇已经通过的论文。可能正如所期望的那样，这些论文中的大多数都是研究组织、领导力或者企业教练的，但研究其他领域（包括大、中、小学和教会领导力发展）的文章同样也不少。有6篇论文探讨了有关身心健康的教练行为。有关人生教练和个人教练的论文则着重研究了幸福的构成、教练过程中旨在提高创新能力和解决问题能力的技巧和策略、旨在提高积极性的教练技巧等。研究中涉及的人群包括中年人、态度粗暴的高级管理人员、还有非洲裔美国妇女。论文的研究成果把教练与成人发展理论、

认知发展、变革模型等联系在一起。

未来：趋势、机会与可能性（2007年以后）

我没有水晶球，不能预言未来，只能推测教练研究的未来可能会是一个什么样子。在此，我预测4个发展趋势。我相信这些趋势可以使我们在教练这个大家庭里有很多的话题可以讨论，有很多的问题可以思考。我的这些想法，部分源自Grant（2004）、Kampa-Kokesch和Anderson（2001）以及当今作者的观点。这些想法也反映了我的个人偏好和信念。在把教练从实践活动发展成为职业行为的过程中，研究就像一部发动机一样带动这个行业前行，我认为这是最佳的前进方向。

首先，我认为在教练领域那些基于实际经验建立起来的教练模型和理论将会得到强化并广为接受。网络杂志上提出的那些模型都很有说服力，也把理论和实践联系了起来，并为从业者提供了可靠的行动基础。Fillery-Travis和Lane（2006）曾经提出过一个颇具挑衅性的问题："教练真的管用吗？或者我们的问题是不是问错了？这个问题为我们进行进一步详尽的调研指明了方向。教练究竟正在做些什么？"我们真正要衡量的是什么？这些都是调研需要搞清楚的问题。

有效模型的提出提供了一个可靠的基础，我们可以在此基础上发起这样的调研活动。这类文献可以使我们了解教练工作的准备和教育情况，并为教练服务的购买者提供信息基础和选择余地。然而，这个领域的研究不应拘泥于源自心理学的模型和理论。与教练有关的论文课题的多样性说明这样一个问题，那就是建立在实际经验基础之上的教练模型可能在多个领域不断出现。这些领域有医药与健康、教育、后备牧师培养、社区发展等。跨学科和学科间的研究协作成果也可能成为这类模型的一个增长点。

第二，我预测教练研究者和从业者将会提出更多、更深入的问题。Linley 100
（2006，p.3）写道："我们选定的研究问题的本质可能就是我们将要做出的最为重要的决定。"他建议，为了弥合学术研究和从业实践之间的分歧，研究人员应认真思考这样一些问题：研究为谁而进行？跟谁一起研究？需要调研的最为重要的课题是什么？研究应在何处（环境）、何时（调研的时间范围）进行？为什么要进行调研？调研的目的又是什么？Drake和Stober（2005）建议将教练作为一项从业后的实践活动来对待，并总结“教练必须经常认真思考自己的实践活动，还要系统地将自己的工作经验和研究成果联系起来并融会贯通”。他们还建议“要想出一个综合性的方法，将缜密的分析性研究和充满活力的思考实践融合在一起”（p.21）。

第三，我理想中的未来研究世界就是：我们要共同建立起一个更加复杂、跨学科的研究计划。尽管Linley鼓励读者们深入心理学领域来寻找各种模型，但是依然可以从其他学科中发现同样有用的模型和视角。例如，教育研究工作者常用一些模型来解决计划需求和效果评估等问题，他们之间也可以共同使用这些研究用的模型。他们认识到在教室中、在课堂上展示因果关系时所面临的挑战，这样的教室和课堂都可以用来研究教练影响和教练效果。衡量投资收益率时可能要用到心理疗法和商业上的一些模型。

要进行跨学科的研究，就需要我们在全球范围内共享各学科的信息、技能和调研结果。在这一跨学科的教练研究方法中，一个内在的挑战就是要在教练这个大家庭中，就各种有效且适用的方法达成一致。实际上，在本章中的各个评论和评述中，作者们都得出了结论，提出了多种有影响力的研究建议。这些建议更加缜密、科学、有理论依据，而且超越了案例研究和事件分析的范畴。在我看来，教练这个大家庭还未能就这些研究范式达成共识，或者说，对于这些研究成果的价值还没有形成一致的看法。另外一个挑战就是，我们目前还没有一个跨学科场所，可以供同行们对这样的研究成果进行赏鉴和评论。

国际教练联合会将原先在大会前召开的专家研讨会纳入了大会中，这样一来，教练研究者和从业者互动时可能会取得更大的成果，但是其代价却是大会的专刊中不能刊登跨学科论坛的内容。好消息是，一份名为《教练：理论、研究
101 与实践国际期刊》的杂志于2008年诞生，由Routledge出版发行。其网站上的推广宣传说，这份杂志旨在为未来的研究提供新颖的思想火花和独特的研究方法。

所发表的文章将会体现出题材广泛、跨学科交流的特色，其内容将包括原始研究文章、评论文章、访谈类文章、技巧报告和案例报告等。杂志还提供一个国际论坛（http://www.informaworld.com/smpp/title～db=all～content=t762290973～tab=summary），在这个论坛上人们可以就教练方针和教练实践等问题展开辩论。这份杂志由欧洲教练协会协助出版，由哈佛大学著名研究员 Carol Kauffman博士担任主编。

上面这个话题很自然地把我们带入我的第四个预测：人们将越来越多地利用互联网这个阵地来发展、实施并传播教练研究。鉴于这项研究计划十分有用，教练从业者必须要有能力进行教练研究的定位和评估，并将新的观点和信息巧妙而恰当地运用到自己的教练实践中。Drake和Stober（2005，p.33）给了我们提示："在软件发展方面，代码已经开放。这给我们提供了机会来发现新的方法使人们达成共识并促进本专业的发展。"

教练研究资源库（http://www.thefoundationofcoaching.org）是一个我们可以自由进入并获得资源的网站。这类网站为学者们提供了分享论文、交流观点的场地，也为广大从业者和学者提供了一个能很容易地搜索到教练研究论文的场所。随着越来越多的大学所属教练研究计划陆续上线，我期待着能尽快熟悉、利用这些资源来收集和分享数据资料，并利用博客和其他论坛开展开放性讨论。未来网络资源的发展会促进教练研究的普及，这一点会在各项教练培养和教育计划中得到体现。

承上启下

在过去的时代中，前人为我们划定了教练的领域范围，使那些先前不可见的东西变得可见。早期的作者勇于实践并创建了教练模型和理论，这些模型和理论在很大程度上是他们亲身工作和经验的结晶。当今这个时代的特点主要表现在两个方面：一是新的声音不断出现，二是教练的领域范围不再仅限于企业教练。一些研究型教练已经自发地组织起来，就教练研究等问题展开讨论，还创建了一个教练研究社区。将来要做的事情很多，其中包括建立连接教练研究者和从业者两者间的纽带，进一步分化教练领域和环境，使其能在更多行业得以应用。当我们把教练研究的过去、现在和未来这些节点一一连接起来，呈现在我们眼前的会是怎样的一番景象呢？

我所看到的是三个领域。在这三个领域中，教练工作可以从各种模仿性的实践活动，单独或共同地转变为一个完整而成熟的职业活动。

在第一个领域中，我们要对早期提出的有关教练研究的理论、策略和模型进行重温并加以严格的审查。这些审查和再评估工作，既可以由从业者通过自己的实际教练互动来完成，也可以由教练研究者来完成。在此，我向广大的从业者提供一个简单的工具，这个工具是我在给学员讲授循证教练课程的时候使用过的。

在课堂上，我鼓励学员自己动脑，利用一份思想内容丰富的杂志来进行自己的非正式研究。在对这本思想内容丰富的杂志中“事件部分”进行阅读分析时，我要求学员必须要在合作互动的过程中，把重要的事件信息一一记录下来，这些信息包括：客户的口头语言和身体语言、交流的内容、学员自己认为重要的线索、提示。我还要求学员在交流过程中把自己的想法和体会都记录下来，包括尚不成熟的设想、预期、说明和理论。在“行动部分”，学员要把文章中自己对客户所说的话和所做的事都记录下来。在“效果部分”，学员要对整个交流过程进行反思，并总结出自己的体会。这样的体会有助于学员在今后遇到相似的场景时可以发挥出同样或者更高的教练水平。在学员的“反思过程”中，我请他们注意所用的教练理论和模型，并审查自己心里所想的教练模型与实际体验是否吻合。由于许多教练接受培训所用的模型和技巧都源自早期的教练研究成果，因此，教学中使用这样的杂志可以提高教学效果、增强实用感和实践性。

这样做还可以带给我们4种知识，对此，Drake（2008）概括为：具有个人和语境知识特点的专业和基础知识。利用这个小技巧，既可以进行反思性实践，又可以把教学活动引向深入。要想精通教练方法，不但需要反复应用现有的教练技能，而且还需要认真思考、觉察自我、纠正偏差、扩展知识面。在我的课堂上，学员们共同分享各自对杂志内容的观察和反思，我们共同思考杂志上的内容到底使用了哪种具体的教练模型。一般来说，那些积极的从业者都会采取相似的行动——组成学习小组，对早期的教练模型和材料进行提炼和升华。

在利用交互资源共同学习来建立跨微环境（cross-niche）关系时，我们就有了第二次机会把过去和未来连接起来。在起始阶段，教练主要植根于企业的土壤。现如今，研究课题和资源丰富多样，教练已经深入到更加广泛的领域，教练场地的增加速度也是今非昔比。这样就可以部分地满足客户的需要和市场的需求。尽管如此，我认为在理论、方法和思想上的这种相互借鉴仅仅能加强各个领域的教练活动。问题还有很多，比如：企业教练应该向牧师教练学习些什么？怎样把商业教练中投资回报率的知识运用到健康教练中以体现其价值？ 103

我们在网上可以查到的教练研究内容越来越多，这就为我们提供了第三个机会。如此一来，从业者就可以更容易地查找到研究文章，发现适用于个体训练的不同教练观点。这些文章也许可以告诉读者，对某一特定客户而言，为什么一种方法会比另外一种方法更加有效。这样，肚里的知识多了，从业者就可以在工作中对不同的客户采用不同的教练方法。深入阅读教练研究的文献资料还可以让从业者得到各种不同的模型，以便于他们自己就本职工作中所遇到的问题进行系统而缜密的调查研究。举例来说，要弄清楚投资回报率这个问题，如果教练是一位教育工作者，他就可以先就这一特定课题从众多的商业教练文献资料中找出一系列的研究文章进行阅读，然后就可以搞清楚许多问题，例如初始协议、教练目标、成功的要素是什么、收集资料的有效手段，进而就可以把整个过程和效果都写下来。

如果教练成为一门专业，就需要建立一个研究实体。这一点，需要广为宣传。在宣传这件事情上，我绝不是第一人，而且好像也不会是最后一个人。我相信，我们可以把这件事情的安排提前一些，能做多少就做多少。我们要发挥“集体智慧”①，共同促成此事。在教练这个大家庭里，我们需要研读并分享教练研

① 这可以定义为“通过分化与整合、竞争与协作的创新机制，人类社区朝更高的秩序复杂性以及和谐方向演化的能力”（http://www.community-intelligence.com/blogs/public）.

究的资料，认真分析、讨论、论辩遇到的问题。这反过来又会帮助我们搞清楚这个领域中什么是可靠的，什么是不可靠的。我们需要对研究成果进行思考和提炼，然后将其应用到具体的实践活动中，使教练实践更加多样化，更加色彩缤纷。教练实践的基础之一就是研究，认识到这一点，我们就可以扩展过去和现在所掌握的知识，把蓝色光谱之外的教练拓展到职业实践的全光谱中来。

参考文献

Bennett, J. L., and Campone, F. (Eds.). (2006). *Proceedings of the Fourth International Coach Federation Coaching Research Symposium*. Lexington, KY: International Coach Federation.

Blog of Collective Intelligence. http://www.community-intelligence.com/blogs/public.

Campone, F., and Bennett, J. (Eds.). (2005). *Proceedings of the Third International Coach Federation Coaching Research Symposium*. Lexington, KY; International Coach Federation.

Campone, F. (2006). Riding the waves: A quantum framework for coaching research. In F. Campone and J. L. Bennett (Eds.), *Proceedings of the Third International Coach Federation* (pp. 152–160). Washington, DC: International Coach Federation.

Drake, D. B. (2008). Evidence in action: A relational view of knowledge and mastery in coaching. In K. Gørtz and A. Prehn (Eds.), *Coaching in perspective*. Copenhagen: Hans Reitzel Publishers.

Drake, D. B., and Stober, D. R. (2005). *The rise of the postprofessional: Lessons learned in thinking about coaching as an evidence-based practice*. Paper presented at the Australia Conference on Evidence-Based Coaching.

Fillery-Travis, A., and Lane, D. (2006). Does coaching work or are we asking the wrong question? *International Coaching Psychology Review*, 1(1). Retrieved http://www.bps.org.uk/document-download-area/document-download$.cfm?file_uuid=FA4844B9-1143-DFD0-7EFD-

9CAF8FFC87C2&ext=pdf on June 16, 2007.

Grant, A. M. (2004). Keeping up with the cheese! Research as a foundation for professional coaching of the future. In I. F. Stein and L. A. Belsten (Eds.), *Proceedings of the First ICF Coaching Research Symposium* (pp. 1–19). Washington: International Coach Federation.

Grant, A. M. (2005). *Workplace and executive coaching: An annotated bibliography from the peer-reviewed business literature* (September 2005). Unpublished paper. Coaching Psychology Unit, University of Sydney, Australia.

Hargrove, R. (1995). *Masterful coaching: Extraordinary results by impacting people and they way they think and work together.* San Francisco: Pfeiffer/Jossey-Bass.

Kampa-Kokesch, S., and Anderson, M. Z. (2001). Executive coaching: A comprehensive review of the literature. *Consulting Psychology Journal: Practice and Research*, 53(4), 205–228.

Kilburg, R. R. (1996). Toward a conceptual understanding and definition of executive coaching. *Consulting Psychology Journal: Practice and Research*, 48, 134–144.

Kilburg, R. R. (1997). Coaching and executive character: Core problems and basic approaches. *Consulting Psychology Journal: Practice and Research*, 49, 281–299.

Kilburg, R. R. (2000). *Executive coaching: Developing managerial wisdom in a world of chaos*. Washington, DC: American Psychological Association.

Linley, A. (2006). Coaching research: Who? What? Where? When? Why? *International Journal of Evidence-Based Coaching and Mentoring*, 4(2). Retrieved from http://www.brookes.ac.uk/schools/education/ijebcm/vol4-no2-refiections.html.

O'Neill, M. B. (2000). *Executive coaching with backbone and heart: A systems approach to engaging leaders with their challenges*. San Francisco: Jossey-Bass.

Page, L. J., and Stein, I. F. (2006). Framing the dialogue: Unlocking issues surrounding coaching research. In F. Campone and J. L. Bennett (Eds.), *Proceedings of the Third International Coach Federation* (pp. 141–150). Washington, DC: International Coach Federation.

Stein, I. F. (2004). Introduction: Beginning a promising conversation. In I. F. Stein and L. A. Belsten (Eds.), *Proceedings of the First ICF Coaching Research Symposium* (pp. 1–19). Mooresville, NC: Paw Print Press.

Stein, I. F., and Belsten, L. A. (Eds.). (2004). Proceedings of the First ICF Coaching

Research Symposium. Mooresville, NC: Paw Print Press.

Stein, I. F., Campone, F., and Page, L. J. (Eds.). 2005. *Proceedings of the Second ICF Coaching Research Symposium*. Washington, DC: International Coach Federation.

Stober, D. (2005). Coaching eye for the research guy and research eye for the coaching guy: 20/20 vision for coaching through the scientist-practitioner model. In I. F. Stein, F. Campone, and L. J. Page (Eds.), *Proceedings of the Second ICF Coaching Research Symposium* (pp. 13–21). Washington, DC: International Coach Federation.

The International Coaching Psychology Review. S. Palmer and M. Cavanaugh (Eds.). http://www.bps, org.uk/coachingpsy/publication.

The International Journal of Coaching in Organizations. Forest Park, IL: Professional Coaching Publications.

The International Journal of Evidence-Based Coaching and Mentoring. E. Cox (Ed.). http://www.brookes.ac.uk/schools/education/ijebcm.

◆◆ 要点回顾 / David B. Drake ◆◆

本部分提出了教练面临的三大关键问题： 107

- 专业的实践从哪里来？
- 作为专业教练，我们有哪些自我发展的义务？
- 我们如何运用与教练相关的研究来支持我们的决定和实践？

这些内容指出了教练在过去，现在和未来如何增强我们的责任、能力和发展可能性。无论教练对你来说是新事物，还是你视自己为老练的专业教练，我都邀请你作为一个寻找新方法来看待自己、客户和教练实践的促进者来思考以下问题。

第1章　人生教练的崛起：心理学探源（Patrick Williams）

（1）何种心理学来源使你最受鼓舞从而考虑开始教练生涯？思考让你成为教练的主要影响因素的发展图或者时间线。

（2）你的发展路径怎样成就了你的实践（比如你在寻找什么，你可能失去什么）？在你职业生涯的这个阶段，你想加深和加强你哪些知识？

（3）作为教练，在发展方面，本章给你最主要的启发是什么？

第2章　教练的自我管理：有效教练的基础（Travis Kemp） 108

（1）当你通过阅读社会心理学的原理来获得有关你在教练中的“阿喀琉斯之踵”时，你有何感悟？如果我们将自己视作伤痛治愈者，你如何运用这个发展的优势来激发你的成长？

（2）当你在进行教练时，4项人性因素中的哪些是你最易进入和保持觉醒的？哪个因素是你希望在实践中改进的？在朝这个方向发展的过程中，你可以采取什么样的步骤？

（3）作为教练，你对本章的哪些感悟有助于你的自我管理？

第3章　叙述的三层架构：以故事作为教练平台（David B. Drake）

（1）你成为教练的“故事”有何意味，而你希望如何告知你的客户这一故事？你被客户的哪些故事吸引，而又试图躲开他们怎样的故事？这说明什么？

（2）你如何适从故事时间和第三层的领域及其因素？

（3）作为教练，在从客户故事中获取有关人物的关键信息方面，本章对你有何帮助？

第4章　教练实践中的证据：用理论提升教练技巧（Peter Jackson）

（1）教练在何种程度上被看作实用主义文化，而这对你又意味着什么？在本章介绍的4种证据中，你倾向于依据哪种证据来做出选择，并且和他人沟通你所从事的工作？你对自身和教练事业的下一步行动是什么？

（2）如果理论既非“奏效的东西”的同类，又不是实践的反义，那么你的教练实践有什么地方需要改变（例如：检测你的前提假设，探寻你认为是真相的东西，辨识你真的知道和你认为知道的不确定性）？

109 （3）作为教练，本章对你的知识体系扩充有何助益？

第5章　承上启下：教练技术研究的过去、现在和未来（Francine Campone）

（1）随着时间的推移和你教练实践的发展，当研究和证据发生变化，你对教练的看法发生了怎样的变化？当你整合理论、研究和实践时，你发现了什么？

（2）你怎样运用Francine Campone的4项预测？哪一项更加激励你在教练实践中精进集体智慧？你怎样实现它？

（3）作为教练，本章对你在教练领域的学术研究有何助益？

第2部分

教练的应用

第6章

欣赏式探询教练：提升心理坚韧性

Sandy Gordon

引言 113

近些年在体育领域对于心理坚韧性（mental toughness，MT）的研究，增加了我们对在压力下保持高效的理解。在本章中，有关心理坚韧性的概述，及其如何从体育领域应用于商务领域的两个模型，说明了这些传统的心理学属性是如何随时代而发展的。另外，欣赏式探询（appreciative inquiry，AI）和欣赏式探询教练（appreciative inquiry coaching，AIC）诠释了近来在商务领域所倡导的变革理论。最后，我们提供了一些案例来说明基于优势的教练方式（比如欣赏式探询教练）可用以引导心理坚韧性的发展。

什么是心理坚韧性

体育的理论与教练实践的经验均认为，心理坚韧性是一个人达成杰出绩效的最重要的特性（参见Bull，Shambrook，James，& Brooks，2005；Jones， 114
Hanton，& Connaughton，2002；Orlick，1998）。自从Fourie和Potgieter（2001）在南非开始实质上的心理坚韧性研究以来，对此的探索便在世界各地迅速展开，包括美国（参见Gould，Dieffenbach，& Moffett，2002）、英国

（参见Bull et al.，2005；Fawcett，2005；Jones et al.，2002；Thelwell，Weston，& Greenlees，2005）、印度（参见Gordon & Sridhar，2005），以及澳大利亚（参见Gucciardi，Gordon，& Dimmock，尚未正式出版；Middleton，Marsh，Martin，Richards，& Perry，2004）。此项研究聚焦于从运动员和教练的视角理解心理坚韧性，指出无数特征都归结于心理坚韧性。

正如表6-1所示，在此项研究中，发现了大量具有共性的特质，比如自信、专注、积极、乐于竞争、适应力强、能处理压力、态度坚定、注重质量、会设定目标、有决心、坚持不懈，以及重承诺。同时，也发现了另外一些特质，比如团队和谐、宗教信仰、道德伦理、运动天赋、生存和安全、有效应对成功和失败、冒险精神，以及开发学习机会。Gordon及其同事（Gordon，Gucciardi，& Chambers，2007；Gucciardi，Gordon，& Dimmock，尚未正式出版）运用个人建构理论（personal construct theory，PCP）架构（Kelly，1995，1991）来研究澳大利亚足球队，也发现了在特定情形下，行为和天性都十分需要较强的心理坚韧性来支持。教练可以引导客户关注特定的困境，从而找到解决方案。这样做的结果就是，客户的自然需求及其对教练的看法变得和改变行为的心理坚韧性一致。

尽管最近发现体育领域和商务领域间有着显著的联系和相似的需求（Gordon，2007；Jones，2002），然而却还没有对商务环境中心理坚韧性的研究。不过，针对商务领域中的高级行政人员和团队，Bull（2006）发展出一套心理坚韧性的模型（见图6-1），它源于对于精英板球（Bull et al.，2005）的研究，此模型将心理坚韧性分为4个部分，以用于教练领域：

• 转变的坚韧性，在逆境和挫折中重新获得生气的能力。

• 关键时刻的坚韧性，在特定时间和压力下实现业绩的能力。

• 忍耐的坚韧性，在严苛的工作强度下和需要高度承诺的时期保持体力和头脑专注力的能力。

• 风险管理的坚韧性，做出困难的决定，承担选择的风险，从而最大化绩效的能力。

115

表6-1 已发现的心理坚韧性的特质

Loehr（1986）	Fourie和Potgieter（2001）	Jones等（2002）	Middleton等（2004）	Gordon 和 Sridhar（2005）[a]	Bull等（2005）[a]	Fawcett（2005）[a]	Thelwell等（2005）[a]
自信	保持自信	以不可动摇的自信来达成富有竞争的目标	自我功效	动机和承诺	“永不言败”和“永远可以做得更好”的态度	承诺和决心	对成就的完全自信
负面能量	应对技巧	以不可动摇的自信来占据特有的素质，从而比其他人更强	精神上的自我概念	适应力	对竞争的兴奋	有效的心智	在任何时候都希望参与
注意力控制	认知技巧	无法满足的欲望和对成功的动机	潜力	自信和乐观	愿意承担风险	处理压力	积极的反应
视觉和形象控制	纪律和目标导向	逆境中恢复活力，对成功的不断加强的决心	个人最佳（动机）	积极完美主义	相信高质量的准备	自律	处理压力
动力水平	动力水平	旺盛的竞争压力	价值观（或重要性）	处理压力	对完全发挥能力的决心	自信	知道脱离困境需要做什么
正面能量	竞争性	接受竞争的焦虑是不可避免的，了解自己可以适应它	对任务的熟悉	专注	自己设置富有挑战的目标	身体协调性[b]	对令人分心的事物置之不理并保持专注

（续）

Loehr（1986）	Fourie和Potgieter（2001）	Jones等（2002）	Middleton等（2004）	Gordon 和 Sridhar（2005）[a]	Bull等（2005）[a]	Fawcett（2005）[a]	Thelwell等（2005）[a]
态度控制	体力和脑力要求（先决条件）	不因他人的好或差成绩而逆反	对目标的承诺	运动天赋	迅速恢复增加影响力的信心	培训和环境的刚性	情绪管理
	团队和谐	在个人生活方面令人分心的事情面前仍保持完全专注	坚持不懈		独立和自省	应对成功和失败[b]	拥有能够影响到对手的气场
	准备技能	根据需要进入或抽离运动	对特定任务的关注		清晰的思考者（果断、诚实的自我评估）	安全和生存[b]	对外在问题的控制
	身体耐力	面对与竞争相关的令人分心的事情时，完全专注于任务	最小化压力		强烈的自信（克服自我怀疑，关注自我）	应对压力和焦虑[b]	享受压力与成绩并存
	宗教信仰	逼退身体和头脑的痛苦，在培训和竞争中保持技术和努力	积极正面		自我和与他人竞争	了解自己[b]	
	道德	在出现不可控的意外情况时重新获得心理控制（特指竞争）	正面比较		开拓学习机会	全神贯注[b]	

a：特殊运动研究
b：冒险和探索样本

116

根据Bull的观点，4项中的每一项都对加强其他项做出了贡献，从而使人获得自信、清晰的思考力和适应力等最佳表现。心理坚韧性强的从业者在商务环境中可以保持对其任务的专注和不可动摇的信心，从而实现最优业绩，他们能够坚持并从困境和失败中迅速恢复活力。 117

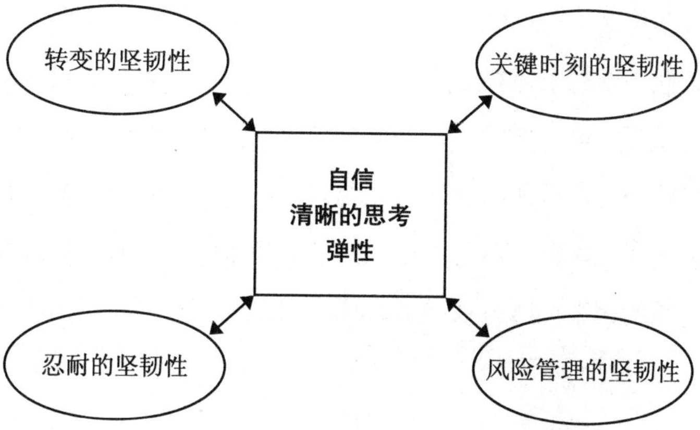

图6-1　Bull（2006）心理坚韧性模型

同样，Jones和Moorhouse（2007）进行了一项针对在商务领域和体育领域的杰出人物（Jones & Spooner，2006）、体育世界冠军、专业教练以及运动心理学家（Jones et al.，2002，2007）的研究，阐明心理坚韧性在商务领域是可以被开发的。正如图6-2所表明的，Jones和Moorhouse相信带来持续高绩效的心理坚韧性由4个方面组成：保持你的头脑处于压力中，让你的动力为你服务，保持高度自信，对相关事物保持关注。

这两种方式（见图6-1和图6-2）都成为许多商业领袖应对挑战的重要工具。在研究中，作者提供了先天和后天开发心理坚韧性的见解。在商业环境中，这两种有关心理坚韧性的方式都应用于加强高绩效领导力和专业发展项目（Gordon，2007）。然而，心理坚韧性不仅需要技能培训，我相信还需要发展出更加丰富的引导心理坚韧性的方法。

目前还没有针对用心理坚韧性构架来检查心理因素的研究。对天才学生（Csikszentmihalyi，Rathunde，& Whalen，1993；Gagne，1996，2003）和运动员（Bloom，1985；Côté，1999；Côté，Baker，& Abernethy，2003）的研究 118

指出：家长和教练扮演非常重要的引导者角色，他们引导学生发展有关心理坚韧性的心理特质。Gould、Dieffenbach和Moffett（2002）调研了奥运冠军的心理特质和发展状况，研究选取了10名第32届奥运会冠军及他们的教练（n=10）、父母、监护人或其他对培养这些运动员的性格有关联的人，发现这些运动员拥有以下特质：应对和控制焦虑的能力、信心、运动天赋、关注和分离令人分心的事物的能力、竞争性、勤勉于道德规范、设置和达到目标的能力、交流能力、高水平的素质希望、乐观、可适应的完美主义，以及心理坚韧性或弹性。结果显示，一些人和机构影响到运动员的心理发展，尤其是他们的社区和直系家庭、运动的和非运动的环境的人员，以及运动的过程。教练和家庭的影响更是尤其重要，对运动员有直接影响的因素如教授或强调某些心理课程，有间接影响的因素如模式化或下意识地创造某种心理环境。

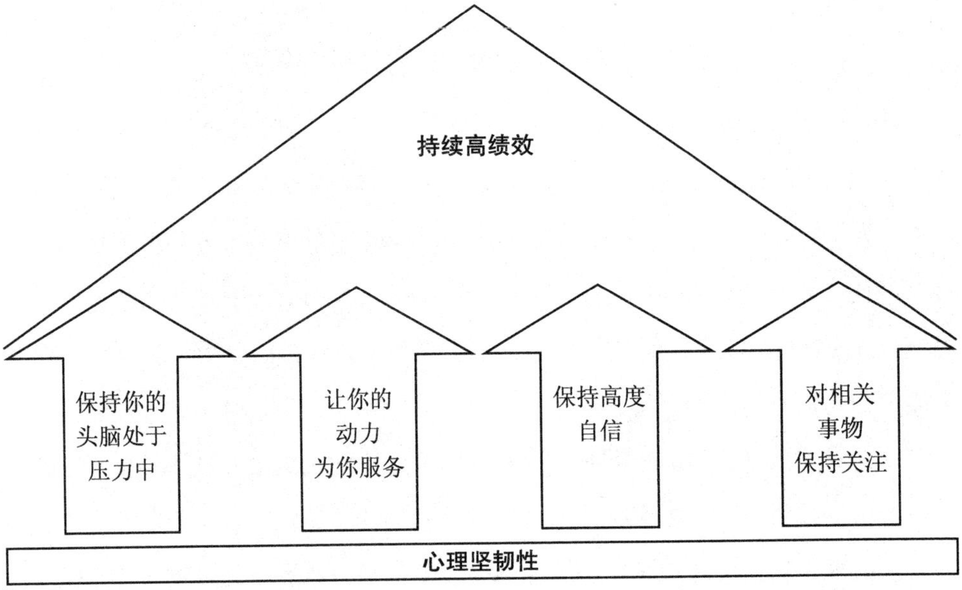

图6-2　Jones和Moorhouse（2007）心理坚韧性模型[①]

119　更近期的，Connaughton、Wadey、Hanton和Jones（2007）重新采访了此前

① Jones, G., Moorhause, A.《心理坚韧性：提高商业绩效的金牌策略》（*Developing mental Toughness: Gold Medal Strategies For Transforming Your Business Performance, 2007*）. Spring Hill 允许再版.

该项心理坚韧性研究的参与者（Jones et al.，2002），并且在他们的测试中对其心理坚韧性的发展给予了特别关注。他们对7名不同国籍的运动员半结构化的采访表明：

> 心理坚韧性的发展是一个长期的过程，它包含大量潜在的整体运作机制，而非独立运作。通常，这些被视为潜在的机制涉及许多动机环境（比如享受、精通）、不同的个体（比如教练、同事、父母、祖父母、兄弟姐妹、资深运动员、运动心理学家、队友）、运动内外的体验、心理技能和策略，以及无法满足的心愿和成功的内在动力。
>
> ——Connaughton et al.，2007，p.1

以上对于天才学生和运动员的研究表明：心理坚韧性可以是天生禀赋，也可以在后天养成。比如，对于优秀的板球运动员（Gordon & Sridhar，2005）和澳大利亚足球运动员（Gucciardi et al.，尚未正式出版）的研究，共同论证了在固有的心理坚韧性的水平之外，观察者（教师、父母和教练）认同心理坚韧性是可以获得（通过非正式社交）和传授的（通过正式的培训和教练）。比如，Bloom（1985）和Côté（1999）指出，通过社会因素及有利于青少年成长的与教练、父母等重要角色的互动，环境对获得所期望的心理特质大有影响；同样，Gould等人（2002）和Jones等人（2002）也指出，正式的心理技能教授和教练对优秀板球运动员的成长大有裨益。Bull等人（2005）的研究则通过系统的测试，对教练如何影响心理坚韧性提供了一些切合实际的建议。

Bull等人（2005）希望更加深入了解心理坚韧性如何在优秀板球运动员身上体现，并且了解运动员是如何提升心理坚韧性的。12位英国板球选手，都被视为在过去20年中最具心理坚韧性的运动员。101名教练发现并采访了他们。从采访记录中，4项分析发现的要点随后在英国板球界的教练和运动员中广泛传播开来。研究指出：教练能够协助原本已经技能超群且心理素质过硬的球员，和他们讨论在困难情况下 *120*
的反应和态度，而不是简单地对其加以身体训练或教授心理技能。

第一项要点，环境影响，为提升心理坚韧性提供基础。在其形成阶段，父母的影响和童年背景提供了最重要的贡献。还有次要因素，比如对成功的需求、早期拥有扭转困境的机会，以及对国外板球的接触了解等。

第二项要点，坚强的个性，是个体三项要点中的第一项，它包括共有的性格特质，比如信心、独立、自省以及同自己与他人的竞争性。

第三项要点，坚韧的态度，是通向成功的心理坚韧性的重要部分。这些态度包括永不言败、持续推进、对竞争如饥似渴、相信自己可以带来影响、开发学习机会、愿意承担风险、相信高质量的准备、希望最大限度发挥能力的决心，还有自己设定具有挑战性目标的趋势。

最后一项要点，坚定的思维对竞争内在和外在优势的认知相关，例如清晰的思维（比如良好的决策、保持观点、诚实的自我评估）和健全的自信（比如克服自我怀疑、感觉脱离身体条件、保持自我关注）。

关于心理坚韧性发展的证据似乎表明：某些心理坚韧性可以被简单地继承，而另一些则毫无疑问地可以被获取（通过社交）和教授（被教练）。在对体育领域和其他行为相关环境的更多研究表明，需要准确定位究竟是“什么”需要被教授，由“谁”来教和“如何”教，以及年轻人要在何时接触什么样的经历和体验。另外，这些经历和体验是否需要特定的活动？即使只是相关的活动，是否需要导师？是否通过讲故事或解释的方式来倡导心理坚韧性？

下一节将介绍欣赏式探询，它作为一种心理学方法，非常适合通过教练来提升心理坚韧性。如同其他以优势为基础的策略，它建立在客户与生俱来的心理坚韧性特质的基础上。我早期在商务领域和体育领域对其加以应用的经验告诉我，它可以提供很多价值。

欣赏式探询

欣赏：动词。（a）估价；承认一个人或者他周遭事物所拥有的最好的东西的行为；证实过去和现在的优势、成功和潜力；觉察可供生活（健康、活力、卓越）的东西。（b）增加价值，比如，经济以其价值被认可。同义：价值、奖励、敬重、荣誉。 121

探询：动词。（a）探险和探索的行为。（b）提出问题，对看到新潜力和可能性保持开放。同义：发现、寻找，系统地探索、研究和学习。

——Cooperrider & Whitney，2005，p.7

如同Watkins和Mohr（2001）阐明的，欣赏式探询最初由凯斯西储大学魏德海管理学院的博士生David Cooperrider和他的论文导师Sruresh Srivastva于1980年提出，他们同时参与一项组织变革的项目。他们发现传统的组织发展（OD）对问题的诊断和反馈方式只是简单地吸取系统中改变的能量。当更多的问题被发现，人们变得更加气馁，而人们越气馁，便越因为互相指责造成更多问题。作者还发现当他们放开特定的想法，他们的干预会变得更加强有力。他们选择以探询而非干预来架构他们的任务。他们变成了组织生活的学生——当组织最充满生气和成功的时候，来学习、发现和欣赏任何提供给组织的生命力。Cooperrider和Srivastva随后的数据分析有效并激进地反转了传统的问题解决方式。他们聚焦于导致成功的根源而非失败的根源。他们称该方式为“欣赏式探询”；他们的经典文献——《组织生活中的欣赏式探询》（*Appreciative Inquiry in Organizational Life*，Cooperrider & Srivastva，1987）在几年后面世，阐述这一在组织发展领域转变的理论和背后的愿景。

当欣赏式探询作为理论建立流程的发展之初，它也被称作一项哲学、一股革命性的力量，一个变革的过程、一项赋予生命的理论实践，甚至一种新的世界观。鉴于本章的目的，欣赏式探询被认为是一种积极、富有优势的变革操作方式，学习和发展似乎是最适合用以教练心理韧性的。

根据Watkins和Mohr（2001）的理论，欣赏式探询最本质的组成部分是5项核心原则和5个基本步骤。如图6-3（摘自Watkins & Mohr，2001）所示，这些原则和步骤被认为发端于基于社会构建论和“新”科学（积极心理学、基于优势的教

练、混沌学、自组织系统、生物学、量子机械）的理论与研究，以及对意象力量
122 方面的研究。作为基础的5项核心原则和5项衍生原则在表6-2中被归纳出来。为方便应用，我认为总体的指导原则如下：

- 欣赏：变革过程中的你自己和他人。
- 应用：你对于什么可行、什么不可行的知识和体验。
- 激发：你的意象和对于理想未来的有创造力的展望。
- 协作：分享、认可并在过程中与他人合作。

图6-3　欣赏式探询的结构

对于欣赏式探询的基本步骤，按顺序排列为如下流程，以便理解（Watkins & Mohr，2001，p.39）：

- 选择正向的东西作为探询的关注点。
- 探询赋予生命力量的故事。
- 指出故事中显现的主旨，并选择主题进行进一步的探询。

表6-2 欣赏式探询的核心原则和衍生原则 123

核心原则	定义	衍生原则	定义
诠释原则	语言创造世界 • 现实是通过语言建造的 • 它是主观和客观的状态	全体原则	全体带来最佳 • 我们都在更大的整体或交织的互相关联之中 • 把利益相关者带到一起激发创造力并建立合作能力
诗歌原则	无论我们关注什么，都要成长 • 关注成功，我们创造更多成功 • 关注失败，我们制造更多失败	展现原则	尝试 • 我们必须做出我们想看到的改变 • 尝试一种和你的期望相符的新行为，然后在其基础上继续
并发原则	改变从我们提问的那一刻开始 • 探询是一种干预 • 所有的问题都是引导式问题	选择自由原则	自由选择解放力量 • 人们在自由选择时更加重承诺，有担当 • 自由的选择激发卓越和积极的改变
预想原则	意象激发行动 • 人类的系统向未来的意象推进 • 积极的意象创造积极的未来	觉察原则	社会和自我觉察 • 理解和整合欣赏式探询的原则 • 反省"自动思考"是很重要的
积极正向原则	积极正向的核心 • 构建优势、成就、未发现的潜力和资产 • 建立优势比更正弱点更有效	叙事原则	我们构建自己人生的故事 • 故事是有改革能力的 • 我们可以改变自己的故事，以获得更多我们想要的

注：摘自Kelm（2005）、Whitney和Trosten-Bloom（2003）

- 为未来首选的意象创建共享的形象。 124
- 寻找有创意的方法来创建未来。

这一基本流程以社会构建论为基础，正如Cooperrider与合作伙伴Diana Whitney首次写道：

> 简单地说，人类的知识和组织的命数是互相交织的……我们必须擅长理解、解读和分析活生生的、人类构造一般的组织。处于任何真实的变革企图之中，我们所了解的乃命中注定。
>
> ——Cooperrider & Whitney, 2005, pp.14-15

以上的过程各为整体的一部分，和其余的部分重叠。欣赏式探询以满足客户选择“积极”作为探询焦点的开始，其他要点紧随其后。基于5个基本步骤，不同的应用欣赏式探询的模型和方式便衍生出来；这些模型当中，下面描述的4D循环模型囊括了5项核心原则，并被广泛地运用。

欣赏式探询4D循环（见图6-4，Cooperrider & Whitney，2005）可以支持他人加入基于叙述的正向改变进程中。这一循环可用于同事间非正式的交谈，亦可用于组织中每一位利益相关者的正式会谈，比如一个为期4天的欣赏式探询峰会（Ludema，Whitney，Mohr，& Griffin，2003）。Cooperrider 和Whitney（2003，pp. 16-17）描述的欣赏式探询4D循环的4个关键阶段是：

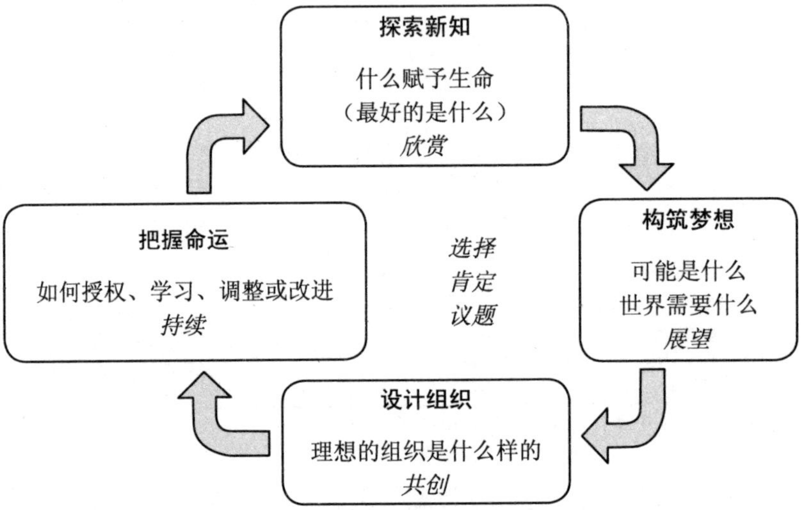

图6-4　欣赏式探询4D循环

125 • 探索新知（discovery）：明确告知所有相关人员优势和最佳实践，识别“最好的是什么”，以调动整个系统（个人、群体或团队）。

• 构筑梦想（dream）：创造清晰的结果导向的愿景，从而发掘潜力并提出更高层面的问题，如“世界在召唤我们成为什么”。

• 设计组织（design）：创造理想组织可能的主张，清楚表达一个可以放大的积极核心，而后实现新的梦想。

• 把握命运（desatiny）：强化整个系统的积极能力，促使它树立希望和保持动力，以实现不断前进的良性改变，获取高绩效。

位于循环中间的是“选择肯定议题”，它是欣赏式探询的起点，也是欣赏式探询流程中最具战略性的一步。选择议题本身可帮助系统（个人、群体或团队、组织）为未来设定新的发展方向。

下文是4D循环的一个例证，通过向一个近期的运动客户（女性高尔夫球手）的提问来说明。

选择肯定议题：客户想要的改变——我应对压力的能力。

• 探索新知：当你处理压力时，正在发生什么事情？你已经做了哪些有效的而只需做多一些的事？

• 构筑梦想：想象你明早醒来时情况一如既往，你那时已改变了哪些习惯？

• 设计组织：你可以做些什么不同的事来使以上的事发生得更频繁？

• 把握命运：现在就去实施以上计划，让你的“可能性”实现，让被确定的改变变成改进的必要内容。

欣赏式探询教练

欣赏式探询的理论和概念基础被研究者不断地考证和研究。其应用的功效引出了研究者们共同的兴趣，最近的发展和改编之一就是欣赏式的教练方式。Sloan和Canine（2007）认为，欣赏式探询教练就是一名训练有素的教练以专家和顾问的身份与一个人（或代表个人的组织）互动的过程。此外，Sloan和 126
Canine相信欣赏式探询教练在众多教练目的中是高度有效的，这些目的诸如领导力、个人发展和工作关系，欣赏式探询4D循环为教练过程提供出色的指导。当发现其他方法和培训机构在帮助人们成为教练时，Sloan和Canine坚信：

> 欣赏式探询理论和实践是一个能够使组织和个人更加了解自身优势和能力的过程，欣赏式探询增加其生活中所有部分的有效性，在客户的社会体系

中创造改变的强力支持。

——Sloan & Canine，2007，p.1

像欣赏式探询一样，欣赏式探询教练秉持这样一个原则：人类系统具有“向日性”——向富有生产力和创造力的意象发展，这些意象植根于人类最正面的核心观念，即他们的价值观、愿景、成就和最佳实践之中（Watkins & Mohr，2001，p.xxxi）。以下假设基于对生命、人和变革过程的欣赏式探询和欣赏式探询教练，源于Orem、Binkert和Clancy（2007，p.26）的欣赏式教练模型：

- 在任何社会、组织、群体和个人的范畴中，总有些东西会产生影响。
- 人们关注的东西会变成他们的现实。
- 现实是在一瞬间创造的，并且是多样的。
- 对组织、群体或个人提问的行动在某种程度上影响了群体和个人。
- 当人们从过去（已知）发展到未来（未知）时，他们在人生旅途中会感到更加自信和舒服。
- 如果人们从过去发展到未来，那些过去的部分应该是过去最好的部分。
- 尊重差异是很重要的。
- 人们所运用的语言创造他们的现实。

运用欣赏式探询教练方式来提升心理坚韧性

Bull（2006）、Jones和Moorhouse（2007）都相信心理坚韧性可以提升，这一观点对于工作环境和体育环境而言，同等重要。“超越能力，超越经验，
127 超越教育，在当今高速发展、充满竞争的世界，人们的心理坚韧性程度决定孰胜孰败。这已经在奥林匹克竞赛和工作环境中被证实”（Jones & Moorhouse，2007，p.28）。正如图6-1和图6-2所示，心理坚韧性的主要部分——核心能力和技能是可以通过心智训练获得的，这点已经获得了证实。然而，用以下行为心理

学家所使用的欣赏式探询教练方式来提升心理坚韧性，与使用传统方法有着显著不同的。在以下的内容中，欣赏式探询教练方式的某些元素被用来阐述它是如何被运用于新思维和想象的未来的。

这种教练方式的第一步是，识别“心理坚韧性”和“探索”这两个词汇对于客户来说以意味着什么。这一步是有意义的，因为教练需要帮助被教练者理解心理坚韧性是什么，不是什么，何时需要，何时不需要，如何运用。总体来说，被教练者的性格诠释他们的现实。教练可以运用一些问题来引导自己和客户一起探索心理坚韧性，这些问题来自前文所述的个人建构心理学的研究成果（Gordon et al.，2007），可用于欣赏式探询4D循环。教练可以根据4D循环按顺序提问，并留出充足的时间来反思，总结对本阶段的理解后再进入循环的下一个阶段。

探索新知

• 描述你所认为的心理坚韧性是什么。你可以用一个短语、引述或描述定义它吗？

• 你在什么时候展现心理坚韧性？

• 你在何种情形下需要展现心理坚韧性？而又在何种情形下不需要展现它？

• 当你意识到在某种情况下需要运用心理坚韧性时，你认为心理坚韧性强的人和弱的人各有什么特点？你认为什么样的态度或信念对于这两种人来说是截然相反的特征？

• 对于上述两类人而言，可观察的行为各是什么？

• 你觉得你的哪些同事是心理坚韧性强的人，他们的角色或职责的特点是什么？

教练在此阶段的焦点： *128*

• 在教练和客户之间建立积极的连接。

• 引导客户运用更加宽广的视角。

• 肯定可能性的概念。

- 培养和支持客户对于积极未来的信念（Orem et al.，2007，p.206）。

构筑梦想

- 想象有一晚当你熟睡时，一个奇迹发生了。当你醒来，你发现你在所有需要的情形下都具有强心理坚韧性，就像你描述的那样。那么你怎么知道你具有强心理坚韧性？
- 什么东西变得不同了？
- 你的哪些习惯发生了改变？
- 谁会是最早注意到这些改变的人？
- 他们会说、会做什么？你会作何反应？

教练在此阶段的焦点：

- 鼓励客户创造可能性的画面。
- 邀请客户描述他们想要的未来。
- 肯定客户的梦想（Orem et al.，2007，p.206）。

设计组织

- 为了让以上的情况发生，你会做哪些改变？
- 你能把心理坚韧性发展到何种程度？
- 你认为哪些人对你发展心理坚韧性起着重要作用？
- 你觉得这些人做哪些事、不做哪些事可以帮到你？
- 你觉得在你的经历中，哪些技巧和方法对于发展心理坚韧性具有影响？
- 回想一个你认识的你认为具有强心理坚韧性的人，你觉得他是如何发展其心理坚韧性的？

129 **教练在此阶段的焦点：**

- 协助客户聚焦梦想。

• 肯定梦想的现实性。

• 支持有意识的选择和行动（Orem et al.，2007，p.207）。

把握命运

• 反思你真心想要的东西和你的心理坚韧性当前所处的阶段，你可以做出哪些显著改变从而令你得到你想要的东西？

• 你现在可以立即做一个什么样的小改变以改进你的心理坚韧性，不管它有多小？这个改变不一定是一个行动，它可以是你想法或态度的改变。

• 就试试它。今天就做这个小改变，它会带你到你想要的方向。当你觉得舒服、自然并且当它已成习惯，用同样的方法做出另外一个小改变。

教练在此阶段的焦点：

• 帮助客户意识到他当前的梦想。

• 确保客户增强他的创造梦想的能力。

• 支持客户在困境中保持信念。

• 在教练会谈结束时说“namaste”[①]（Orem al.，2007，p.207）。

以上流程可以在客户发现心理坚韧性对实现目标至关重要的时候使用。在教练Jones和Moorhouse（2007）发现的心理坚韧性的4个方面时，都可以采用以下方式：

• 保持你的头脑处于压力中：控制你所经历的压力的数量和属性，从而令你可以做出重要决定。

• 保持高度自信：充分坚信自己所需的素质，从而达到最佳绩效目标。

• 让你的动力为你服务：确保你成功的渴望和决心建立在积极和建设性的动 130
力基础上，它能保持你乐观的动力并且确保你从业绩逆境中恢复。

• 对相关事物保持关注：管理你的焦点，不让你所碰到的多个请求干扰你的

① namaste是印度的一种礼貌手势，在打招呼或告别时双手在胸前合十.

重要事项。

Orem等人（2007）发现了一系列运用欣赏式探询教练方式的方法：第一，接受它作为教练的首要模型和方式；第二，将它作为已经建立的教练实践的附加工具；第三，选择性地运用欣赏式的语言、问题和工具来丰富其他教练模型。他们同时建议把欣赏式探询教练的重要理论、原则和阶段用在对管理人员的培训内容中。他们在实践中采用4个主要步骤：

第一步：提出世界观。

世界观被研究者（参见Koltko-Rivera，2004）看作人类的天性和个人信念及价值观的核心组成部分。在发现阶段，Orem等人（2007）运用问题来辅助揭示客户如何看待自己，比如：“你最重要的价值观是什么？”“你对于人们驱动力的信念是什么？”“你不相信什么？”

第二步：运用欣赏式的语言。

语言的确带来影响，特别是在教练过程中，Orem等人（2007）开始在商业领域中减少“解决问题”的词汇，比如目标、行动计划、技能差距和现状，并且介绍其他词汇，比如肯定、意象、梦想和潜力——这些词汇能引导客户的思维更加宽广。

第三步：了解客户带来什么。

另外，Orem等人（2007）意识到，每个客户在经验和自我分析、自我发现、理解的层面各有不同，因此，了解客户把什么带到教练过程中来是非常重要的。

第四步：熟悉原则和阶段。

最后，Orem等人（2007）用图画来表示4D循环的4个阶段（见图6-4）和欣赏式探询的5项核心原则（见图6-3），这样对客户来说更易理解。然而，他们仍然
131 带领客户走过整个流程，因为这是帮助他们熟悉欣赏式探询的流程和步骤的最好方法。他们还发现，反思和观察是帮助客户将欣赏式探询教练的理论和实践联系起来的最有效方法。

通过欣赏式探询教练帮助运动员提升其心理坚韧性，笔者见证了欣赏式探询语言立竿见影的效果。在Orem等人（2007）的客户信息表中所列问题的基础上，我创建了一个表格以供被教练者在初次会谈之前完成（见表6-3）。我收到了运

动员用它作为教练前的步骤的良好反馈，比如：“我觉得思考过往的成功很好，我真的应该更多地这么做。”“回顾我以前是怎么做的，能令我思考现在应该怎样做得更多。”“那个画面非常确定，它让我为自己所取得的成就自豪。我意识到我已经自然而然地取得很多高峰体验。”

我也借鉴了Orem等人（2007，pp. 199-200）关于自我反省的问题，依次在我的教练会谈中使用它们。比如：

• 我的客户如何评价这次会谈中最重要的收获？

• 我们经历了哪些阶段（探索新知、构筑梦想、设计组织、把握命运）？什么证据可以证实这点？

表6-3 客户信息表

在我们初次会谈讨论心理坚韧性之前，请回答以下问题
1. 描述迄今为止你最大的3项成就，以展现你的心理坚韧性
2. 是什么令这3项成就对你来说如此突出
3. 你可以把过去成就中的哪些东西整合到目前的竞技计划中
4. 你可以怎样更多地利用从这些成果中学到的东西来协助你做好未来的改变
5. 分别列出5个形容词来描述当你身在其中时的状态
• 身体上的
• 情绪上的
• 精神上的
6. 你正在学习和接纳当前自己的哪些方面

注：摘自Orem等人（2007）

• 我认识到欣赏式探询的哪些原则（比如诠释原则、并发原则、预想原则、 *132*
诗歌原则、积极原则）？我看到了哪个（些），它（们）是如何呈现的？

• 我用什么方式利用客户已有的成功和优势来和客户共同设计理想的未来？

• 客户的语言在何种程度上体现出积极性？我的提问和回应在多大程度上运用了积极正向的语言？

结论

欣赏式探询关注支持人们讲述他们自己积极发展的故事。它认可被教练者即使有可能“失败”或者感觉到改进的压力，他们仍然是善于随机应变且有应对之策的，并且他们以往曾经成功过。就像其他基于优势的教练导向，欣赏式探询被病诟为天真和理想主义，因为它关注成功经验而忽视改进负面经验（Reed，2007）。然而，它的社会建设性架构帮助被教练者思考他们想要置身其中的世界，而且，和其他教练方法不同，它探索正面积极的东西如何促成被教练者的发展。

在用欣赏式探询改善日常生活方面，Kelm（2005）、Stavros和Torres（2005）让欣赏式探询的运用日渐平常。越来越多的故事展现欣赏式探询如何有效地将高绩效领导力植入工作领域，欣赏式的组织实践如何创造战略竞争优势（Anderson et al.，2001；Ludema et al.，2003）。读者可登录www.aiconsulting.org/success查阅成功案例。然而，Bull（2006）、Jones和Moorhouse（2007）指出，对比体育领域，商务领域的人员很少展示他们如何发展和保持其精神优势。这个差距为教练帮助其商务领域客户提升心理坚韧性以加强绩效提供了机会。欣赏式探询教练似乎尤其适用于完成这一任务，也许它可以作为加强人员身心健康、吸引和保留人才、建立和保持高绩效的领导和文化氛围的全新切入点。

基于我个人在商务领域和体育领域的研究和教练经验，我相信心理坚韧性
133 是可以被教练的。而那些基于优势的策略，诸如欣赏式探询教练相对于其他教练方式更加契合这一目的。教练和负责协调教练及领导力发展的人员可以登录欣赏式探询资源网站www.appreciativeinquiry.case.edu/获取资料，也可进一步阅读本章所引用的文献——尤其是Cooperrider、Whitney和Stavros（2005）以及Ludema等人（2003）的论著。最后，我想用Orem等人（2007，p.201）的话来总结本章：

所有教练都希望他们的客户成功，他们运用任何看上去能够最有效地帮助客户成功的方法。我们也认为，除了成功，兴旺发达对于客户来说也是重要的，对国家、对世界亦然。如果作为教练的我们找到方法帮助客户兴旺，我们就做好了自己的工作。如果我们可以帮助客户认可他们自己有能力做出选择，如果我们能帮助他们掌握环境，和周围的人形成良好的关系，追随他们感觉充满激情的东西，我们就为人类大家庭的进步做了一份贡献。

参考文献

Anderson, H., Cooperrider, D., Gergen, K. J., Gergen, M. M., McNamee, S., and Whitney, D. (2001). *The appreciative organization*. Chagrin Falls, OH: Taos Institute.

Bloom, B. S. (1985). *Developing talent in young people*. New York: Ballantine.

Bull, S. J. (2006). *The game plan: Your guide to mental toughness at work*. Chichester, UK: Capstone.

Bull, S. J., Shambrook, C. J., James, W., and Brooks, J. E. (2005). Towards an understanding of mental toughness in elite English cricketers. *Journal of Applied Sport Psychology*, 17, 209–227.

Connaughton, D., Wadey, R., Hanton, S., and Jones, G. (2007). The development and maintenance of mental toughness: Perceptions of elite performers. *Journal of Sport Sciences*, 26(1), 83–95.

Cooperrider, D. L., and Srivastva, S. (1987). Appreciative inquiry in organizational life. In W. A. Pasmore and R. W. Woodman (Eds.), *Research in organizational change and development* (Vol. I). Greenwich, CT: JAI Press.

Cooperrider, D. L. and Whitney, D. (2005). *Appreciative inquiry: A positive revolution in change*. San Francisco: Berrett-Koehler.

Cooperrider, D. L., Whitney, D., and Stavros, J. M. (2005). Appreciative inquiry *handbook: The first in a series of AI workbooks for leaders of change*. San Francisco: Berrett-Koehler.

Côté, J. (1999). The influence of the family in the development of talent in sports. *The Sports Psychologist*, 13, 395–417.

Côté, J., Baker, J., and Abernethy. B. (2003). From play to practice: A developmental framework for the acquisition of expertise in team sports. In J. Starkes and K. A. Ericsson (Eds.), *Expert performance in sports: Advances in research on sport expertise* (pp. 89–110). Champaign, IL: Human Kinetics.

Csikszentmihalyi, M., Rathunde, K., and Whalen, S. (1993). *Talented Teenagers: The roots of success and failure*. Cambridge, UK: Cambridge University Press.

Fawcett, T. (2005). Perceptions of mental toughness from adventurer/explorer/'medal winning' elite athlete and elite coach perspectives: A grounded theory analysis. In T. Morris, P. Terry, S. Gordon, S. Hanrahan, L. Ievleva, G. Kolt, and P. Tremayne (Eds.), *Psychology promoting health and performance for life: Proceedings of the ISSP 11th World Congress of Sport* [CDROM]. Sydney: International Society of Sport Psychology.

Fourie, S., and Potgieter, J. R. (2001). The nature of mental toughness in sport. *South African Journal for Research in Sport, Physical Education and Recreation*, 23, 63–72.

Gagne, F. (1996). *A thoughtful look at talent development*. Montreal: University of Quebec Press.

Gagne, F. (2003). Transforming gifts into talents: The DMGT as a developmental theory. In N. Colangelo and G. A. Davis (Eds.), *Handbook of Gifted Education* (pp. 130–140). Boston: Pearson Education.

Gordon, S. (2007). Sport and business coaching: Perspective of a sport psychologist. *Australian Psychologist*, 42, 271–282.

Gordon, S., and Sridhar, C. (2005). Identification and development of mental toughness in elite cricket. In T. Morris, P. Terry, S. Gordon, S. Hanrahan, L. Ievleva, G. Kolt, and P. Tremayne (Eds.), *Psychology promoting health and performance for life: Proceedings of the ISSP 11th World Congress of Sport* [CDROM]. Sydney: International Society of Sport Psychology.

Gordon, S., Gucciardi, D., and Chambers, T. (2007). A personal construct psychology perspective on sport and exercise psychology research: The example of mental toughness. In T. Morris, P. Terry, and S. Gordon (Eds.), *Sport psychology and exercise psychology: International perspectives* (pp. 43–55). Morgantown, WV: Fitness Information Technology.

Gould, D., Dieffenbach, K., and Moffett, A. (2002). Psychological characteristics and their development in Olympic champions. *Journal of Applied Sport Psychology*, 14, 172–204.

Gucciardi, D., Gordon, S. and Dimmock, J. Towards an understanding of mental toughness in Australian Rules football. *Journal of Applied Sport Psychology*.

Jones, G. (2002). Performance excellence: A personal perspective on the link between sport and business. *Journal of Applied Sport Psychology*, 14, 268–281.

Jones, G. and Moorhouse, A. (2007). *Developing mental toughness: Gold medal strategies for transforming your business performance*. Oxford, UK: Spring Hill.

Jones, G., and Spooner, K. (2006). Coaching high achievers. *Consulting Psychology Journal: Practice and Research*, 58(1), 40–50.

Jones, G., Hanton, S., and Connaughton, D. (2002). What is this thing called mental toughness? An investigation of elite sport performers. *Journal of Applied Sport Psychology*, 14, 205–218.

Jones, G., Hanton, S., and Connaughton, D. (2007). A framework of mental toughness in the world's best performers. *The Sport Psychologist*, 21, 243–264.

Kelly, G. A. (1991). *The psychology of personal constructs: A theory of personality* (Vol. 1). London: Routledge (original work published 1955).

Kelm, J. B. (2005). *Appreciative living: The principles of Appreciative Inquiry in personal life*. Wake Forest, NC: Venet.

Koltko-Rivera, M. E. (2004). The psychology of worldviews. *Review of General Psychology*, 8(1), 3–58.

Loehr, J. E. (1986). *Mental toughness training for sports: Achieving athletic excellence*. Lexington, MA: Stephen Greene Press.

Ludema, J. D., Whitney, D., Mohr, B. J., and Griffin, T. J. (2003). *The appreciative inquiry summit: A practitioner's guide for leading large-group change*. San Francisco: Berrett-Koehler.

Middleton, S. C., Marsh, H. W., Martin, A. J., Richards, G. E., and Perry, C. (2004, July).

Discovering mental toughness: A qualitative study of mental toughness in elite athletes. Paper presented at the 3rd International Biennial SELF Research Conference, Berlin, Germany.

Orem, S. L., Binkert, J., and Clancy, A. L. (2007). *Appreciative coaching: A positive process for change*. San Francisco: Jossey-Bass.

Orlick, T. (1998). *Embracing your potential*. Lower Mitchum, SA: Human Kinetics.

Reed, J. (2007). *Appreciative inquiry: Research for change*. London: Sage.

Sloan, B., and Canine, T. (2007, May). Appreciative inquiry in coaching: Exploration and learnings. *AI Practitioner: The International Journal of AI Best Practice*, May, 1–5.

Stavros, J. M., and Torres, C. B. (2005). *Dynamic relationships: Unleashing the power of appreciative inquiry in daily living*. Chagrin Falls, OH: Taos Institute.

Thelwell, R., Weston, N., and Greenlees, I. (2005). Defining and understanding mental toughness within soccer. *Journal of Applied Sport Psychology*, 17, 326–332.

Watkins, J. M., and Mohr, B. J. (2001). *Appreciative inquiry: Change at the speed of imagination*. San Francisco: Jossey-Bass/Pfeiffer.

Whitney, D., and Trosten-Bloom, A. (2003). *The power of appreciative inquiry: A practical guide to positive change*. San Francisco: Berrett-Koehler.

第7章

非评判的国际教练：跨文化教练的经验

Charles Hamrick

引言 137

教练与文化息息相关，这就令我们有机会扩展我们的意识，进而扩展我们的能力来服务他人。说到意识，我是指我们对环境的看法和我们跟环境的关系。尤其是，我们延展我们的视角，把可见的对世界的观点和更加宽广的对世界的理解及评判转移到我们的行为中，继而得到我们对宇宙的看法。这些行动未必总是支持我们的目标。从关系上来说，我鼓励对话和分享、质疑和好奇、开放和探索，这样做能重塑我们的行为，令它支持我们价值观、原则、目标、愿景和意图。这些特质有助于教练探索最有效的跨文化互动。

本章涉及印度和中国文化，以东方的视角来看待教练。本章采集了三千年前的印度心灵成长理论“奥义书”（Upanishads）。“Upanishad”一词意为在 138
身旁坐下。在这里，坐在客户身边，教练就有了平等的机会来理解自己与客户的看法，并把这些看法转移到和客户真实的愿景相一致的行为中。汉语中“神”这个字来自象形文字“[illegible]”，它左右两部分“丅”、“⺊”分别取瓦坛和闪电的形象，二者组合起来为“开启”之意，加上代表“人”的两笔“八”，即为“礻⺊”，意思转为“延伸”，再加上“E”、“彐”这几笔，汉字“[illegible]”的意思就转化为“精神”或者“神仙”。中国古代的宗教领袖被称为“灵魂拓展者”。上述两方面构成我对教练在文化内容上的观点：坐在客户身边，让我们自己深入自身意图和目的积极而真实的一面。

我们时常看到文化的影响，却没有真正地了解文化的发展历程。学习是“头脑的软件”（Hofstede，1999），帮助我们采取适应环境的行动。人们经常用自己所熟知的东西评判世界，结果就是我们都经历过被歧视和被贴上类别标签；不过，金钱和权力时常缓解歧视对我们的影响。文化输出令我们寻求和自己相像的人为伴。人们抗拒改变和不熟悉的东西，很少自愿主动分享或放弃权力。

在本章中，对文化的探索旨在加强我们的教练技巧和能力，直至我们深层的意识探险。M. J. Bennett（1993）讲到人们经历文化情形时的6个发展阶段：否认—抗拒—最小化—接受—适应—整合。这对于任何涉及跨文化的教练都是有帮助的；然而，作为教练，我们要在超出发展阶段模型的区域探索，直到对自我有更深层的理解，并能转移我们的意识。看到真实的自我可以帮助我们和他人连接。从古希腊的哲人，到中国的孙子，都认同“知己知彼”这个道理。土耳其诗人、苏菲教（Sufi）大师Yunus Emre（2007）就问道：“如果你连自己是谁都不知道，学习还有什么用？”

还有另一个更明确的因素。孙子一直说区分太阳和月亮并非测试愿景的好方法。日本武士Miyamoto Musashi 在《五环书》（*Book of Five Rings*）中说道：“巨大的东西容易被看到，小东西不易见。”如果要给这些引述背后的含义举一些例子的话，以下的例子也许可以说明问题。我经常在阅读中文书的时候被问到
139 “你读中文吗”，紧接着那人会指着一行字说“你来读读这个”。这些要求的初衷并不是认为我不懂装懂，只是为了了解我的沟通能力——这是人们在当时最易联想到的。在晚饭过程中，我冒昧地对一位在日本备受敬仰的老师言及“我知道‘四十七浪人’（47 Ronin，日本经典历史故事）中有不同层次”，他回应“告诉我你知道什么”。我提到我所了解的三个层次，然后他向后倚着椅背，想了想，轻轻地说：“让我来给你讲讲‘四十七浪人’的七个层次。”

这是不是说，作为教练，我们必须学习文化中最深的层面，才足以沟通和提供教练服务？未必。然而，它的确意味着我们必须要愿意学习，乐于倾听并把文化因素带入已有的流程，而不是只愿意表达我们自己关于宇宙的理论。这是我们

作为国际教练需要上的第一课，了解自己和他人，超出太阳和月亮的区别的范畴。

1970年的夏天，在东京的银座街道上，我学到了许多课程中的关于跨越文化边界的第二课。当时我刚刚从大学毕业，出于对世界的好奇，我接受了一份在韩国的工作，而我父亲在我临行前送了我一把折叠小刀。我把小刀装入口袋，走在街道上，惊叹穿梭的人流竟然如此之多。我的个头高出人群一截，目之所及全是不认识的标志，萦绕于耳的也都是听不懂的谈话，这个地方看上去实在没什么秩序可言。在大约一小时的狭窄街道探险之后，我问自己：“我在干什么？”然后走到垃圾筒旁边，把小刀扔了进去，设想着我再不必为那些和自己不同的事情而恐惧。

这种恐惧是显而易见并且微妙的，它适用于个人环境和全球情况。无论是受冷血战争思维的影响，还是源于中东谢顶男人的警告，恐惧已成为我们不能真正开放地跟与我们不同的人对话的核心原因。Edward W.在他的《文化和抗拒》（*Culture and Resistance*）中说过，“文化是一种对抗灭绝的途径”。我们会在以后探讨跨文化视角下的整个教练过程，而在此时，重要的理解是在觉察出现的地方，想到要探索我们自己和他人，我们便可以把恐惧转移到实际的、有趣的和有效的行动上。

和这种恐惧密切相关的是评判，即我们如何看待有可能看上去和我们不同的其他人。如果我们不评判，所有人都将成为我们的老师。沿着东京的六本木街道走着，我看到一个人从后街朝我走来。我的第一反应是怀疑他是否要抢我的钱，
或别的什么。然后我让自己平静下来并静观其变。几周后我又在主街道的咖啡馆 140
里看到他，他好像刚从家走出来，跌跌撞撞地独自走着，每隔几分钟就扶着墙喘粗气，然后继续走到街角，转过弯回家了。正如Hafiz所说：“这个世界上没有人不在寻找上帝 / 每个人都尽他们的所能 / 以其尊严、勇气和风格 / 长途跋涉。”

第三个我经历的有关文化的小教训，得于两年前我在马来西亚黄昏中的森林远足。汩汩的溪流流过苔藓覆盖的岩石，太阳正在树丛和迷雾中下落，蝉栖身在一束束竹子间，开始了它们的又一个不眠之夜，芦苇在微风中摇曳，在它的高

处栖息着蝴蝶，黑白相间的翅膀随着树叶的频率扇动着。这美丽景象在我眼前展开，令我驻足不前，直到雷雨降临，提醒我回到路边自己的车上。那晚我去了书店寻找我看到的那种蝴蝶，我看到了书上的照片便买下了它。回到家，我开始读这本书，当读到“不是特别有趣的物种……门纲目科属种……”时，我把书丢进垃圾筒，让它和我初次到日本探险时丢掉的小刀做伴去吧。

回顾这些教训是值得的，它是一个教练跨边界工作的关键。我们思考自己，学习我们是谁，了解自己的企图，利用我们的企图来证明自己的个人实相，并做出调整。我们克服恐惧，用纯净新鲜的眼光看待他人，用好奇心来探索。我们超越简单表面的视角，从一个更宽广的角度来看我们的周遭。就像老子说的，“和其光”。

文化规范和谬误

在每个人眼中，我们不仅看到不同的物质，也看到不同的方式。几年前，我
141 在日本湘南参加一个论坛，当时，某大学教授提到美国人以同样的方式看待中国人和日本人，类似地，中国人也以同样的眼光看待美国人和日本人，而在日本人眼中，中国人和美国人也相差无几。美国人倾向于关注亚洲人如何表现得不可预测，中国人则倾向于看到美国人和日本人滥用其政治经济权力。如果谁阅读了历史上亚洲人在19世纪末期和20世纪初期的权利转移过程，就会非常清楚这一点。当看到地图上的日本夹在美国和中国这样的大国之间，人们大可猜想日本人的感受。因此，只看到区别远远不够，还应看到区别生成的过程。

有很多极具影响的边界，它们包围着语言、宗教、价值观、政治、技术、教育和社会秩序。这些千变万化的东西都影响着我们的决定、所看到的风险与创新、回报体系、重大的转折点、发展历程、忠诚和关系的概念。

这一全球化的差异性引出了不同形式的边界。宽泛地说，这些形式包含个体差异、文化差异和环境差异。在个人层面，性别、身体素质、年龄、性格类型、

性取向、教育、婚姻状况、经历和财富状况都可以度量其差异。文化层面的差异是由种族、原籍和语言、音乐艺术、宗教信仰和灵性、价值体系，还有可接受的行为来决定的。环境差异包括国家和种族商业风格、行业规则和文化、经济和科技基础、谈判风格以及地理位置等。

我的感受是，北美人倾向于用个人的视角来看待问题，而在多元的文化中，亚洲人倾向于从环境和文化的视角来看待问题。这些不同的视角引领我们问不同的问题，观察不同的属性，从而导出不同的结论。美国人也许会迅速地观察到坐在对面的中国人的体态差异及其观点，而中国人似乎在探求美国人的处事原则。

对于国际教练的看法是多元的：对一个新的文化，我们从外向内看；对我们自己的文化，则从内向外看；直到两者一致之处，并在我们自己的文化中反省自我。当我们从外部注视另外一种文化，通常需借助于某种看待行为和价值观的模式，这些我们会在下文中讨论。当观察其他文化时，我们便可以开始看到文化间的关系，然后联系到我们自己。这种沉思能够强化我们自己的文化，让我们领悟到每一个人都可以成为自己的老师。

举个例子，我们也许会认为中国、日本和韩国的文化很相近，但其实它们之 *142*
间在我们刚刚讨论的所有层面上都有着巨大差别。即使在运用汉字方面，也因不同文化下根深带固的行为差异而存在细微的差别。比如，在中国，如果一个人对关系、面子、人情有着良好的理解，并且处理得当，办事就像网球落在网球拍的最佳击球点上那样顺畅；但是，在韩国和日本，这些关系则像用松散的网球拍击球一样，无益于事情的发展。这是因为，关系概念在被不同国家吸收时，经历了儒家、佛家和道家几百年的巨大变迁。文化并未造就不公平的优势，因为所有人都使用同样的工具，遵循同样的流程；只是游戏不同而已，它令我们学习不同文化的特色。

文化是复杂的，所以普遍化经常和多元化概念一起被提出。文化经常被比作冰山，价值观和信念处于水面之下，行为只占小部分，在水面之上。这些文化的维度就像权力差距、独立、关系、实用主义、不确定性避免和共同体，然而在实际中，它们又不断变化、相互重合。

发现、标注和区别对待有可能会促使科学某些方面的进步，同时也使这种科学进入美丑贵贱的比较世界，经常导致不恰当的度量和标注。Carlos Romulo是一名菲律宾外交官，他曾经把美国人比作钻石，把菲律宾人比作珍珠。这个比喻很给力。钻石的切割面是锐利的、清晰的，它通常是独立的，吸引着他人的注意；珍珠是细小微妙的、不透明的、成串的，温柔地祈求着别人的注意。诚然，谁能真正地判断两者的相对价值？

对文化理论和框架加以衍生，会导致错误的结论，其结果本身也常常不尽如人意，无法解决文化中的困境。两位社会学家——Geert Hofstede和Fons Trompenaars用维度来解释文化差异，他们的研究对希望拓展文化理解的人大有裨益。这同寻找太阳和月亮的差异来发现真相如出一辙。

举个例子，一项有关不同文化间互动的重大维度就是Trompenaars的发现的特定的文化和传播的文化。在特定的文化中，生活的方方面面被区分开来，其叙述是更加直接的，一个人的道德立场和所涉人物的道德立场相互独立；在传播的
143 文化中，生活的不同方面是相互关联的，叙述是比较委婉和模糊的，一个人的品行表达更加依附于环境。另一个看待跨文化的方法是：在西方，行为倾向于驱动人际关系——当我们做出任何举动，都会带动人际关系；在东方文化氛围中，关系驱动行为——我们因为和别人的关系，选择相应的行为。

障碍是，研究手段中的问题常常带有文化的前提假设。比如，其中一个有关特定和传播的问题涉及一个人是否愿意在周末协助雇主粉刷其房屋。文化的假设令是否粉刷房屋变成衡量文化的两极标准。

这种假设是禁不起推敲的。在印度，当我问许多印度的朋友和客户这个问题时，他们会问："为什么有老板会提出这样的要求？劳动力是很廉价的。"或会联系到印度传统的等级制度。在更远的中国，在国有企业，人们被严格的社会秩序约束，也许会有人协助粉刷房屋；然而，在上海，很多商业高管会转动着他们的眼珠，咕哝着说老外实在不明白中国文化。所以，有两个错误显现了：一个是不恰当地歪曲了统计数据的结果；另一个是错误地假设人们从中国西部的国有企业走出来，其实文化正在改变，因为中国人的思维正在朝西方的维度演变。

这并不是说文化不演变，事实上，政客们时常践踏文化。Calvin在四格漫画《卡尔文和霍布斯》（*Calvin and Hobbes*）中嘲讽道："历史是我们发明来说服自己，让我们相信生活是有序和有方向的谎言。这就是为什么当价值观改变时，事件真相也被重新揭示了。我们需要新的历史版本来允许自己当前的预判。"

当然，Trompenaars和Hofstede仍旧非常支持了解文化差异的研究。作为教练，我们必须恰当地在超越普遍原理时运用学到的东西。这些普遍原理对于我们退一步在更大的范畴中来看文化是有帮助的。比如，我们说美国文化以独立、自强、实用主义、行动、变革和平等为特质。尽管美国文化是由多种文化组成的，不管是拉丁、亚洲、非洲或欧洲出身，其身上体现出的美国文化仍然和各组成部分的文化不同。

比如说中国，东北人的行为和南方与西部的人都不同，饮食和价值观也有差 *144*
异。当中国人被问及文化差异的程度和美国有何不同时，大多数人回答说比美国的差异幅度要大，有的人甚至说中国文化是非常平面的，就像沙子一样。然而，这些文化差异中潜藏的理念、语言以及行为在三千年前是同宗的。

儒学和教练

这两者的一致对教练理论和实践有着巨大暗示。三位伟大导师论证了中国式的思想、哲学和关系：孔子、老子和佛陀。战国时期（公元前771—公元前221年），百家争鸣，众多思想家在互相的挑战和论证中传播着三位导师的思想。

在探讨这些对于教练的意义之前，我们必须回到德国哲学家Karl Jaspers所称的轴心时代（Axial Age）——公元前800—公元前200年，发生了像中国、印度和欧美国家那样的思维革命。Karen Armstrong 在《伟大的转变》（*The Great Transformation*，2006）中讲到在此期间世界上重要宗教的逐步形成，并同反对它们存在的声音进行辩论。四大古代河流文明——尼罗河、底格里斯河和幼发拉底河、印度河和恒河，还有黄河，汇聚成两支信仰体系——地中海体系和东方体系。最终，希腊理性主义越过高山去到中国，继而通往韩国和日本，从而形成两种截然不同的思想体系——西方文化和东方文化。

进一步讲，西方文化崇尚科学，注重信仰，而东方文化则偏好复杂多变的信条和实践。用和教练工作相关的话来说，源于中国的儒释道以中国的方式真实地回应了西方的政治宗教文化。

作为和中国人一起工作的教练，这三个哲学体系运用高度可行的教练隐喻和大量暗示，对跨文化教练有着重要意义。孔子倡导关系和美德，认为生活并不是传统，而是一个课题，有待文明的解答。他从家庭开始，把关系的能力扩大到社区、国家和人类。他谈到人的特质在关系中的运用、人类的概念、礼节、知识和仁。

145 汉字的象形文字体现了其价值观："仁"字有一个人字旁，另外一边"二"意指两个人在对话。这个字包含了灵性和礼仪，体现了精神和礼节的统一。"礼"字包含了精神和祭祀容器的符号，象征团结的精神与形式。"正直"包含了山羊和人的符号，标志着我们应如何对属于自己的东西负责。"知识"变成了从口中射出来的箭。而"诚实"则以预示一个人要讲真话的"犄角"来表示。孔子言传身教四大自由，即大师要杜绝四种毛病：主观臆断、绝对肯定、固执己见、自以为是[1]。孔子挚爱学习，因为他是"为了知识本身而学习"。他提倡中庸之道，简单来说就是，能使你乐之物也能使你悲，因此要选择与当下适应的方式方法。

我在研究老子的《道德经》时发现，有三个主题对教练实践有指导意义。第一个主题是应对悖论、暧昧和"流"（flow）：

• 道可道，非常道。

• 天长地久，天地所以能长且久者，以其不自生，故能长生。是以圣人后其身而身先，外其身而身存。非以其无私邪？故能成其私。

• 上善若水。水善利万物而不争，处众人之所恶，故几于道。

第二个主题是非常个人化的，它提出三大要义：

① 源自《论语》。"子绝四：毋意，毋必，毋固，毋我。"——译者注

- 首要的是仁，从而获得勇气。
- 其次是简约，而后得到力量。
- 第三是不把自己放于首位，从而才可以影响他人。

第三个主题和教练密切相关，它谈到三种领导模式：

- 通过制造恐惧来领导。
- 通过组织来领导。
- 无为而治——当大师离开时，人们说："我们自己做了这些。"

佛陀深刻地指出了教练过程中的一个重要方面：我们生活的世界充满危难和艰辛，然而还是存在和谐之处的。只要跟随正直的行为、思想、意图、警觉和深思，我们就有方法从危难走到和谐。

这里我们看到了教练的真谛：关系、跟随自然和自我发现，它们导向有效的行动和实践，并且内化到我们可以把自己带到更远的探索我们是谁的地方，那也 146
是我们想去的地方，是我们即将到达的地方。

在全球范围开展教练——成为国际教练

要做什么来使教练立足于全球，从而可以在全球范围开展教练？我认为，首先要有能够从经验中学习的能力。这涉及好奇、享受和挑战，开发自己的理解，以及寻求行为上的反馈。其次要有在模糊情形下管理复杂事务的能力。这两种能力交织在一起，可以让人理解文化，适应和掌握其灵活性，对其暗示做出反应，能够在个人意识不断扩大的同时重新评估优先级。

其他优势和特点包括：接纳——它生成尊重；知识——它展示趣味；互动——它激发关系和灵活性，令你与他人同步。回顾前述个人理解、远离恐惧和超越范式的能力。加在一起，我们便可以设立一系列的能力和特质，从而确定什么是可以跨越边界的教练。

中国有句俗语："意图驱动精神，精神推动力量。"精神在这里指和仁慈有关的、深藏于宇宙的能量，力量就是心理、精神和情感上驱动行动并组织结果的能力。而一位智慧的良师挚友却经常反驳我——“意图就是阻挡结果的墙”。

我们在不同层面上进行教练活动。我们教练的范畴包括意图和觉察——询问他人的觉察。我们教练他人的优势以及他们驾驭自己的能量以获得成功的能力。我们对成功的教练过程也应显示我们的意图和激情。在所有层面上，我们教练人们对意图的觉察，教练他们的优势和成功；我们也教练人们对发展意愿的理解和如何表达并实现这些意愿。

在工程学院，我学习到使用框架、模型和范式来解决问题。在亚洲生活了几年，我认识到有些模型并不适用，应该做的反而是忘记那些模型并且开拓新领域。当我们掌握并应用一个模型时，特别是在跨文化的情况下，我们所做的其实常常是试着把圆形的木桩插入方形的洞中。

147 我的看法是双重的：第一，模型是为我们服务的，它倡导学习，它一直提醒着我们，直到我们内化了学到的东西。第二，模型也服务于权威。无论是用盈亏表，或记录病人医疗进程的工具，还是一个别的什么架构，两者都有关健康，一个是组织的，一个是个人的。存在于这两种情况下的权威都需要用到模型。因此，如果要解释什么是大师，可以说，大师就是尊重权威并服务世界的人。

模型在此处激发的一些东西可能在彼处被掩盖。衡量标准、模型、范式和概念，不论好坏、对错，都是训练的手段，直到你可以完全让能量在你和身边的人之间流动，同时在你内里流动。这种流动称为“忘我”——完全沉浸于运用我们各个方面的能力，完全和存在连接。有时，和文化一样，模型可以像面纱一样挡住我们的双眼，让我们看不到我们是谁以及我们所服务的对象是谁。这种影响或许很微妙，但的确存在。

教练的过程

尽管有可能违背我的上述提法，但确实有一个非常适用于教练过程的模型，它基于老子和亚里士多德的思想，后被埃德蒙德·胡塞尔（Edmund Husserl）重新提出。亚里士多德和胡塞尔提到“存而不论”（epoché）的概念，允许自己和周遭产生共鸣，而不多加评判。老子将此描述为“空和探非”——视之不见，听之不闻，搏之不得。

作为教练，我们寻求客户所关注的和渴望的别样体验；我们和客户一起观览周遭世界；我们提出问题——“你的世界友好吗”，进而积极正面地、心存感激地、非评判地探索其内在资源。当我们探索并有所感悟，我们就会受到启发，从而以一种全新的方法寻求一致于我们是谁的目标。

在此，我们展开行动，克服对失败的恐惧——其他人也许会认为这种恐惧源于我们自身的局限。我们学习新的行动、新的行为规范，而后实践，直到这种新的方法被内化。这种内化引出改变，就是我们在本章开始时提到的改变，它引导我们理解自己和所有存在的关系，让我们达到一个新的层面，重新表达我们的经 148
验。至此，我们便可以在更高新的能量重启“空”的过程。

我的体会是，探索、觉察和行动，是基于经典的，是开拓新世纪的。看到这些，老子恐怕也会会心一笑。

我的经验是，在实际的教练会谈中，这个流程会导出两种结果：一种结果是沉默——所有都已谈尽的情况。我们西方人往往是不习惯于沉默的。此情此景之下，第二种结果聚集了优势——愉快的行动计划让我们阐明自己的意图，并处于一种喜悦的状态之中。

我要和所有的教练切磋，来提升我们的意识，丰富我们的经验，学习放下惯例并相信内在。是时候让我们在教练过程中放下分离的残余想法，并朝着把我们自己和我们服务的对象视为整体的方向转变。这个世界变化太快、太多元，有太多引爆点允许主宰来引导我们。我所指的并非指宗教范畴的主宰，而是那个纯洁的、从内而外的、非评判的、原谅一切的地方。

参考文献

Armstrong, K. (2006). *The great transformation*. London: Atlantic Books.

Bennett, M. J. (1993). Towards ethnorelativism: A developmental model of intercultural sensitivity. In R. M. Paige (Ed.), *Education for the intercultural experience* (2nd edn), (pp. 21–71). Yarmouth, ME: Intercultural Press.

Hofstede, G. (1999). *Cultures and organizations: Software of the mind*. New York: McGraw-Hill.

Yunus, E. (2007). Knowledge should mean a full grasp of knowledge, retrieved on 20/8/07 from http://www.poetry-chaikhana. com/E/EmreYunus/ Knowledgesho.htm.

‖ 第8章 ||

通过教练干预减轻工作压力

Kristina Gyllensten

引言 149

工作压力是一个严重的问题。不同的干预手段可以用于减轻工作压力，也有不同类型的专业人士致力于该领域。虽然教练并非一个最常用的减轻压力的干预手段，但仍然可以用于此处（Hearn，2001）。

不幸的是，有关教练和压力的文献非常贫乏，教练对压力影响的调查研究也并不充分（Gyllensten & Palmer，2005a）。所以，本章的焦点是加深我们对教练和工作压力的理解，旨在对参与诸如减轻或预防压力等干预的人，以及有兴趣对工作压力教练服务进行评估的人提供帮助。我将从概括教练工作压力的重点开始，然后概述在这个领域相关的研究，其中将重点介绍由Stephen Palmer博士对教练和压力的研究成果。最后将在对未来研究的建议和关键学习要点总结中结束。

教练 150

“教练”有若干个不同的定义。在本章中，我使用Grant（2001a，p.8）对工作环境中教练的定义：“以解决方案为焦点的，以结果为导向的系统过程，用以引导被教练者提升工作绩效，强化自我导向的学习，实现个人成长。”

不同的理论和方式被运用到教练实践中。诚然，一直有说法指出教练实践基于不同领域的混合概念和方法，比如传统的组织发展、成人学习、管理培训、行业或组织心理学，以及通用咨询技巧（Kilburg，1996）。Grant（2001a）提出，心理学的原则，尤其能够通过提供理论基础和发起科学研究，对教练领域做出巨大贡献。教练心理学在很多地方都有很好的发展，比如澳大利亚和英国（Palmer & Whybrow，2005）。教练心理学植根于心理学的原则和其他对个人有积极影响的技能、模型和方式（Palmer & Whybrow，2005）。

工作压力

英国健康与安全执行局（HSE，2001）指出，工作压力是一个和悲观心理学、心理学和经济影响相关的严重问题。该局通过一项调研发现，在英国大约有50万人认为自己承受着压力、焦虑和抑郁。更有估测说有1 280万天的压力、焦虑和抑郁的困扰与工作相关（Jones，Huxtable，& Hodgson，2004）。此外，一项涉及欧洲4 700万人的调研发现，28%的被访者反馈说他们遭受压力困扰（就业和社会事务部，1999）。在美国的一项调研中，40%的被访者说他们的工作是“非常或极其紧张的”（国家职业安全卫生研究所，1999）。这些调研指出，无论是在欧洲还是美国，工作压力都是个大问题。

工作压力，也就是紧张，可以用多种方式来定义，Palmer、Cooper和Thomas
151 （2003，p.2）提出的定义如下：“紧张在你认为压力超出自己的能力可控范围时出现。”这种认知的定义凸显个人对于紧张的看法。英国健康与安全执行局（2001，p.1）提出一个更加关注外部压力的定义：“工作压力是人们对于过分的压力或其他要求的不良反应。”新西兰职业安全健康协会（2002，p.4）的定义是：“工作压力是一个人同其工作环境的互动，对个人而言是对不能满足工作环境需求的意识，同时伴随不满情绪的响应。”本章在研究工作压力时，会经常提到压力源和负担，这两个词也是非常重要且需要定义的。可能成为压力来源的环境因素被称为“压力源”，个人对压力源的反应被称为“负担”（Cooper，

Dewe, & O'Driscoll, 2001）。图8-1所示的工作压力模型（摘自Palmer, Cooper, & Thomas, 2004）突出了潜在危险、压力的症状和负面结果之间的关系。

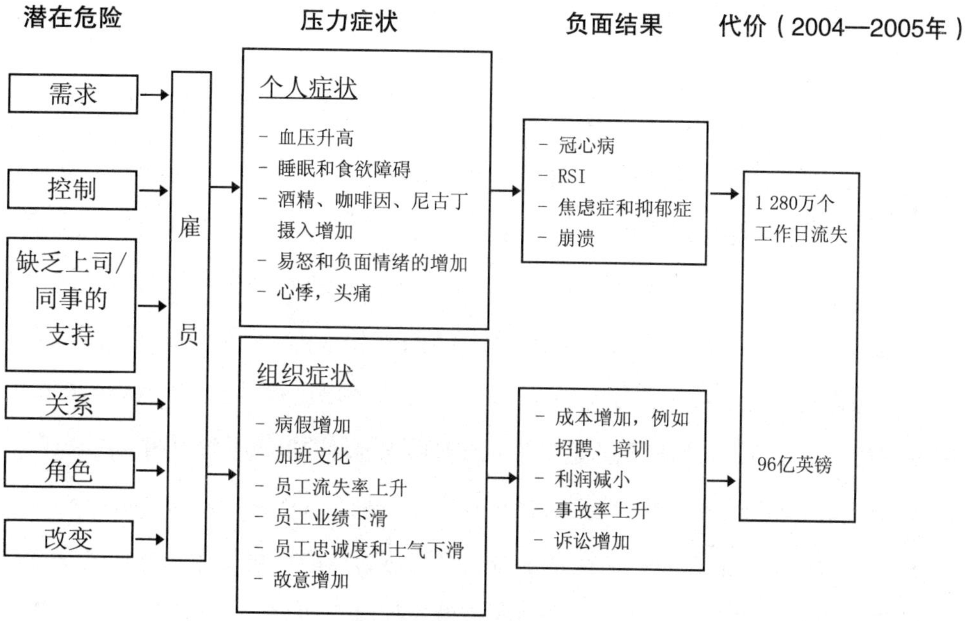

图8-1　工作压力模型

教练和压力

152

有种说法是教练可以减轻压力（Busch & Steinmetz, 2002; Jones, 1996; Mangell & Neld, 2003; Meyer, 2003; Willis, ND; Zeus & Skiffington, 2003）。英国特许人事和发展协会（CIPD, 2004）指出，减轻压力是教练的普遍益处之一。基于此，教练被个人和组织用于改进绩效、达到目标和管理压力（Palmer, Tubbs, & Whybrow, 2003）。本章的焦点是个人和压力，不过教练也可用于发现和改变组织压力源。比如，在教练个人的过程中可能浮现出一些需要以指出组织问题为策略的模式，这些组织问题包括组织结构、工作条件、流程和期望，它们都会促成压力的形成。

对压力的体验都是独特的，对于一个人来说是压力的东西，对另一个人而言也许就是积极的挑战。基于客户的独特需要灵活运用，教练就是有用的，能指出可以导致压力的不同反应。是的，教练可以通过直接和间接的方法有效减轻和预防工作压力。

Hearn（2001）指出，通过帮助客户发现压力的来源，找到改变的策略并发展长足有效的解决方案，就可以在教练过程中减轻压力。另外，教练干预可以帮助个人改善其在某特定领域中的短处，以减少由此产生的压力源，从而间接地减轻压力（Gyllensten & Palmer，2005a）。比如，一个人也许在做报告的时候和做报告之前感到非常紧张，教练可以帮助这个人挑战和重新构建那些对其无益的信念，同时改进其报告技巧。作为教练的成果，这个人可以在做报告的时候体验到较少的紧张感，可以管理任何出现的紧张，并且对未来要做的报告感觉更加放松。

另一个教练可以协助减轻压力的例子是减少拖延（Neenan & Dryden，2002）。对习惯拖延的人而言，拖延本身也制造压力。教练可以帮助这些人挑战和拖延相关的无益信念，如“我可以在明天做这件事”或“这太无聊了”，并发展更多有益的行为。作为结果，这些人会更加具备减少拖延的能力，减低把事情延后所带来的紧张感。

到目前为止，这项讨论仅仅关注个人和紧张感，但教练也是可以帮助组织发
153 现和改变压力源的。比如，如果一个关键人物接受教练，他也许会更乐意聚焦在帮助组织改变的战略性问题上。

有关教练和压力的研究

对教练和压力的调研从一开始就很贫乏（Gyllensten & Palmer，2005a）。然而，一些案例研究指出了教练的好处之一就是减轻压力。此外，少数定性和定量的研究已经指出，教练的影响对象之一即是压力。

案例研究发现，教练可以降低客户的压力水平，这在Ascentia（2005）、Hearn（2001）、Marotta（1999）以及Palmer、Cooper和Thomas（2003）的报

告中被指出。Richard（1999）演示了一个运用多元模型的案例，描述了高管教练对一位女性高管的作用。教练服务持续了10个月，在这段时间里，这位高管负责组织中的重大变革。问题和评估在多种形式下得以讨论，诸如行为、影响、感觉、意象、认知、个人和生物领域。在这个被Richard（1999）描绘的模型中，教练评估了上述7个维度，并且在每个维度下不断计划认知行为的干预。根据客户的反馈，教练帮助她了解和应对工作上的需求和压力，她反馈说她在工作之外领域中的人际关系也得到了改善。一系列的干预手段被运用到她的案例中，包括：改变认知反应、向上司寻求支持、学习应对问题雇员的策略、制作时间表等。这些研究指出教练可以减轻压力，虽然这并不是教练关注的主要领域。

Wales（2003）通过一项定性研究来探索经理人对教练的体验。教练被用作个人发展工具并且为个人的需要和目标量身定制。相关数据以现象学和“压力管理”及“工作—生活平衡”结合的方法来分析。很多参与者都报告说他们在教练初期感受到了高度的紧张感，然而，在一段时间的教练之后，参与者们报告他们感觉更加平静、包容和较少的愤怒，更能应对工作和生活中的压力。根据Wales（2003）所说的，教练提供了一个安全的环境，在那里经理人可以和他们的教练探讨，找出应对的技巧，并尝试不同的行为。此外，有些教练鼓励讨论引起紧张的源头和减轻压力的技巧。经理人也提高了积极管理生活中不同角色的能力，他 *154*
们反馈说他们更加能够对影响自己和家庭的决定负责。

另外一项研究结合了定性和定量的方法来调查教练对一组企业高级行政管理人员的有效性（指南针非营利服务机构，2003）。成员中最普遍的个人目标就是改进他们在处理工作—生活平衡方面的有效性，排位第四的目标就是减轻压力。三项调研的项目都有关于对工作压力水平的看法，崩溃也被包括在其中并要求被评估，但是在基本测试结果和教练后测试结果间没有发现显著的变化。尽管调研结果中缺乏统计差异，在定性部分的研究中，教练实际上帮助了参与者减轻压力、避免崩溃。参与者指出，教练鼓励他们定期花时间在他们自己身上，同时理解自我关怀的重要性，以此来减轻压力。另外，他们也发现，随着教练过程的开展，自己更加有能力应对未来的各种感觉和可能的崩溃。总体来说，参与者报告说他们对教练体验非常满意，他们在5分制的评估中给出了4.6的中位评分（指南针非营利服务机构，2003）。有意思的是，定性研究表现出教练对于减轻压力有帮助，而定量方面，指南针非营利服务机构（2003）的研究并不支持这一说法。研究者指出，与工作相关的压力和崩溃是被许多不同因素影响的，非常复杂。

Grant（2001b）通过一项定量研究调查了认知、行为和认知—行为教练方法的效果。样本和研究结果一致，它表明所有这三种教练方法都显著地减轻了焦虑。他也调查了三种方法对抑郁、焦虑和压力水平的改变程度，结果发现只有认知教练方法显著地减轻了抑郁和焦虑，抑郁、焦虑和压力水平在行为和认知—行为教练方法下并没有显著缓解。Grant（2003）还进行了一项更深入的研究，它评估人生教练对以毕业生为样本的教练过程中在目标一致、元认知、抑郁、焦虑和压力方面的有效性，该教练过程基于认知行为理论和以解决方案为目标的原则。有意思的是，虽然精神健康并非研究的目标，Grant（2003）发现，抑郁、焦虑和压力水平在教练之后显著减低。教练也有益于生活质量的改进和目标达
155 成。基于这些研究发现，Grant（2003）建议未来的研究应该调查人生教练在加强幸福感方面的有效性。

这些研究显现了不同的有关教练和压力的发现。案例研究显示教练有助于减轻压力，虽然这并非教练的焦点。定性研究发现，教练帮助减轻压力（Wales，2003；指南针非营利服务机构，2003）的问卷数据表明，压力没有在指南针非营利服务机构（2003）的研究中得以缓解。然而，Grant（2003）发现压力能通过教练得以减轻，虽然它并非教练的目的。所以，我们可以说，Grant的定性研究支持了教练能够以间接的方式减轻压力的论点。

案例：教练和压力研究

以下将描述一项关于教练和压力研究的结果。该研究由三部分组成，此处将指出所有三项研究的摘要，而更加详细的每一部分的研究被刊登在他处（Gyllensten & Palmer，2005b，2005c，2006）。研究的目标是调查教练是否

可以帮助减轻工作压力。

第一部分

研究的第一部分将英国一个金融组织中的一组教练参与者（N=16）和对照组（N=15）进行比较，衡量在教练前和教练后的压力水平。教练组接受平均每人4小时的教练会谈。教练干预没有任何特定的限制，只是聚焦于特定的被教练者希望关注的议题。一项重要的教练内容是反思倾听。GROW模型（Whitmore，1992）在教练中被运用。不同的技巧，诸如肯定卡片、意象体验、认知重组和自信训练也被运用。而对照组没有接受任何干预。

研究用有效和可靠的抑郁、焦虑和压力量表-21（DASS-21，P.F.Lovibond & S.H.Lovibond，1995）来测量压力。在接受教练前，教练组和对照组报告了相近的抑郁、焦虑和压力水平。在接受教练后，教练组的焦虑和紧张感减轻了更多，相较对照组而言，显示出更低的水平（见表8-1）。尽管如此，当ANOVA（被用于 *156*
测试群体间教练前后差异显著性的指标）被混合后，这些差异并不显著。此外，对照组的抑郁水平比教练组降低得更多。

总体来说，这一结果显示教练并没有显著减轻压力。然而，教练组成员以7分制中平均6.43的评分一致反馈教练是有效的。因此，研究并没有论证教练组和对照组压力水平在统计上的不同，但是教练组成员报告他们发现教练非常有效。因此，搞清楚教练究竟在哪些方面有效就很重要了。

表8-1　参与者在教练之后的DASS评分

	抑郁 最高=42		焦虑 最高=42		压力 最高=42	
	中位	S.D.	中位	S.D.	中位	S.D.
教练组（N=16）	7.50	8.18	2.63	3.63	9.25	8.70
对照组（N=15）	6.80	5.39	4.80	5.44	12.13	9.99
合计（N=31）	7.16	6.87	3.68	4.64	10.65	8.98

第二部分

第二部分研究调查的是教练和压力之间的关系。英国的一个金融组织和北欧的一个电信组织参与了此项调查（N=103）。教练组成员接受平均4小时的教练。在第一组教练结束时，对教练组和对照组的压力水平加以衡量（也运用DASS-21）。两个组都报告了相近的抑郁、焦虑和压力水平。多种回归分析显示教练组的压力水平并未明显降低。然而，教练组成员又一次以5.64的分值评估报告了教练的有效性。

157

第三部分

第三部分以定量的方式来研究。从两个组织来的参与者被采访到他们在教练中的体验（N=9）。采访的结果以诠释现象学分析的方法（Smith & Osborn，2004）和4种主题整合的方式来处理。“压力管理”是主要主题，研究发现教练间接地帮助参与者减轻压力并增强其自信，能对过度的工作说“不”，并提高了解决问题的能力。参与者报告说他们应对压力的能力在教练中得到了提高，很多参与者表示愿意用教练来应对未来的压力问题。尽管如此，研究也发现教练本身可能因为被认为“浪费时间”和未能导出任何行动而引起潜在的压力。

“教练关系”成为下一个主题。这一关系得到参与者的重视，并被认为对教练有效性非常重要。教练关系中的信任和透明是至关重要的。另一个主题是“自信”。教练有助于增强自信，获得相关的益处，包括改进绩效、更坚定和自信，以及工作之外的益处。“教练＝投资于员工”被认为是最后一个主题。事实是，组织提供教练被视为雇主关心和珍视员工的一个信号。

研究摘要

以上三部分的研究生成了不同的发现。第一部分中教练并未显著地减轻压力，第二部分发现通过教练不一定能降低压力水平。然而，第三部分中的一项发现显示教练确实间接地减轻了压力。对于以上差异，一个积极的解释是，第三部分研究的参与者也许代表少数发现教练能有效减轻压力的个人。其他教练客户也许并没有报告如此乐观的教练减轻压力的效果。另一个解释是，也许要找出显著的差异，需要比第一部分更多的参与者。确实，第一部分测试的参与者不多，不足以达到0.80的说服力——这是Clark-Carter和Marks（2004）建议的最低水平。所以，数据不足是研究的重要局限。尽管如此，在第二部分和第三部分的研 158
究中也显示出对教练有效性的高度认可。所以，教练有可能对于目标的特定问题有效，而非对于显著降低压力水平有效。

未来的研究

工作压力是一个严峻的问题，而教练正在扩大和发展，人们也会日渐注重用教练来减轻压力。因此，未来对教练有效性的调查研究便有着其深远意义。调查工作环境教练的有效性和增大随机样本都是必要的。Grant（2003）发现认知—行为人生教练和以解决方案为导向的人生教练可以改善精神健康，并且有助于特定教练方式对减轻工作压力的调查。

未来的定性研究也很重要，因为它常常具有捕捉丰富的教练体验的潜力。这项研究可以调查教练在哪个层面有作用，以及在哪一点上对于人们发展减轻和避免压力的策略有帮助。另外，未来的研究可以调查定性研究和定量研究的差异，发现二者在目前和以往的研究中的不同。

结论

本章提出了教练和压力的议题，以及教练有助于减轻压力的观点。有一些研究就专注于这一议题，一些研究和案例分析显示教练对于减轻压力是有帮助的。此外，本章演绎了教练并非必须专注于减轻压力。如果压力是一个主要问题的话，似乎教练可以对于减轻压力这一特定目标实施有效的干预手段。最后，需要记住压力是一个复杂的多元因素的现象。的确，关注个人和组织的同时，不同干预手段都需要处理这一严重的问题。

参考文献

Ascentia. (2005). Case studies. *International Journal of Evidence Based Coaching and Mentoring*, 3(1).

Busch, C., and Steinmetz, B. (2002). Stress management and management. *Gruppdynamic und Organizationsberatung*, 33, 385–401.

Chartered Institute of Personnel and Development (CIPD) (2004). Training and development 2004. Retrieved 1 September, 2005, from http://www.cipd. co.uk.

Clark-Carter, D., and Marks, D. F. (2004). Intervention studies: design and analysis. In D. F. Marks and L. Yardley (Eds.), *Research methods for clinical and health psychology* (pp. 145–165). London: Sage.

CompassPoint Nonprofit Services. (2003). Executive coaching project: Evaluation of findings. Retrieved 28 January, 2005, from www.compasspoint.org.

Cooper, C. L., Dewe, P. J., and O' Driscoll, M. P. (2001). Organizational stress: A review and critique of theory, research and applications. London: Sage.

Employment and Social Affairs. (1999). *Health and safety at work: Guidance on work related stress－Spice of life－or kiss of death*? Luxembourg: European Commission.

Grant, A. M. (200la). Towards a psychology of coaching. Retrieved 12 May, 2003, from www.psych.usyd.edu.au.

Grant, A. M. (200lb). *Coaching for enhanced performance: Comparing cognitive and behavioural approaches to coaching*. Paper presented at the 3rd International Spearman Seminar: Extending Intelligence: Enhancement and new constructs, Sydney.

Grant, A. M. (2003). The impact of life coaching on goal attainment, metacognition and mental health. *Social Behaviour and Personality*, 31, 253–264.

Gyllensten, K., and Palmer, S. (2005a). Can coaching reduce workplace stress? *The Coaching Psychologist*, 1, 15–17.

Gyllensten, K., and Palmer, S. (2005b). Can coaching reduce workplace stress? A quasi-experimental study. *International Journal of Evidence Based Coaching and Mentoring*, 3(2), 75–87.

Gyllensten, K., and Palmer, S. (2005c). The relationship between coaching and workplace stress: A correlational study. *International Journal of Health Promotion and Education*, 43, 97–103.

Gyllensten, K., and Palmer, S. (2006). Experiences of coaching and stress in the workplace: An interpretative phenomenological analysis. *International Coaching Psychology Review*, 1, 86–97.

Health and Safety Executive (HSE). (2001). *Tackling work-related stress: A manager's guide to improving and maintaining employee health and well-being*. Sudbury: HSE Books.

Hearn, W. (2001). The role of coaching in stress management. *Stress News*, 13(2),15–17.

Jones, J. D. (1996). Executive coaches. *Mississippi Business Journal*, 18, 5–7.

Jones, J. R., Huxtable, C. S., and Hodgson, J. T. (2004). *Self-reported work-related illness in 2003/2004: Results from the labour force survey.* Sudbury: HSE Books.

Kilburg, R. R. (1996). Executive coaching as and emerging competency in the practice of consultation. *Consulting Psychology Journal: Practice and Research*, 48, 59–60.

Lovibond, P. F., and Lovibond, S. H. (1995). *Manual for the depression anxiety stress scales*. Sydney: Psychology Foundation.

Mangell, L., and Neld, M. (2003). Coaching and mentoring in Sweden. *The International Journal of Mentoring and Coaching*, 1(1).

Marotta, P. (1999). Power-coaching for executive women. *Independent Practitioner*, summer.

Meyer, J. L. (2003). Coaching and counselling psychology in organizational psychology. In M. J. Schabraq, J. A. M. Winnburst, and C. L. Cooper (Eds.), *The handbook of work and health psychology* (pp. 569–583). Chichester, UK: John Wiley & Sons, Ltd.

National Institute for Occupational Safety and Health. (1999). Stress. Retrieved 11 April,

2003, from http://www.cdc.gov/niosh.

Neenan, M., and Dryden, W. (2002). *Life coaching: A cognitive behavioural approach*. Hove, UK: Brunner-Routledge.

Occupational Safety and Health Service. (2003). Healthy work: Managing stress in the workplace. Retrieved 1 September, 2005, from www.osh.dol.govt.nz/order/catalogue/3, shtml.

Palmer, S., Cooper, C., and Thomas, K. (2003). *Creating a balance: Managing stress*. London: The British Library.

Palmer, S., and Whybrow, A. (2005). The proposal to establish a special group in coaching psychology. *The Coaching Psychologist*, 1, 5–11.

Palmer, S., Cooper, C., and Thomas, K. (2004). A model of work stress to underpin the Health and Safety Executive advice for tackling work-related stress and stress risk assessments. *Counselling at Work*, winter, 2–5.

Palmer, S., Tubbs, I., and Whybrow, A. (2003). Health coaching to facilitate the promotion of healthy behaviour and achievement of health-related goals. *International Journal of Health Promotion and Education*, 41, 91–93.

Richard, J. T. (1999). Multimodal therapy a useful model for the executive coach. *Consulting Psychology Journal: Practice and Research*, 51, 24–30.

Smith, J. A., and Osborn, M. (2004). Interpretative phenomenological analysis. In G. M. Breakwell (Ed.). *Doing social psychology research* (pp. 229–254). Oxford: Blackwell.

Wales, S. (2003). Why coaching? *Journal of Change Management*, 3, 275–282.

Whitmore, J. (1992). *Coaching for performance*. London: Nicholas Brealey.

Willis, P. (ND). Coaching worked for Radio 4's 'Ruth', but is personal coaching for stress the right approach for everyone. Retrieved 1 September, 2005, from http://www.lauriate.com/Documents/Personalcoachingforstress.pdf.

Zeus, P., and Skiffington, S. (2003). *The complete guide to coaching at work*. New York: McGraw-Hill.

第9章

教练智慧：使明智决策成为可能

Peter Webb

教练的目的

161

世界目前所需要的……是明智的领导者！现在比从前更明显，我们的集体命运掌握在那些要么做明智决策，要么做愚蠢决定的少数领导者手上。经验丰富的教练有潜力令领导者做出具有持续利益的决定。

美国历史学家Barbara Tuchman（1984，p.4）对“智慧”的定义是“根据经验、常识和可得的信息做出判断的过程”。任何要素的缺少都是“荒唐的”。而古往今来，领导力中的荒唐行为始终层出不穷。“以世界统治的那点智慧来了解我的孩子”，瑞典的Axel Oxenstierna Chancellor伯爵（1632—1644）在三十年战争（Thirty Years’ War）中说道（Tuchman，1984，p.8）。

毋庸置疑，当需要做出影响我们生活的艰难决定时，我们希望我们的领导者具有更多的智慧。然而，我们如何知道谁更有智慧？又如何判断什么是明智的决策？在风云变幻的环境中，无论商业组织还是政府机构，那些在今天看来的明智之举极易在时过境迁后变得愚蠢，而这一变化往往在短时间内发生。

商业领袖必须面临史无前例的复杂状况，做出符合运营和道德的决定。在企业中，智力和经验都是必要的，但已不足以令领导者们在瞬息万变的世界中做出深远的（和有可能是灾难性的）决定。持续“愚蠢行进”的最终结果已经不容忽视。我们需要一种方法把原因、情理和创造力整合在一起来引导共赢的决策，而 162

不是满足私欲或失衡的利小众的决定。要做到这点，需要通过有目的的能激发领导者智慧的手段。

经验主义的研究显示智慧和智力、个人及成人发展的交集。是的，就像情商（EQ），智慧的某些组成部分可以通过类似教练这样的干预手段来改进。

Kilburg（2000，p.228）首次提出："当高管教练被出色地完成，它已然谨慎地引导客户智慧的浮现。"这是我发现教练和智慧的研究的开始。"高管教练可以被认为是最佳的学习架构、启发领导人运用明智决策的过程，它是通过有序的体系来容纳复杂性，从而实现普遍利益目标的手段"（Webb，2005，p.92）。Kilburg（2006，pp.329-330）继续发表同样的声明（即使不知为什么略显信心不足）："也许我们可以改进高管和管理团队的古怪，令其可以更加明智和规律地思考、感觉和行动。"如果教练智慧是可能的，那么教练能够设立一个最终目的，它将比引导全球领导人智慧行为这一目标更高。

智慧的本质

智慧是一个古老的话题。然而近期才有学者开始从心理学范畴对智慧进行研究。"这个议题是复杂且深奥的"，Birren和Fisher（1990，p.330）在他们最初有关智慧的心理学研究中指出，"但是值得一个人去探索"。

智慧领域的形成有4个主要部分和教练有关：

- 智慧作为专业的知识体系（柏林智慧范式，Berlin wisdom paradigm，比如Kunzmann & Baltes，2005）。
- 智慧作为个人财富（比如Ardelt，2005）。
- 智慧作为人之间的互动、任务和情境（比如Sternberg，2005a）。
- 智慧作为"筹划"的过程（Kilburg，2006）。

Max Planck人力资源与发展学院的Berlin、Baltes和Smith（1990，p.95）
163 定义"智慧"为"人生务实的、专家水准的知识"。Smith、Staudinger和

Baltes（1994）描述了与智慧相关联的知识的5个维度：

- 丰富的事实知识：有关人生境遇及其变化的普遍和特定的知识。
- 丰富的流程知识：有关人生的判断和建议的、战略的、普遍且特定的知识。
- 生命文脉主义：有关人生及其短暂（发展）关系内容的知识。
- 价值相对主义：对于价值观、目标和优先事项的差异的知识。
- 非确定性：有关人生的不确定性的和不可预知性，以及管理它的方法的知识。

这5个维度被认为是衡量个人运用“说出想法”来应对人生中困境的智慧。用这个方法，Baltes和他的同事们就可以确定智慧和年龄并不存在必要相关性（你可以看到愚钝的“婴儿潮”时代出生的人和非常智慧的“80后”）！智慧在青春期和青壮年期直线上升，但在人生中保持平稳，高峰期似乎在50～60岁的人群中出现（Staudinger，1999）。

智慧看起来像是IQ和EQ的交汇，但根据Staudinger、Lopez和Baltes（1997）的论点，它是一个独一无二的维度。他们发现智慧行为中40%的差异是可以依据智力、人格及其交集来预测的。但在度量人格这一项时，智力仅仅占差异的2%。看起来和智慧相关的智力与人格之间存在着某种同等的联系，15%的差异就来自“智力—人格接口”（特别是认知风格和创造力）。另外22%的差异来自用上述5个维度对智慧行为的度量。

在柏林智慧范式中，智慧被形容为“元启发式的”，是知识和架构的高端系统，它帮助个人做出有关行为和人生意义的艰难决定。它包含知识的局限和对世界不确定性的了解，是一种关于超大维度、深度、度量和平衡的知识，并且被用于使一个人和他人生活等健康和美好；当然，它也是不易达成和明确的。它是思维和特性、知识以及美德的完美协同，并且极易在他人身上发现（Baltes & 164
Staudinger，2000）。

不过，认识他人身上的智慧是基于“相信特质属于某人”这一前提假设的。智慧被传统地概念化成一种理想状态或是成人发展的终点。Jung（1964）描述了一个成为智慧老人的梦，而Erikson（1950）认为智慧是心理发展的第八层境界。 智慧也许会成为一个人行为复杂性的最终表达，根据Kegan（1994）提出的“思维的第五次序”，它仅被极少数的成人最终达到。然而，Staudinger（1999）提出智慧行为在人一生中是相对稳定的，一旦潜力得到开发，人也许会或多或少地拥有一些“智慧资源”。与之类似，Goleman（2001）利用“情商能力”的想法来解释人的EQ在不同情形下的行为。

被认为高度智慧的人也被看作很好地发展了其正面的人格特性，比如成熟、诚实、慷慨，并且克服了其负面的人格特性，比如神经质或自我为中心。Ardelt（2003）通过评估特质和人格特点来衡量那些智者的智慧。她指出人格的三个维度可以从必要性和充分性上表现智慧：

• 认知维度：渴望了解真相并深刻理解人生，包括认知和接纳人性正面和负面的特性、固有的知识局限，和生命的不可知与不可预测性。

• 反思成分：自我检测、自我觉察，和能够从不同角度来看待现象和事件的能力。

• 情感成分：对他人的同情和慈悲之爱。

调研被用来衡量类似的以人为中心的智慧特质，比如智慧自我评估量表（SAWS，Webster，2003）、服务式领导问卷（Barbuto & Wheeler，2006）和智慧发展量表（Brown & Greene，2006），但Ardelt的智慧三维量表（3D-WS，2003）是迄今为止最有可信和有效的衡量潜在智慧的方法。

165 相应地，Sternberg（2005a）指出智慧是可能显露人的特质和在特定情形下决策风格的结合体。明智的决策是平衡的——知道在什么情形下有什么任务，在什么时间内做什么。在耶鲁大学的能力、技能和专长心理中心（PACE），Sternberg（2005，p.37）指出智慧是“很大程度上运用一个人的智力、创造力和经验达成共赢的决策”。

Sternberg的智慧平衡理论（balance theory of wisdom，1998）是基于隐性知识的，即“知道怎么做”而非“知道做什么”。隐性知识是实用智力的一方面，它通过运用从经验中获得的知识帮助个人解决日常问题。正如所期待的那样，隐性知识随着经验增长（根据经验的运用方式而非绝对数量），适当地和IQ及人格关联，并提出超越传统IQ的显著的工作绩效预测（Sternberg，2003）。平衡理论定义“智慧”为“运用策略知识作为价值的体现，指向达成共赢的一系列平衡，通过个人内心、人际关系和人际之外的收益，以及为了达到对环境的反应的平衡：适应当前的环境，调整目前的环境，并且选择新的环境”（Sternberg，1998，p. 353）。

然而，根据Sternberg（2005a）的领导力智慧、智力、创造力综合（WICS）模型，明智的领导力是个特例，它超出打破了竞争利益和反应的基本平衡。它必须包含综合智力（学术和实践、策略），创造力（技能和态度）和智慧（平衡利益和反应、依价值观调整、追求共赢），从而达成对所有可能的利益相关者而言明智的结果。

相似地，Kilburg（2006）提出领导力中的智慧，特别是对于在大型商业组织或政府机构中的高管而言，是一个特例。沿袭柏林智慧范式，他定义“高管的智慧”为“基本的人生的专业体系范式”（p. 47）。他提出一个理论——智慧筹划（wisdom mapping），用于鼓励高管的明智决策。该理论指出，领导者面临的任何情境都可以筹划到一个从原始情况出发的通路上，而后跟随6个觉察领域：

- 自我觉察：高管个人。
- 家庭觉察：个人的原生核心和家庭。
- 群体觉察：与之紧密工作的群体。 166
- 组织觉察：高管领导的组织。
- 环境觉察：领导者面临的任何一个时间点的复杂情形。
- 士气和道德觉察：经常不经意地影响领导者行为的道德和价值观。

“当所有6项觉察都照亮了领导者的日常业绩，他便拥有了最高的实施高管智慧的可能性”（Kilburg，2006，p. 141）。高管智慧揭示了洞察力的结果（一个理智和直觉角度的结合），决策过程（时间、视角和计划）和行动（实施），三者动态地结合并通过经验、反馈和教育来互动（Kilburg，2006）。

增进智慧

有三种方法可以加强智慧行为：

- 人生经历（比如Brugman，2006）。
- 教授技能和思维方式（比如Sternberg，2001a）。
- 短期的干预（比如Glück & Baltes，2006）。

智慧不仅只是年龄的产物，也是人生学习的结果（Brugman，2006）。一定的经历可以导致智慧的累积，比如成为家长和导师、经历个人和历史事件、在面临生命终点时达到平静，以及接受专业培训。例如，临床心理学家被发现至少在智慧行为方面可以和智者同样智慧（Smith，Staudinger，& Baltes，1994；Baltes，Staudinger，Maercker，& Smith，1995）。

智慧可以教授吗？Sternberg（2001a，2001b）设计了一套课程，用以教授智慧给六年级儿童。他的智慧课程“鼓励学生在理解不同观点的同时发展他们个人的价值观”，并且“可以被纳入任何议题和事物，因为智慧是一个看待世界的方式（Sternberg，2002，p.B.20）。他教学生“相互依赖”的用处：如何发现和平衡他们的兴趣、其他人的兴趣和社会的兴趣；寻求意义可以在事情结束时获
167 得启发，而非仅仅经历结局；适应、塑造和选择各有所用，如何平衡它们；如何建立、批评和整合自己的价值观和想法；以及当自我意识失衡、个人利益和团体利益冲突时如何嫁接压力（Sternberg，2001a，p.238）。

社会合作可以增进智慧。Pascual-Leone（2000）指出，导师和引导者扮演着智慧的“外部通道”的角色（对于“导师”，此处解读为“教练”）。Staudinger和Baltes（1996）发现那些在做出回应之前，和另一个人大量讨论人生问题并反思的参与者比对照组成员呈现了更智慧的行为。然而，同样的效果在那些仅仅想象大量和另一个人探讨问题的参与者身上也显现出来。在“理论家梦想”干预中，参与者被要求在回应有关智慧的问题和任务之前，想象乘着云彩去到世界各地旅行，他们反思不同的人群和文化，结果是他们比对照组成员表现出更高的智慧行为（Böhmig-Krumhaar，Staudinger，& Baltes，2002，引自Glück

& Baltes，2006，p.680）。

这就预示着那些智慧相关的知识也许早就是人们潜在的能力，直到面对智慧相关的任务和人生的困难问题时才被激发出来。在面对生活困境时问一个问题并“试着给出一个智慧的回应”，这似乎可以加强智慧行为，对那些从开始就拥有高度智慧资源（智力结晶、生活阅历以及“自我管理和对成长开放”的个人特质）的人而言，尤其如此。然而，对于那些在上述三个维度资源都相对较低的人来说，问这个问题会降低其智慧行为（Glück & Baltes，2006）。

同样地，Kilburg（2006，p.62）问高管们（他们被合理地认为拥有正常水平的智慧资源）一系列问题，比如：“你作为一个人或一个职业经理人所做过的最智慧的事是什么？”“如果你是一个企业的领导，你曾做过的最明智的决定和行动是什么？”“是什么令你的决定和行动明智？”“你用什么标准来判断其有效性？”

有目的地运用问题来激发一个人的个人智慧依赖于他们的准备情况、他们和教练的关系，以及对和特定教练互动的成果期待。如果教练的干预是经过深思熟虑的，能推动被教练者沿着“渐进式的发展道路”（Kilburg，2001，pp.256-257），为着共同的目标（比如O'Neill，2000；Peltier，2001；Greene & 168
Grant，2003）指向更高水平的个人行为，尤其是领导行为，那么诱发智慧的资源和教练实践就是一致的。

对智慧的教练

我定义“教练”为一个组织内的领导者和一个教练之间有目的的对话，在这一过程中，后者运用广泛而多样的行为技巧和方法来造就一段从一个身份、意义到另一个身份、意义的旅程，从而使前者可以更加智慧地管理其个人生活和组织生活。

依据Lenhardt（2004）的理论，我将这段旅程归纳为一个教练对话循环的模型，就是从表面（和证据）到潜在（和可发现），而后再回来。如图9-1所示，上面两层为：

• 环境：由结构和系统组成，个人通过它来运作。

• 行为：包含沟通方法、关系管理和管理风格。

下面三层表示可发现的潜在：

• 态度：关系到个人的信念和价值观，这些统治着个人的生活和工作、人际关系、是否信任他人，以及他如何看待世界。

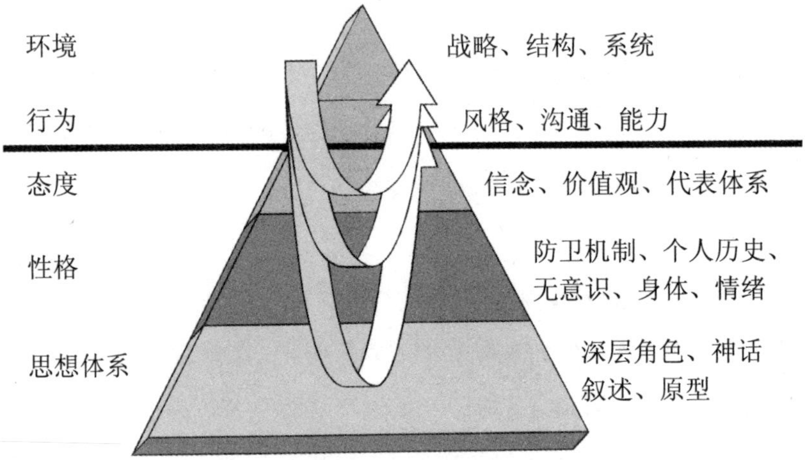

图9-1　教练之旅

169 • 性格：作为人格的一个方面，一个人的防卫和无意识的信念，在其人生历史的过程中发展出来。

• 思想体系：组成个人发展的最私人的东西，它超越防卫和闭锁体系，达到人性的精粹或“灵性”，认识神话原型并提供深刻的洞悉“人生、宇宙和一切”（Webb，2006）。

为了引出智慧思维、智慧决策和智慧行为，我引用了Drake（2007）的叙事教练模型——我称之为“FORMAT智慧教练模型”（见图9-2）。这一有目的的教练过程即概念化的教练之旅，从客户目前状态到达潜在状态并返回。FORMAT意为：架构（framework）—观察（observations）—反思（reflections）—意义（meaning）—行动（actions）—检测（test）。

每次教练会谈根据以下顺序进行：

阶段1：架构。

这是最明显的客户目前的体验——文本背景。这里关键的问题是“故事是什么”。

阶段2：观察。

客户在当前的情况下看到了什么？什么吸引了他们的注意？他们觉察到自己的和他人的什么行为？关键问题是“你注意到什么”。

阶段3：反思。

这是一个外界和内在、现状和潜力的交界地带。现在客户探索他们自己的觉察和对事物意义的诠释。关键问题是“你最看重什么，为什么”。

阶段4：意义。

最深刻的实现和理解就发生在特质和架构的层面。客户被鼓励从不同角度来看自己的故事。对神话和原型的运用可以帮助连接客户和他们内心最深处的身份。这里所涉及的是一个苏格拉底式的问题——“（在这个情形下）真相是什么”，这便是客户潜在的智慧资源。

阶段5：行动。

要重新获得价值，客户必须冥思苦想潜在的行动——可能采取什么行动来应对当前的状况。这时转换回“真实的世界”，关键问题是“你的意见是什么”。

阶段6：检测。 *170*

现在是时候来还原建议的行动计划——考虑每一步行动的实际牵连，会有什么困难需要跨越。关键问题是“哪些行动计划会奏效”。

在循环的顶端，客户带着新的洞察和行动回到他们的故事的架构。按顺序，为了更深入地理解意义，把对话带进观察和反思。为了加深客户和教练之间的关系，双方都需要做好在带着新的洞察和意识回到“表面世界”之前，在深层次花费较长时间的准备。

当和做好准备的客户互动时，我曾看到个人的“智慧罗盘”（wisdom compass）显现于这个流程中，也有部分源于个人的智慧隐性理论（implicit theories of wisdom, Bluck & Glück, 2005），但同时它也作为（在教练和客户之间）共同构建的实用框架，从而在面对未知时能够做出艰难的决定。

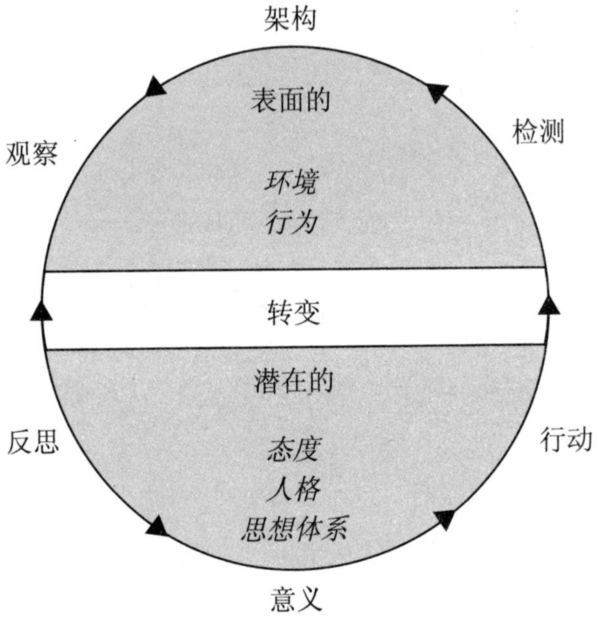

图9-2 FORMAT教练智慧模型

比如，Allen，澳大利亚一家银行的区域经理正面临一个非比寻常的困境——他被要求接受两个职位之一，即零售银行负责人或投资银行负责人。两个职位都有同样的吸引力，而他只能两者选其一！他应该接受零售银行的职位来发171 展领导力吗？或者他应当留在投资银行来发挥他的专长？Allen在他的职业生涯中参加过很多领导力和个人发展培训，所以他在职业关键决策方面已经非常明智了，但他却不能下决心做这一次的选择。

在教练过程中，我们运用FORMAT教练智慧模型，在意义阶段花了很多时间进行探讨。在此，Allen发明了一个行动的“检查清单”，用这个清单回顾以往曾做过的成功决定，不分对错。这个清单包含比如“我试图去看事件的全部而非管中窥豹”、“核心价值观（对我来说什么是重要的）”、“我准备好支持自己，同时问自己，我是否对自己诚实”。他同意以他曾做过的其他策略性的决定做参考，来测试这些行动。在一次跟进会谈中，Allen观察那些似乎符合他的决策风格的标准，但他反思自己并没有接近下决心接受任何一个职位。然而，在意义阶段，Allen把这些能力嵌入到他曾经想做一个酒庄合伙人的想法。而这就是关键。 Allen随后下决心接受投资银行负责人的职位，在不久之后他就发现这个职位给予他比他曾预估的更大的平台，令他可以实践他曾寻求的领导力技能。对Allen来说这是个明智的决定。

Bob是一家国际制造业公司的业务发展经理，他在这家公司工作了很长时间。当这家公司被一个竞争对手购并后，Bob面临三种选择：他应该留在公司并且非要把他的家从澳大利亚移居到非洲不可吗？他应该违反他的合同并和收购方公司谈判，谋求一个更好的职位吗？或他应该寻找另一份新工作？任何一个决定都对他的职业生涯和家人具有深远的影响。行动太快就有可能拒绝一些潜在的可能，等待太久就有可能冒险失去任何确定性。Bob希望能够做总经理的职业愿景令其决策更加复杂。作为教练之旅的一部分，Bob为自己绘制了“如何做出明智选择”的各个组成部分的汇总图。他画出了三个同心圆，在中间的圆写下了他的核心价值观——上帝，在第二个圆写下重要的利益——家庭为重、分享成功、精神源泉、身心健康，在外面的圆写下他当时能够想到的回应，比如容忍、服务之心、财务技能、行业知识、冒险回报、教会社区。在我看来，Bob用他自己的方式重塑了Sternberg（1998）的平衡模型。他在巨大的购并波动中继续做出了他职业生涯的成功决定，我承认他的图画是一个新的演绎应用智慧资源 172
的方式。

根据Sternberg（2005b）、Kunzmann、Baltes（2005）、Kilburg（2006）和Ardelt（2004）的图画，我定义“领导力智慧”就是：柏林智慧范式的5项智慧标准的应用，该标准源于隐性知识和人格特征（认知、反思和情感表达）；通过认可核心价值观，平衡有关自己、利益相关者、组织及社区的利益；通过适应、塑造或选择恰当的反应方式，达成可持续的共赢。

此外，教练引出智慧资源，引导客户关注洞察、决策和行动的流程，通过体验引导反思，并反馈给评估（见图9-3）。

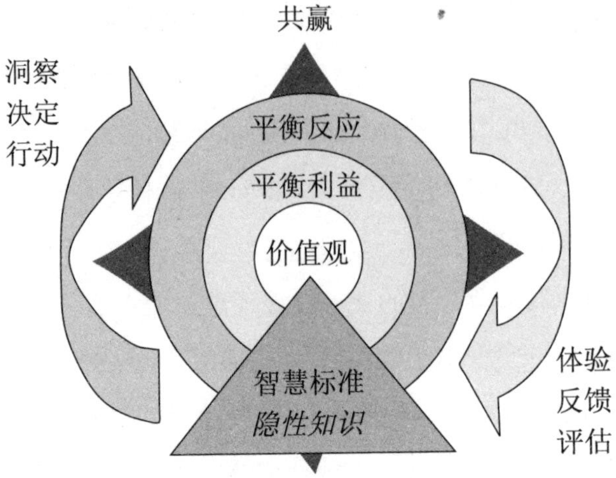

图9-3 智慧罗盘

我研究的下一步，就像Kunzmann和Stange（2007）建议的那样，是根据匹配的识别机制连同更加开放的方式评估智慧行为在教练之前和之后的区别，这一机制比如Ardelt（2003）的智慧三维量表。和Kilburg（2006）相反，我相信智慧资源属于我们所有人，只是多少的程度不同罢了。我们凭借我们的智慧罗盘来指
173 出人生决策的困难和模糊不清，而在这里并没有对错之分。就这样，智慧也许被看作另一种战略决策的工具，但它拥有更深、更广的维度，在组织中能带来更加积极的人际关系。在恰当的时候问正确的问题可以引导出客户的智慧资源。这就要求教练慎重地在客户的回答中培育客户的智慧，同时也要求教练自己是明智的！

最后，我相信教练的最终目的一定是令领导者的潜在智慧资源更多地浮现，并帮助他们将这些资源嵌入个人罗盘中，从而做出共赢的明智决定。在心理学中逐渐显现的智慧研究让教练能够应对这种挑战。

参考文献

Ardelt, M. (2003). Empirical assessment of a three-dimensional wisdom scale. *Research on*

Aging, 25(3), 275–324.

Ardelt, M. (2004). Wisdom as expert knowledge system: A critical review of a contemporary operationalization of an ancient concept. *Human Development*, 47(5), 257–285.

Ardelt, M. (2005). How wise people cope with crises and obstacles in life. *ReVision*, 28(1), 7–19.

Baltes, P. B., and Smith, J. (1990). The psychology of wisdom and its ontogenesis. In R. J. Sternberg (Ed.), *Wisdom: Its nature, origins, and development* (pp.87–120). New York: Cambridge University Press.

Baltes, P. B., and Staudinger, U. M. (2000). A metaheuristic (pragmatic) to orchestrate mind and virtue toward excellence. *American Psychologist*, 55(1), 122–136.

Baltes, P. B., Staudinger, U. M., Maercker, A., and Smith, J. (1995). People nominated as wise: A comparative study of wisdom-related knowledge. *Psychology and Aging*, 10(2), 155–166.

Barbuto, Jr, J. E., and Wheeler, D. W. (2006). Scale development and construct clarification of servant leadership. *Group and Organization Management*, 31(3), 300–326.

Birren, J. E., and Fisher, L. M. (1990). The elements of wisdom: Overview and integration. In R. J. Sternberg (Ed.), *Wisdom: Its nature, origins, and development* (pp. 317–332). New York: Cambridge University Press.

Bluck, S., and Glück, J. (2005). From the inside out: People's implicit theories of wisdom. In R. J. Sternberg and J. Jordan (Eds.), *A handbook of wisdom: Psychological perspectives* (pp. 85–109). New York: Cambridge University Press.

Brown, S. C., and Greene, J. A. (2006). The wisdom development scale. Translating the conceptual to the concrete. *Journal of College Student Development*, 47(1), 1–19.

Brugman, G. (2006). Wisdom and aging. In J. E. Birren, K. W. Schaie, and R. P. Abeles (Eds.), *Handbook of the psychology of aging* (6th edn), (pp. 445–476). San Diego, CA: Academic Press.

Drake, D. B. (2007). The art of thinking narratively: Implications for coaching psychology and practice. *Australian Psychologist*, 42(4), 283–294.

Erikson, E. (1950). *Childhood and society*. New York: Norton.

Glück, J., and Baltes, P. B. (2006). Using the concept of wisdom to enhance the expression of wisdom knowledge: Not the philosopher's dream but differential effects of developmental preparedness. *Psychology and Aging*, 21(4), 679–690.

Goleman, D. (2001). An EI-based theory of performance. In C. Cherniss and D. Goleman (Eds.). *The emotionally intelligent workplace*. San Francisco: Jossey-Bass.

Greene, J., and Grant, A. M. (2003). *Solution-focused coaching: Managing people in a complex world*. Edinburgh Gate, UK: Pearson Education.

Jung, C. (1964). *Man and his symbols*. London: Aldus Books.

Kegan, R. (1994). *In over our heads: The mental demands of modern life*. Cambridge, MA: Harvard University Press.

Kilburg, R. R. (2000). *Executive coaching: Developing managerial wisdom in a world of chaos*. Washington, DC: American Psychological Association.

Kilburg, R. R. (2001). Facilitating intervention adherence in executive coaching: A model and methods. *Consulting Psychology Journal: Practice and Research*, 53(4), 251–267.

Kilburg, R. R. (2006). *Executive wisdom: Coaching and the emergence of virtuous leaders*. Washington, DC: American Psychological Association.

Kunzmann, U., and Baltes, P. B. (2005). The psychology of wisdom: Theoretical and empirical challenges. In R. J. Sternberg and J. Jordan (Eds.), *A handbook of wisdom: Psychological perspectives* (pp. 110–135). New York: Cambridge University Press.

Kunzmann, U., and Stange, A. (2007). Wisdom as a classical human strength: Psychological conceptualizations and empirical inquiry. In A. D. Ong and M. H. M. van Dulman (Eds.), *Oxford handbook of methods in positive psychology* (pp. 306–322). New York: Oxford University Press.

Lenhardt, V. (2004). *Coaching for meaning: The culture and practice of coaching and team building*. Basingstoke, UK: Palgrave Macmillan.

O'Neill, M. B. (2000). *Executive coaching with backbone and heart: A systems approach to engaging leaders with their challenges*. San Francisco: Jossey-Bass.

Pascual-Leone, J. (2000). Mental attention, consciousness, and the progressive emergence of wisdom. *Journal of Adult Development*, 7(4), 241–254.

Peltier, B. (2001). *The psychology of executive coaching: Theory and application*. New York: Brunner-Routledge.

Schwartz, B., and Sharpe, K. E. (2006). Practical wisdom: Aristotle meets positive psychology. *Journal of Happiness Studies*, 7, 377–395.

Smith, J., Staudinger, U. M., and Baltes, P. B. (1994). Occupational settings facilitating wisdom-related knowledge: The sample case of clinical psychologists. *Journal of Consulting and Clinical Psychology*, 62(5), 989–999.

Staudinger, U. M. (1999). Older and wiser? Integrating results on the relationship between age and wisdom-related performance. *International Journal of Behavioral Development*, 23(3), 641–664.

Staudinger, U. M., and Baltes, P. B. (1996). Interactive minds: A facilitative setting for wisdom-related performance? *Journal of Personality and Social Psychology,* 71(4), 746–762.

Staudinger, U. M., Lopez, D. F., and Baltes, P. B. (1997). The psychometric location of wisdom-related performance: Intelligence, personality, and more? *Personality and Social Psychology Bulletin*, 23(11), 1200–1214.

Sternberg, R. J. (1998). A balance theory of wisdom. *Review of General Psychology*, 2(4), 347–365.

Sternberg, R. J. (200la). Why schools should teach for wisdom: The balance theory of wisdom in educational settings. *Educational Psychologist*, 36(4), 227–245.

Sternberg, R. J. (200lb). How wise is it to teach for wisdom? A reply to five critiques. *Educational Psychologist*, 36(4), 269–272.

Sternberg, R. J. (2002). It's not what you know, but how you use it: Teaching for wisdom. *The Chronicle of Higher Education*, 48(42), B.20.

Sternberg, R. J. (2003). A broad view of intelligence: The theory of successful intelligence. *Consulting Psychology Journal: Practice and Research*, 55(3), 139–154.

Sternberg, R. J. (2004a). WICS: A model of educational leadership. *The Educational Forum*, 68(2), 108–114.

Sternberg, R. J. (2004b). Words to the wise about wisdom? A commentary on Ardelt's critique of Baltes. *Human Development*, 47(5), 286–289.

Sternberg, R. J. (2005a). WICS: A model of leadership. *The Psychologist-Manager Journal*, 8(1), 20–43.

Sternberg, R. J. (2005b). WICS: A model of giftedness in leadership. *Roeper Review*, 28(1), 37–44.

Tuchman, B. (1984). *The march of folly: From Troy to Vietnam*. New York: Ballantine.

Webb, P. J. (2005). Inspirational chaos: Executive coaching and tolerance of complexity. In M. Cavanagh, A. M. Grant, and T. Kemp (Eds.), *Evidence-based coaching, Vol. 1: Theory, research and practice from the behavioural sciences* (pp. 83–95). Bowen Hills, Queensland: Australian Academic Press.

Webb, P. J. (2006). Back on track: The coaching journey in executive career derailment. *International Coaching Psychology Review*, 1(2), 68–74.

Webster, J. D. (2003). An exploratory analysis of a self-assessed wisdom scale. *Journal of Adult Development*, 10(1), 13–22.

第10章

教练人文精神：认识你自己

Peter J. Reding & Marcia Collins

本章要探讨的是如何能够创建一种教练关系，通过这种关系，客户可以连接 177
到自己独特的精神境界，即最具个性化，也是最有力量的源泉。本章中所谈到的人文精神（human spirit）包含如下两种关键因素：

第一，一种永恒的仁慈精神（如：上帝、更高的力量、神性存在、造物主或其他任何客户给出的命名），其特点是：

- 一种连接万物的力量。
- 一种神性的有组织的智慧。
- 无处不在。

第二，人类个体达到上述精神境界的方式：

- 核心价值观。
- 人生目的。
- 天生才能的独特组合。

以下将分4部分概述教练所需要掌握的主要概念和步骤，以此来引导客户认识到自己的人文精神，在每天的生活中真实地表达出“我是谁”，这是最有力的自我身份资源。我们认为这种“财富”不仅存在于客户的思想、身体和情感中，也存在于客户的人文精神之中。本章所述问题是我们服务于客户的基础，具体如下：

- 教练人文精神满足了什么需求？ 178

- 影响教练人文精神的因素是什么？
- 如何教练人文精神？
- 教练人文精神意味着什么？

教练人文精神满足了什么需求

教练的承诺

教练对客户的承诺支持着客户向其所希望的方向前行。我们所知的接受过训练的每位教练，无论是新手还是大师，都能借由各种方法起到上述作用……这些我们知道的已经太多了。客户真正的成长，出现在当教练准备好能够引领客户对其内心和灵魂进行更加深入的探索，从而领悟到他真正想成为什么的时候。这时，客户就会通过一个强有力的个人整合和统一的过程开始转变。

在这个过程中，作为教练，我们可以这样问自己："我们是否接受教练有责任让客户明确知道他所说的目标确实是他真正想要的？"以及"我们是否有义务支持客户把他所想的、所需要的、他的目标和梦想锚定为一些事情，而这些事情对他来说具有独特和与生俱来的重要性？"如果教练过程就是要实现发展世界和人的承诺，那么对上述两个问题的答案必然是："是的。"

好消息是，一些教练已经在与客户一起做这样的事情，结果客户开始呈现出前所未有的蓬勃发展。随着教练专业日臻成熟，教练们被召唤着和客户一起达到更高境界。在教练那些已经准备超越一般意义上的生活效能的客户时，教练过程实际是在寻求建立一种教练关系，在这种关系中引领客户能够深入探索生命的意义，连接到他最深的内在指引，即源自他个人独特的人文精神的指引，以及更深地理解"我是谁"和"我为什么活着"这样的问题。

超越表面行为或一般意义上的生活效能

当客户说自己想换工作、想成为更好的管理者，或想写书等并付诸实施的时候，如果他们的目标、梦想或愿望没有与其内在的人文精神相一致，结果通常不 179 会令人满意。这种情况下，他们通常不会投入足够的时间和精力，也不会得到希望获得的成绩，而只是经历了一阵短暂的兴奋。其结果有两种：好的情况是自我困惑，糟糕的情况是自我挫败。例如，我们常听自己或客户说“我想……应该比实际表现出来的更加满意”，或是“比起……生活应该意味着更多”，或是“因为追求……我已经忽略了自己生命里最重要的事情”，或是“我需要更加平衡的生活”，等等。

为此，推荐如下两个步骤：

第一步：引导每个客户探索其独特的人文精神。

第二步：引导每个客户在日常生活中有意识地选择（或不选择）与其人文精神保持一致。

在本章第三节“如何教练人文精神”中，我们将更深入地探讨这些步骤。

了解自身是内在工作

所有的客户都渴望了解自己、成为自己并在行为上做真正的自己。我们认为这是一种内在工作。实际上，这也只能来自客户内在深处而不会来自教练。在家庭里也一样，它不可能来自父母，每个孩子都有自己独特的人生目的，有区别于自己原生家庭的一套价值观和天赋组合。当然父母、文化、社区甚至性别会影响每个个体的体验，但这个个体还是独一无二的。作为一名教练，就是要协助这个人去发现：我是谁？我的人生终极目标是什么？我要为谁或为什么奉献自己？我要给这个世界贡献什么？我要向这个世界表达什么？

当教练与客户一起工作时，牢记以上问题是非常重要的，因为我们从生下来就被很多来自外在的声音灌输各种意识，如父母、文化、宗教、大众媒体、同事等，他们告诉你，你是谁、你应该是谁、我想让你成为谁。这些信息可能有利，也可能不利；可能符合，也可能不符合这个人最终的真实自我。教练可以与客户一起识别和有意识地检查这些已经被内化了的外来信息——虽然是无意识的，但
180 在形成个人的信念系统和行为模式时，这些外来信息从没有与他们本来的人文精神融合在一起。

例如，一对父母一直告诉儿子，他的安全保障来自于在当地工厂谋得一份好工作，这可能扼杀了这个孩子通过自我探索来了解自己真正的兴趣所在和天赋的意愿。在后来的人生中，这个孩子一直都是那个“为了好的生活”而坚持那份工作的孩子，尽管他显然不喜欢那份工作。他可能会向教练寻求帮助。在支持他更全面了解自己的时候，教练会带领他走上连接自我精神之旅，即帮他找到核心价值观、人生目的和独特的天赋，并以此来领悟与他所渴望的工作相比，他所选择的工作中哪些方面与他生来的精神需要相一致，哪些方面不一致。

作为合格的教练，我们具有这样的特权和责任，邀请客户连接到、明确表达出、意识到和有意识地选择（或不选择）与其独特精神的一致。穿越自我形象，透过触及精神这一最为智慧及恩典的资源，客户将被自然地指引，找到对自己和对社会的最高价值。自1996年我们教授这种教练模式并以此进行教练以来，我们的经验是，客户在与自己独特的精神连接时变得谦卑了，他们通常发现自己更加宽容、更有热情、更愿意服务于世界，生活更有目的和意义。

什么是我的，什么是你的

现在的个人教练（人生教练、高管教练、成功教练等）有能力引导客户去探索与生俱来的、也是最古老的问题——“认识你自己”，并把它作为帮助客户发现其独特精神，即其最内在的核心价值观、人生目的和独特的天赋的手段。现在的教练可以协助客户领悟到哪些是被内化了的别人的看法，哪些是自己最内在的真正自我——这也许是他生平第一次。

在本章中概括的教练人文精神的哲学思想和实践原则，普适于每一个这样的

教练，他相信客户“知道最好的答案”且“资源充足”。使用和整合这些原则能够帮助教练更加深化自己的教练体验，同时在支持客户实现目标和渴望、更深地体验人生满足感等方面效果会更加显著。

影响教练人文精神的因素是什么

181

在1996年成立公司之时，我们就对“每个客户都是自己最好答案的来源”这一当代教练的主要基本原则着迷。我们致力于理解何以能够最好地支持客户，以及新手教练如何提高、发现和使用这些答案的能力，从而引领更多人实现自我和帮助更多人这样做。

我们最初的询问是：

- 可以教练客户找到最好答案的资源到底在哪里？
- 通过专业训练的教练如何有效地支持客户，找到最好答案？

我们已经看到，教练人文精神就是引领客户发现自己最深层、最富足的资源，从而得到最佳答案，并体验自我实现那一刻最高层次的感受。因此，我们遵循自我实现教练模型™（Fulfillment Coaching Model™）和以下三个原则：

第一，当客户与自己感知到的精神连接时，他便找到了最佳答案。这种精神的表现包括：仁慈、博爱精神、上帝、神性存在或更高的力量等。

第二，当精神是独特的，并且具备如下元素时，我们称之为人文精神：

- 核心价值观。
- 人生目的。
- 天生优势和才能。

第三，当完成如下内容后，每个人都会深深地体验到自我实现的感觉：

- 了解了自己的人文精神。
- 他的日常计划、决定和活动与人文精神一致。
- 当真实地表达他的人文精神时，认可自己。

模型的缘起

上述模型部分源于我们对世界各地精神传统及它们提供给世界的智慧进行的研究。下面是我们从中提炼出的关键原则：

182 • 神性存在于每个人身上，并且适用于每个人。

• 你关注什么，什么就会扩展。

• 每个人在某种程度上都是完整的、完美的和完全的。

• 我们都有意识和无意识地创造了自己的人生。

• 我们每个人都有一个独特的人生目的。

• 我们每一个人都有属于自己的学习成长之路。

遵循这些原则进行工作，最基础也是最必要的一个因素是：你需要清晰地认识到你是谁。

认识你自己

“认识你自己”，古老神殿上的著名警句，在今天对我们这些人和对那些先人同样强而有力。我们还可以引用莎士比亚的名言来表达这个问题：“成为或不成为（你自己）——这是个问题。”——这对生活在今天的我们每一个人仍然是个问题。时间让我们的外在世界改变了很多，比如我们旅行的方式、谋生的方式和沟通的方式都改变了很多，但来自我们内心世界的呼唤，今天较过往时代甚至更加强烈和真实。我们仍然必须回答这个问题：成为或不成为（你自己）！

早年，苏格拉底通过这样的口号挑战听众——“未经审视的生活不值得度过”，并以此来邀请人们进行个人的内在探索。但是，审视自己的生活是需要勇气的。到了近代，美国作家和哲学家梭罗发现“大多数人过着非常绝望的生活，带着遗憾进入坟墓”。梭罗过着简单和自省的生活，以这样的方式，他主张自我表达和跟随自己内心的良知。他还知道为了这样做，自己必须花时间和精力来了解、成为自己，并完全听从自己内在的声音生活。在我们的时代，教练就是能够支持那些已经准备好并且有勇气审视自己生活的人。

在今天，自我发现的主题和渴望，知道我们是谁，是每次教练互动的核心。这关系着青少年对自我身份和人生道路的寻求，也关系着一个男人如何能够最好地供养家庭，也关系着一个退了休的女人如何再创造自己的人生传奇。教练对客户的人文精神了解得越多，就越能够支持客户连接到自己的精神，越能够全面地锚定客户的每一个决定、计划、目标、渴望、愿景和行动，直至让客户完成自己最大的自我实现。

接触人文精神 183

在这里要指出，人文精神总是无所不在，并且非常重要。就像种子的DNA中蕴含了它的身份、目的和实现这个目的的步骤，人类也是一样的，每个人都有独特的人文精神，其中蕴藏了推动他成为最好和最高自我的渴望和动力——无论生活的环境、年龄、面临怎样的困难和目前的生活选择有多么离谱。教练可以采用如下方式，帮助客户发现他们的种子——蕴藏着“我是谁”的储藏室。

在我参与的各种角色、位置或行动中，我如何能够成为……？

在教练过程中，我们称这个为“核心价值观”。当客户承诺参与到生活中做些什么的时候，它反映和引导出客户的存在。客户每天去上班时，可以是高兴地去，也可以是生气地去。

我在这里是为了什么？

在教练过程中，我们称这个为“人生目的”。这给教练一个发问的基础，在众多选择中，哪种选择可以最好地服务于客户的人生目的呢？客户知道了自己的人生目的，并且与之保持一致之后，可以做出更好的、更有勇气的和更能坚定生活的决定。把人生目的这个话题带到教练关系中，可以促进客户醒悟，有机会去实现个人自我价值的最大化。

我要如何做出贡献，如何有所不同？

我拥有什么天赋或才干，能够支持自己，为这个世界贡献自己？在教练过程中，我们把这些定义为“客户有哪些天生优势和才能”。许多教练过程是来帮助客户认识、欣赏和运用他们的天生优势和才能，服务于其核心价值观和人生目的。

人文精神的另一个重要性，就是像磁铁一样吸引着我们经常、身心一致地生活，并充满了对自我的实现。我们每个人都有意识或无意识地选择倾听、跟从自己内在精神的指引。问题不是“我有没有这种内在指引”——我们相信每个人都有这种内在指引，问题是“我愿不愿意对此开放、信任，跟从自己的人文精神”。

人文精神是一种内在指引，它结合了像陀螺仪导航和指南针指引方向的特质，前者使我们保持正道，并且通过与核心价值观保持一致和使用我们的天赋而归于中心；后者指引我们沿着个人化的独特生活目的前进。以我们作为教师和教练的经验来看，一个人的生活选择、行动、决定、方向和聚焦点与其人文精神的
184 一致程度，标志着他可以体验到什么程度的平静、圆满、幸福和感觉有活力的水平。因此，与人文精神保持一致的程度和个人觉得人生圆满的程度直接相关。

我们根据如下两个原则建立了教练模型和过程：

第一，在教练过程之前、之中、之后的所有互动中，教练都要以其人文精神来看待、倾听和对待客户。无论当时客户是如何看待自己，对自己内在的批评声如何反应，抑或对自己持有什么限制性信念，教练都要保持这种心态。

第二，接受客户的现状，无论是什么样的状况。相信客户正在通过成为当下的样子来学习或以某种方式从中受益。

如何教练人文精神

新手教练的转型

教练所面临的最大挑战在于完成从给建议到放弃自己的想法，转而跟从客户

的改变。大多数新手教练都乐于就如何生活得更好或者达到目标应该怎么做等问题，给朋友、家人和同事提供建议。事实上，其中大多数人一生都在寻求给予建议的能力，他们已经擅长此道，并且自以为可以支持到所爱的人而自豪。而他们现在寻求的也不过是一种更加正式的结构，从而使其建议更加有效而已。好的方面是他们确实很关心人类的福祉，但是，他们还要认识到自己旧有的“支持”人们的方式不好的一面，这其中包括：

- 大多数人不会采纳他们的建议，无论那看上去多么精彩。
- 他们并不总是像自己想的那样被别人充分地感谢。
- 同样的问题似乎总是反复出现，没有可见的进步、承诺和解决。
- 他们从来没有从精彩的建议中得到回报。

教练过程中的步骤

教练过程的主要目的在于帮助教练从给予建议转变到帮助客户更完整、更深
入地了解自己的人文精神。在培训新手教练时，我们发现如下两个步骤是非常重 185
要的，可以帮助教练与这样的客户建立起更加强有力的伙伴关系，他们是那些已
经有所准备，愿意并能够为自己的人生负起责任，并且开始有勇气向着自己的生
活梦想、愿景和目标前进的客户。

第一步：引导每个客户探索其独特的人文精神

我最大的贡献在于引导教练对象去发展他独特的人文精神。

我们有热情支持新手教练们去了解自己。我们用这样的方式培训教练，然后教练们就会以这样的方式帮助客户深入地了解自己。这项工作是建立教练基础的第一步。没有这一步，客户和教练就会在茫然中徘徊，难以锚定客户的目标与人文精神。结果，客户将继续徘徊在既往的种种情形中，如认为要挣更多的钱、得到下一次的晋升或者是被某人认可就会感到满意和满足，因为这是他一直在寻求

的一种回报。而在大多数情况下，这些回报并不在客户自己的可控制范畴之内，所以，这些回报最终并不能让客户感到由衷的个人满足和有意义。

依据我们的经验，任何没有与客户的人文精神直接连接的成就或回报，最终将会导致个人的不满意和困扰。我们还发现，继续制定甚至完成那些曾经推动过客户的外在目标，已经不再有激励作用，甚至可能使客户有筋疲力尽的感觉。所以，如果只是重复客户已经做过的事情，即使很有效果，也不是真正答案。那么答案是什么？我们发现，答案就是帮助客户探索（而不是评估）自己的人文精神，我们还听到客户称之为“灵魂、真我、核心的我、本质或上帝”。我们强烈地鼓励教练在教练过程中使用和赞赏客户的语言；我们将之称为“客户的人文精神”，这也符合本章的目的。

◆ 如何做

我们划分出如下三个阶段，帮助教练掌握如何引领客户了解和再次连接到他的人文精神。

186 **阶段1：**

在教练过程中引导客户更深地觉察自己。下面有四个级别的方法，供不同能力和程度的教练和客户使用。

一级：使用可以展示分类和偏好的评估工具，如相关性、沟通和决定性等。以此为开始对于那些刚进行这项工作的人是有帮助的。这些人包括还没有准备好进入更深自我的客户，也包括那些还没有受训和学会深度评估的教练。

二级：使用清单式的工具（如价值观、目的、天赋）来表面地了解客户是如何看待、解释和回应外部世界的。在这个水平工作可以帮助客户对事物做出更精细的区别，特别是有哪些是为了适应成长的过程和环境而学会的，哪些是想在今生带给这个世界的。

三级：让客户描述那些既往带给他喜悦的经历、事件和成就。在这个水平工作是帮助客户接触到那些能使他了解自己人文精神的回忆和情感，从而洞见他当下的价值观、目的和天赋。在这时重要的是，帮助客户区分出来哪些行为和成就是为了取悦于别人的，而哪些是基于自己的精神而要带给这个世界的。

四级：邀请客户放松，进入一个视觉想象中，让客户描述出现在那里的理想未来或场景。在这种意识状态下，让他描述他看见自己有怎样的品质、成就、才能和热忱。在这个水平工作可以超越客户的形象自我、当下现实、局限性和既往的种种假设，而直接到达对他来说重要的事情，直接滋养他的人文精神。

阶段2：

通过上述步骤，让客户在自己可以到达的深度明确表述其核心价值观、人生目的和特有的天生才能。我们发现，当客户到达第四个级别时，询问客户问题可以带他找到最大的资源。无论客户在哪个级别，教练都要记录那些让客户充满热情和能量的词汇用语。我们发现，如果不对教练过程加以描述，如“这是价值观分类”、“这是在辨识人生目的”或“天生才能”等，这样反而对教练过程的进行大有裨益。因为一旦表述出来，常常会激发客户大脑中的线性思维和得到客户预知性的反应。相反，高水平的教练会把这当成一个发现之旅或基本的过程，旨 187
在于教练关系中支持客户。在帮助客户连接自己的人文精神时，使用更多开放性的词语效果会更好，当然，是使用一些适用于当时情况的词语，而不是一些提前准备好的词语。

为了使效果更好，一名高水平的教练会擅长于：

• 引导客户到达四级水平（前面描述的四级）。

• 提炼客户的用词、话语和能力，可以精准地映射出客户呈现出的他自己的东西（甚至连教练自己都没有意识到）：

- 独特的核心价值观。
- 独特的人生目的陈述。
- 独特的天生优势和才能组合。

阶段3：

邀请客户浏览教练记录下的语句，感受这些文字，并形成对他们而言最有意义、最有生产性和个性化的表达。一旦客户觉得完成了这个过程，并可以明确表述出结果，教练就可以与客户一起分享他刚刚发展出了什么——核心价值观、人生目的、天生优势和才能。

当客户以书中描述的方式完成自我发现之旅的三个阶段后，经由如此简练、精准和有力的确认之后，客户通常会进入对于他一直知道自己是谁的谦卑和敬畏的状态。最近，一个客户在自我发现之旅结束之后，如下写道：

> 我的核心价值观：创造、连接、兴旺、慈悲、服务。
>
> 我的人生目的：我是神性合一和独特人性的、幽默而顽皮的和谐组合，是来创造非凡的繁荣生活的。
>
> 我的独特天赋：概念性、善于化繁为简的表达，最好的倾听者，有耐心、值得信任、有远见的设计者和推动者。

在客户可以明确表达出这些人文精神的关键因素后，教练能够听到代表客户最好和最高的自我描述。教练还可以使用人文精神三个关键因素中的任何一个提
188 出强有力的问题，让客户制订计划、设计行动方案，并要求客户对未来的行动进行承诺。结果是，一名高水平的教练不用再去猜测要把客户的决定和行动锚定在哪里。至此，一名新手教练更有能力从无意识地提供建议转型到询问引导性的问题、有意识地接近客户表达出的人文精神，以此来寻找方向、澄清和进行决定。对客户来说，他们通常觉得被接纳了，生平第一次点燃了一种真正个人化的热忱，并且能够很容易在日常生活的每个情景和选择中运用。

人文精神的价值、目的和天赋这三个因素，目前是合格教练要倾听的最重要的焦点所在，倾听客户是否整合和一致了。客户总是展现出他们潜在的信念和渴望，或他如何做决定、制订计划和设定目标。合格的教练可以通过客户的最高的自我意识来倾听。

第二步：引导每个客户在日常生活中有意识地选择（或不选择）与其人文精神保持一致

我对客户第二重要的贡献就是教练客户有意识地做选择，假设何时、哪

里和如何将他的生活与自己独特的人文精神一致起来。

一旦客户的人文精神被揭示和在当下表达出来，接下来教练要帮助客户意识到：

- 是否或如何做，他的目标、梦想、决定、计划和行动步骤是与人文精神相一致的，并且以它为核心，以及是否或如何做出新的选择。
- 当教练可以激发客户的精神，客户就能更清晰地、更多地将目的和方向性带进生活的方方面面。

◆ 多种途径

经常会发生这样的事，就是客户意识到自己计划的事情与价值、目的和天赋并不一致（很多原因可以导致这种情况发生），这时，教练的工作是让客户主动意识到自己的选择。客户有权利来选择“成为或不成为”真正的自己。以我们的经验，当客户有意识地选择了一条并不与自己所知和所信相一致的道路时， *189*
这种有意识不一致的选择总是会成为客户更有意义和自我实现的人生转折点的前奏。

当从人文精神的角度进行教练时，教练知道——毫无保留地知道，即使是这种似乎不一致（当然也是不能锚定住的）的选择，也是在那个时间点对客户来说最好的选择。此外，这要求教练以更广阔的视角来看待客户的选择。也许他们需要学习什么，也许是为了理解那些客户被召唤要去服务的人的体验；也许正是处在努力成为他们不是的那种人的非常体验中——帮助客户意识到这种不一致或是自我偏离，可以让客户连接到自己的不一致，包括任何不想要的附带结果，如内在的感受和外界的反应。客户能够选择是否重新校对自己要成为什么或做什么、不成为什么或不做什么。我们相信这是客户唯一的责任，即就是否决定与真我更加一致做出选择。“成为或不成为……”仍然是教练有责任提出的强有力的问题，但只有客户才有权利做出选择。

◆ 评估客户的智谋

合格的教练引领客户去评估其各个方面，其中包括至今尚未被探索过的方面。大多数客户不知道，也不相信他们是如此足智多谋。因为，过往的岁月里都是听着别人告诉他“你是谁”、能做和不能做什么，大多数人实际不知道，相对于他所看到和知道的，自己拥有更多的智谋。合格的教练是经过专业训练的倾听者，但是，问题仍然在于，教练要听什么？如果教练听错了会错过什么？教练倾听的能力能够改变教练关系中的每一件事。

◆ 教练要听什么

大多数教练会有意或无意地主要听如下内容：

- 是什么鼓舞客户追求自己的目标和梦想？
- 在支持客户实现目标和梦想时，什么可以激发他去行动、计划和做决定？

190 **方式一：什么阻挡了你。**

基于多数新手教练的既往经验、培训和报酬，他们乐于听见客户袒露一些恐惧、阻碍和挑战。新手教练会通过设计好的一系列问题，消除或减少客户达到目标时所出现的这些阻碍。

但是，当教练要听的是客户谈到的限制性信念、阻滞、恐惧、忍受等方面的内容时，这就会成为教练反映给客户的东西。我们的经验是，这种倾听的方式对教练和客户来说都会是很费力的。客户会被带进低能量和低自信区，并再次体验到已经太熟悉的旧有挣扎状态。

当这个时候教练问客户：“那么，你现在想要成就什么呢？”或者：“你的下一步计划是什么呢？”或者：“你打算如何克服障碍呢？”客户已经受到了“小鬼”（保护免于受到伤害）和批判性思维（限制性的自我对话）的影响，处在不那么机智的状态了，这会阻碍客户走向他的目标。这样的言语关闭了使客户进入更加开阔的心智状态的可能。

我们观察到，持续采用这种方式的教练，接下来很容易就进入到给客户建议、意见、策略，或通过资源等状态帮助客户走向自己的目标。这样做的时候，教练就接过了客户要去发现自己答案的责任。这样的教练过程会把客户为其目标的奋斗压力转移到了教练身上。可以预见，这样一定会出现给朋友建议时出现的种种弊病，在这种状态下，客户还是没有被赋予力量，而且再一次被告知要做什么，而客户很少或是几乎不会理会这些建议，因为答案仍然在他们的自我选择之外；客户再一次被剥夺了这样的体验——了解自己更多，知道自已拥有超乎已知的、更加充沛的智谋。

方式二：什么鼓舞了你。

当教练倾听到的是客户的天生优势、热情、灵感、核心价值观和人生目的时，教练会把这些回应给客户，以核实教练是否听到客户所讲，同时询问客户希望发展什么。客户仍然会听到自己的恐惧和阻碍，但区别在于，这种方式使得客户进入到自我拥有最多策略的状态，而更加不设限制地寻找解决方案。

高水平的教练可以运用这种方式，让客户加入到对自己的人文精神令人振奋的庆祝中，从而进入可以创造出更多可能性的状态。这样做会使教练和客户都觉得愉快。在这样的教练过程中，教练所起的作用，就是一直能够了解和把握客户独特的人文精神，并以此为出发点提出问题，与客户沟通并表 *191*
示认可。

当教练能从客户明确表达出来的人文精神出发，客户是无法拒绝教练的，因为他可以是任何样子，但与生俱来他就是高尚的、善于随机应变的、有目的的和有天赋的。同时，教练接受也允许客户“卡”在某个状态，如：客户可以出于任何原因，没有准备好前行。在那一刻，这是尊重客户的学习之旅和他的人文精神的。

表10-1比较了上述两种方式——一种是引领客户打开心扉，而另一种则导致客户封闭。针对同一个问题，在如下三个层次上比较了在两种不同的方式中，教练在听什么和寻找什么。

表10-1　两种方式的比较

	"什么阻挡了你"的方式	"什么鼓舞了你"的方式
我的问题会形成什么样的心态	问题导致客户封闭	问题会开启客户
我的问题使客户在哪个层次上连接自己	我的客户是被严格限制住的人：问题限制和局限客户	我的客户是具有人文精神的人：问题扩展和开启客户
引导客户感知内在世界	• 是这样的恐惧阻碍了你 • 你内心的障碍是什么	• 有哪些部分与你的核心价值观、人生目的和天生才能一致
引导客户感知外部世界	• 什么阻挡了你，你必须去克服	• 什么影响你实现你的愿景
引导客户看待自身资源	• 你过去所受的哪些训练和专业领域能够支持到你 • 你过去有哪些成功经验	• 现在最能体现你的人文精神的是什么 • 你内心的指引告诉你什么

192 **建立客户的人文精神。**

所有教练都想给客户最好的引领，我们发现运用"什么鼓舞了你"方式的教练，会更少地从自我角度过滤客户所说哪些是真的，哪些是假的。在帮助客户表达自己人文精神的过程中，在引领客户更好地体验到自我实现、满足、平静、爱和人间天堂的感觉时，教练掌握着关键的部分。在本章的第四部分，也就是最后一部分，我们会审视教练工作意味着什么，以及它将如何影响到一个教练及教练专业的发展。

教练人文精神意味着什么

帮助客户再次连接到自己的人文精神，你改变了世界

每个人，无论他的种族、职业、性别、年龄或宗教信仰，最核心的渴望和憧憬就是获得圆满和有意义的人生。每个人都想确认自己可以带来不同，他们的生命是值得的，他们对世界代表了什么或是可以鼓舞别人。我们的自我实现教练模

型采用的是教练人文精神这样的原则和哲理，因此我们训练出的教练可以真正赋予客户力量去实现他要到达的愿景。

教练的未来与世界上每一位我们教练过的人相连。在教练过程中，我们强调聚焦于了解客户天生的荣耀，或是我们在本章中谈到的客户的人文精神，这是帮助客户清晰了解和再连接到他的核心价值观、人生目的和独有的优势才能。我们引导客户透过意识的光照亮自己，就“成为或不成为”这个问题所采取的模式意识到，自己是否正在以与真实的自己相一致的方式活着。

能够与客户的人文精神接触，并在这个深度教练客户的好处在于：对客户本人、他的家人、同事、社区，最终对世界都意义深远。我们之所以这么说，是基于对那些从长达十几年之久的痛苦关系中康复的人们的观察，他们会重新调整他们的生活，朝着更加肯定生命的方向进发，为那些失去力量的人代言，为组织带来个人的诚信以及帮助别人重返爱的关系等。

我们相信，当星球上每一个人都知道我们是谁并珍爱我们成为的这个人，从 193
而全然地活出自我时，每一个非人性的行为都会停止。

结论：教练的未来关系着人类的发展

教练这个职业有着前所未有的、具有历史性意义的机会来帮助那些健康、有责任心的人活得更加有意识，以及与自己的人文精神更相一致。作为教练，我们有这样的机会，也有这样的特权帮助客户在最深和最有意义的层次实现人生的圆满。我们需要继续学习掌握相关的技术、知识和心态，以便能够激发客户最好地了解、表达他的人文精神，并以百分之百与人文精神相一致的方式服务于世界。

在更加基本的层面，教练是在帮助客户达到他想要的目标。我们在这里声明，即使在很多情况下行之有效，但对客户而言，可能不一定会产生深刻而有意义的圆满感。但是，通过引导客户明确表达出他的人文精神，并在这种意识下进行教练过程，一名合格的教练就可以将客户的目标、计划、决定和各种行动与客户的最高自我锚定，从而使其体验到有意义的自我圆满。当客户被自己的人文精神指引的时候，他们就会成为做出更好决定的好领导，成为创造更好关系的好父母，成为提供更好学习环境的好老师，成为更能自我接纳的人，成为对世界和其他人有更多热情和慈悲心的人类伙伴。

我们为这样的目标而展开工作。我们的原则和哲学理念不是主要来源于文字或调查。相反，在本章中我们阐述的模型和方法来源于更能反映道之现象学的认知论。它也反映出我们运用各种精神传统所共同秉持的信念进行实践的直接经验。这些信念、原则和哲学思想包括：

- 确实存在着一种仁慈精神（上帝、神性存在、更高的力量等）。
- 我们都是彼此相连接的，我们是整体、是统一的。
- 我们所有人都直接接触到仁慈精神。
- 作为人类，我们被内置了一些或全部人文精神的品质。
- 194 我们总是可以得到人文精神的指引。
- 我们的人性使得自己忘记与人文精神相连接。
- 我们的人性需要的日常活动，是为了帮助自己记得我们与人文精神的连接不可分割。

人文精神是我们的客户能够在工作和生活中体验到意义和圆满的基础，基于对此的笃信，我们诚邀所有现在和将来的教练继续发展他们个人的这部分能力：

- 了解他们自身的人文精神。
- 与人文精神发展更加牢固的关系。
- 打开并倾听自己内在关于要去到哪里和如何去到那里的呼唤。
- 启发客户进入到更深层次的境界。
- 每日都能不断地实现自我超越。

我们鼓励所有现在和未来的教练支持客户再次发现自己内在的荣耀和独一无二的人文精神。我们鼓励教练在每次教练互动中，都全然地准备好让客户记起他们是谁、他们来到这里做什么、他们拥有什么样的才能，以服务和点亮这个世界。你们可能是客户人生中唯一那个能够帮助他们完成这件事情的人。

第11章

获得可见成果：一种教练模型的发展

Sabine Dembkowski & Fiona Eldridge

引言 195

当客户第一次与教练会面时，我们没注意到的事情之一就是——那些对教练过程没有任何经验的客户常常会问："你到底要做些什么呢？""到底是如何产生效果的呢？""如果我们开始一起工作会发生什么呢？"如果缺乏清晰和有结构的过程，教练很难回答这些问题，其后果就是难以向组织里的购买者说明一名企业教练会带给组织的价值。在本章中我们将说明我们发展出来的、经过教练过程检验的教练模型，并阐述我们在具体教练实践中运用该模型产生的可见成果。

经过几场完整的培训，我们就开始了教练之旅。我们发现一直有一种神秘的氛围萦绕在整个教练过程之中。在教练项目或过程中到底发生了什么，答案显然更多像是在"黑匣子"中。我们也在想，企业教练在他们日常的教练实践中到底使用了哪些主张、模型和过程，是否有什么"交易的秘诀"。为了更好地了解教练的过程，我们研究了教练及相关领域，如心理学和学习理论的大量文献。为了完成这个研究，我们还观察、访问，并与美国、英国和德国的企业教练们一起工作。我们研究的问题包括：

- 企业教练是如何获得可见的成果的？ 196
- 企业教练做什么可以对客户的业绩产生正面影响？

• 资深教练和新手有什么区别？

我们采用了定性的方法来完成调研，因为教练的过程主要与人们的行为相关，而行为不是很容易用定量的方法来衡量的。为了能够反映真实的、最好的实践，并为将来的发展提供框架性的工作，我们采用的是根植于现实世界的归纳过程。此外，我们还采用定性的方法，从教练和客户两方面考察在教练合约过程中到底发生了什么。

定性研究的好处是：

• 能够逐渐理解在相对新的领域里的研究。

• 能够提炼出在定量方法下不能捕捉到的人的行为。

• 能够抓住复杂的现象。

• 从应答者的角度描绘。

• 能够揭示那些并不显而易见的地方。

• 可以穿越理性和表面的回应。

• 有更丰富和更深的信息。

我们将在本章展示成功教练模型®（Achieve Coaching Model®），阐述这个模型是如何从我们的研究中演化而来的，又是如何应用的。本章根据模型使用的不同阶段，按照如下标题进行写作：

• 总体描述：在这部分，我们描述了模型的不同阶段，以及它是如何从我们的研究中演化出来的。

• 目标：在这部分，我们详细描述每个阶段的目标，及其对教练的总体结果的贡献。

• 观察到的资深教练的关键有效行为：在这部分，我们会描述我们观察到的资深教练的一些关键行为，进一步探索教练的“黑匣子”，并就资深教练到底做了什么这一问题提供实用的洞见。

本章包括一个说明在实践中如何运用该教练模型的例子，同时也显示了依据
197 理论发展而来的教练模型是可以在真实的教练情景中应用的——因为你可能会选择任何教练模型，毫不怀疑地从自己的经验和背景中提炼你的想法来发展这个模

型，使其适用于具体实践。

什么是成功教练模型®

通过研究我们确定，无论哪种形式，许多资深教练的教练过程都有7个步骤，成功教练模型®就是在这些步骤的基础上发展起来的，它随后是被证明有效的，在实践中可以做细微调整。最重要的是，我们实验和验证了这些步骤，并且注意到如何会有效。举个例子，在使用这个模型时，我们发现最好是反复地使用这些步骤，而不是推着客户从一个步骤到另一个步骤。

教练模型为教练过程提供了一个结构，但并没有限制每个教练自我发挥的灵活性，并且可以用来创建有意义的、有清晰结果的教练关系。它也可以就过程是怎样的，为客户提供更大的透明度，为那些具有理性头脑的客户建立信誉度。在每个阶段，教练都可以根据自己的背景和经验决定对工具和方法的使用程度。

如下7个阶段构成了模型的基础：

- 评估当前情况。
- 创造性的头脑风暴引发多种选择。
- 规划目标。
- 开发多套方案。
- 评估方案。
- 制订有效的行动计划。
- 鼓励持之以恒。

和任何模型一样，要简化流程但同时可以解释清楚，教练和客户在教练项目期间为达到目标经历了哪些阶段。就像在这里所展示的（见图11-1），在真实生活中，这些阶段被反复应用，也就是说在教练和客户共同工作的过程中，每一个阶段都会进行不止一次，重要的是所有的阶段都要经历。我们还发现，如果在前三个阶段投入更多的时间，其他阶段会进行得更加容易和快捷。

198

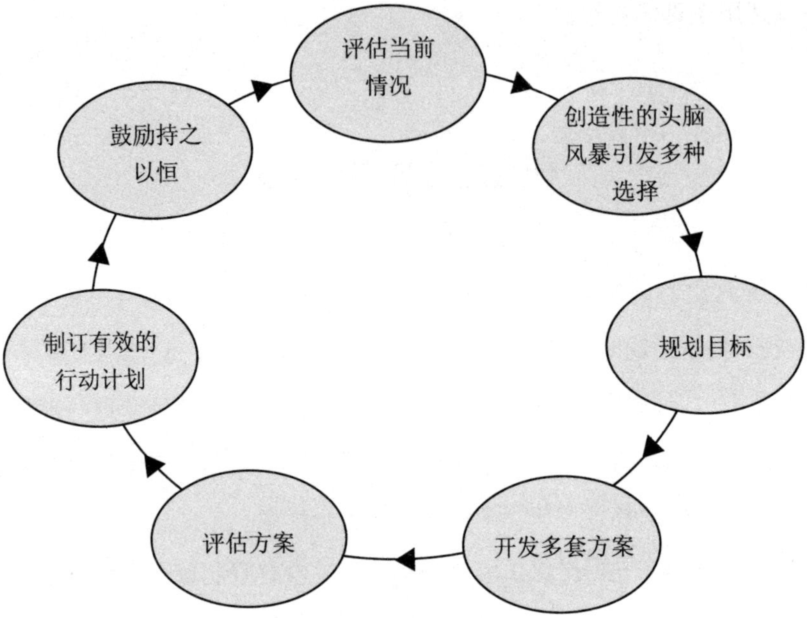

图11-1　成功教练模型®

模型发展

通过我们对那些资深教练的询问和访问，我们发现他们在签订教练合约时最常使用的是GROW模型。GROW模型是由Graham Alexander和John Whitmore爵士共同发展出来的，也是在英国知名度最高的教练模型。但是，当我们看到在实践中到底发生了什么的时候，我们会发现，为了能够到达可见结果和可持续的效果，资深教练们扩展了GROW模型。证据就是他们在帮助客户提炼目标、为目标制订行动计划之前，会花时间从客户的角度理解当前情况。这一点与GROW模型是不同的，GROW模型假设客户已经知道了目标以及如何做。

在很多情况下，客户对要教练的事情的总方向有感觉，但并不清晰特别要聚焦的是什么。通常，大多数客户可以详细描述他们不想要什么，却很少能够明确表达出他们确实想要什么。所以，我们发现在开始教练时，客户对具体的目标
199 是什么并不清晰。只是问客户“你想通过教练达到什么目标”，可能会导致客户

陷入沉默或者抓住进入头脑的第一个念头，这可能会使一些潜伏的问题得不到处理，或根本解决不了问题，进而导致客户及客户的组织对教练经历留下不好的体验。这便是我们为教练过程发展出第一阶段的原因。

模型的7个阶段

阶段1：评估当前情况

这是开始教练项目的第一步。通常都应该是第一次会面的主要内容，以便进展到第二阶段。我们经常发现资深教练在教练过程中，当客户出现新的挑战或问题时还会回到这个阶段。

教练在与客户的第一次教练过程中发展出信任、开放和诚实的气氛至关重要，这些是建立有效教练关系的要素。没有合适的气氛和深厚的亲和，客户不太可能会进行深层的反思，而这是这个阶段成功的必要条件。通过仔细地考虑他的当前情况，客户自己会增加自我意识，同时也更能够确定要与教练在哪个领域工作。

评估当前情况的另一个好处是，教练有机会为接下来的教练会谈了解一些情况。同时，对客户的最重要的好处是为他提供了时间和空间考虑所有与当前情况相关的因素，以及他的行为是如何影响到他人的。事实上，客户会常常说："花些时间来看一看是很好的，我不经常这样做，只是一遍又一遍地重复同样的事情。"

乔哈瑞窗格模型（Johari window model，Luft & Ingham，1955）是美国心理学家Joseph Luft和Harry Ingham在研究团队动力时发展出来的。这个模型有助于客户确定他要进一步探索来增加自我意识的地方。

我们确定，在与客户进行第一次会谈的时候，资深教练会引导客户进行提高自我意识的过程，他们会用到不同的问题，会从各个角度出发，如：

- 他们的组织。
- 他们的上级。

• 他们的同事。

• 他们的团队。

• 他们的客户。

200 此外，他们可能还会用到能另一些工具，如360度评估报告、心理测试等。但是，我们也注意到，资深教练从来不会只依靠这些工具，而只是把它们当作完成全貌的一部分拼图。

这个阶段的目标是：

• 为有效的教练关系建立信任基础。

• 理解客户的问题、情况和背景。

• 了解和确定主要发展的部分。

• 确定最需要发展的部分。

• 从客户的角度理解世界。

资深教练的关键行为有：

• 使用评估工具，但不仅仅靠这些工具理解客户的情况。

• 对客户的故事的确感兴趣并且具有真正的热情。

• 认真花时间从客户的角度理解情况。

• 深层倾听，这样可以让客户全身心参与，并让客户觉得他是被理解和珍视的。

• 懂得如何创建一份确实相关联和舒服的感觉，以支持到客户开启并且信任这份关系。

• 观察并记录一切言语和非言语的沟通。

阶段2：创造性的头脑风暴引发多种选择

完成对当前情况的评估后，就开始进入到要决定改变什么的阶段。在这个阶段，教练的内容全部是关于有哪些可能性的探索。它是要唤醒客户对探索改变的兴奋，它们可以是行为的、身体的或地点的改变。在这个阶段，教练的目标之一是帮助客户增加处理某种挑战或特定问题的办法。

常见的情形是，我们看见客户卡在某个点，一点儿也不知道还有什么办法。在我们的研究中看到，客户常常描述他们不知道出路在哪里，感觉就像在死胡同中走投无路或面对一堵墙一样。这个阶段要做的正是帮助客户以更广阔的视角看待自己的处境，然后找到出路。尽管这个阶段可以是有趣和愉快的，因为对无论怎样的选择都不会做评判，但是，在真实的教练实践中，我们注意到有经验的教练也常常要处理这样的挑战：预防客户进入既往行为模式的循环中。 201

这个阶段的目标是：

- 帮助客户跳出“卡住”的状态。
- 帮助客户进入到“解决”的状态。
- 帮助客户找到一个可以思考多样选择的平台。

资深教练的关键行为有：

- 使用多种工具和技术，使客户跳出原有行为模式，并打破“卡住”的状态。
- 使用创造性的问题，让客户对其在这个阶段根本没有预料到的东西感到吃惊。
- 耐心地进行头脑风暴，找到那些真正有助于解决客户当前情况的选择。
- 能够超越客户的原有反应并进行探询，帮助客户在更加广阔的范围内发现更多选择。

阶段3：规划目标

从自己的实践经验和对别人的观察中，我们都发现引导客户就解决当前情形进行头脑风暴，可以帮助客户逐渐清晰地认识到他们到底想要什么。下一步就是帮助他们斟酌这些想法以形成具体的目标。在这个阶段，教练的角色就是帮助客户精准地提炼出他们确实想要的是什么，而SMART原则有助于客户完成对目标的创建或确定。除了设定符合SMART原则的目标之外（大多数客户在他们的工作经历中都已经熟知了这个原则），我们发现再结合John Whitmore爵士（2002）的建议也是很有帮助的，即目标还需要是“PURE”和“CLEAR”的。教练还可以借助这些缩写来帮助客户澄清目标，使之更有可能实现。

PURE的意思是：

- 正面描述的（positively stated）。
- 可以被理解的（understood）。
- 相关的（relevant）。
- 符合道德的（ethical）。

202 CLEAR的意思是：

- 有挑战性的（challenging）。
- 合法的（legal）。
- 符合环境的（environmentally sound）。
- 恰当的（appropriate）。
- 被记录的（recorded）。

一旦客户设定了目标，我们的经验和对其他教练的观察所得的结论是，建议客户写下他们的目标，作为一个永久性的记录并帮助客户做出承诺。我们在研究中发现，会有一些教练忽略这一步，不设定目标或没有记录下目标。今天，我们发现越来越多的组织都有内部流程甚至模板，要求在教练项目开始前要清楚地描述出要达到的目标。定下目标之后，这就成为将来所有教练会谈的焦点。然后教练的角色就是在项目进展中，确保该目标依旧对客户重要。

这个阶段的目标是：

- 帮助客户规划目标。
- 确保选定的目标服务于更高的自我。
- 帮助客户聚焦自己的目标。

资深教练的关键行为有：

- 鼓励以正面词语精准描述目标。
- 花时间规划符合SMART原则的目标。
- 和客户一起发展出关乎更高自我、符合更高自我利益的目标。
- 确保目标是客户的目标。

• 与客户一起确定清晰的衡量标准，让客户知道如何知道目标实现了。

阶段4：开发多套方案

当目标设定完成并被记录下来之后，就进入到了下一个阶段，即和客户一起开发可以实现目标的多种方式方法。对我们来说这显然是非常重要的，如果客户只有一套行动方案，很有可能被任何一种障碍绊住，他还要花费精力来思考其他更多的方法。手边缺乏足够的准备，就会影响对行动的专注，也就会增加失败的可能。

通过进行探索更多的行动方案，增加了客户选择的广度，也可以帮助客户突 203
破以往熟悉的行为模式。教练要确保没有一种方法，无论多么有吸引力或正确，在这个阶段都不该是唯一要注意的焦点。在这个阶段，方法的数量、创新性和差异性要重于质量和现实性。为了帮助客户发现更广更多的选择，我们注意到，资深教练会使用有助于提升创造力的方法。我们采访这些教练，也观察他们实际所做，发现他们会使用各种各样的方法，具体见表11-1。

表11-1　激发创造力

	保留范式	拓展范式	突破范式
问题边界	没变	伸展	打破
对创造力的激发	低	中	高
刺激	相关	不相关	不相关
联想	自由	被迫	被迫
表达	口头/书面	口头/书面	不限
CPS举例	头脑风暴	目标刺激	智慧思考
	在头脑中描绘	比喻	丰富的图像
方法	力场分析	假设反转	图像刺激
	世界钻石		拼图

注：摘自McFadzean（2000）

我们已经吸收了其中一些方法用于我们与客户的工作，并且较常规的方法取得了更好的成效。这样做有助于帮助客户“跳出盒子”思考，因为我们通过语言将客户带离了他们原有的思考模式。在研究中，我们发现多数例子都是关于“保留范式”的。这可能是因为研究对象数量有限，这些对象包括经过特别训练的教练和有企业教练背景的教练。精通“拓展范式”和“突破范式”的使用是需要更多更深的训练的。在很多教练培训课程中，这些方法要么根本没有被涵盖，要么就是被涵盖了但深度不够。还可能是，完整的教练过程，综合使用一些激发创造力的方法就已经足够达到需要的效果了。但是，我们还是相信这项技能是企业教练需要进一步发展的能力。

客户需要为自己选择和创建出尽可能多的可能性负责。但是，有时我们会
204 知道一些寻求相似目标的客户，或是对某些客户，我们有与之相似的经验。但是请牢记：客户自己的选择权才是最重要的——这正是我们观察到的资深教练之所为——我们只是明确地给予支持。我们可以说：“这和我的经验相似，你想知道我是如何做的，以及什么是有效的吗？”换句话说，在我们给出建议以前请求客户的许可。

这个阶段的目标是：

- 开发出更多更广的可行方案。
- 鼓励客户脱离常规，也就是跳出原有正常的行为模式。

资深教练的关键行为有：

- 在教练过程中展示信心，和客户一起为达到目标探索多种方案。
- 使用更广的提问方式和其他方法激发客户产生方案。
- 为客户穿越时间和空间，在更广的范畴内开发方案。
- 确保方案是客户的，客户拥有真正的所有权。

阶段5：评估方案

开发出一系列方案后，就进入到下一个阶段，即对这些方案进行系统评估，确定行动计划。这是让客户在日理万机的生活中，依然可以聚焦并承诺于实现目

标的另一个重要步骤。这是我们从商业计划发展过程中学习到的一个步骤，因为我们发现如果方案太多，反而会阻碍客户。当客户看到有太多方案，却缺乏清晰的第一步计划时，这种被卡住无法前进的感觉会非常明显。

奇怪的是，我们发现那些擅长评估商业计划的客户，对于用同样的技术来评估个人发展却感到困难。而我们通常用的评估也正是客户自己常用的评估矩阵和标准（见图11-2），当然，这些标准的实际含义取决于客户的不同背景和不同的教练主题。矩阵是由各种方案及其评估标准组成的。矩阵一旦形成，就要让客户按照1～5的评分（1分为最低，5分为最高）进行评估。打分评估后，每个方案都 205
会得到一个总分，获得最高分的是优先方案。这时教练的角色是提醒和鼓励客户使用这个工具。

	评价标准1	评价标准2	评价标准3	合计
方案1				
方案2				
方案3				

图11-2 评估矩阵举例

这个阶段的目标是：

- 帮助客户确定可以用来评估方案的标准。
- 根据标准评估方案。
- 确定优先选项。

资深教练的关键行为有：

- 鼓励客户设定适合自己的可用于方案的评估标准。
- 确保这些评估标准为客户所有，因为这是决定选择或放弃哪些方案的基础。
- 耐心等待客户完成对所有方案的评估。
- 确保记录重要的方案和评估标准，并可在将来用于参考。

阶段6：制订有效的行动计划

客户已经有了规划良好的目标和喜好的方案，下一步就是制订详细而具体的行动计划了。我们和其他一些教练的经验是，许多企业和客户把可实施的书面计划看作教练项目会成功的可见证据。通过把目标分解到每个小小的行动步骤里，
206 即使有的客户以前有过因为感知到目标太大而觉得困难的经验，也可以让他在没有感觉到困难之前，就觉得是在向着目标前进了。在我们的研究中，客户计划的复杂程度差异很大，从简单的几个行动到涉及项目管理技术的庞大计划。但是，重要的不是形式如何，而是客户是否自己喜欢——这是一个为了实现目标，让客户采取行动、兑现承诺的过程。

制订行动计划不是教练项目结束时才发生的事情。我们总是确保每次教练会谈都会让客户采取一些有针对性的行动去实现承诺。但是在教练项目结束时，再让客户为离开教练之后的一段时间内制订一些行动步骤对客户很有帮助。在这种情况下，制订计划可以看作为准备结束教练项目和教练关系的一部分。这是很重要的，因为教练是短期的、聚焦于过程的，不应该导致客户对教练的依赖。

这个阶段的目标是：

- 得到行动的承诺。
- 确定具体的行动步骤，使得客户能够朝着目标前进。

资深教练的关键行为有：

- 和客户一起创建非常详细的行动步骤。
- 得到对计划的承诺。
- 通过提问帮助客户制订详细的行动计划。
- 和客户一起审查计划的可实现性和达标性。
- 写下行动计划。
- 确保对计划的承诺。

阶段7：鼓励持之以恒

在这个阶段，教练的角色是帮助客户持之以恒地向目标前进，不仅仅只在教

练项目结束时这样做，在每次会谈之间也要这样做。显然，这样做是在鼓励客户前进，但是在我们的研究中也发现有些教练在教练关系期间没有这一步。在研究中我们发现，从客户对教练的调查反馈中得知，约40%的客户报告其教练并没有在每次会谈中都跟进了他们上一次计划的进展情况。强化是非常重要的，即使是对很小一步的计划，这对让客户持之以恒并增加信心是非常重要的。不断的强化和鼓励会让持续的改变变得容易。 *207*

这个阶段的目标是：

- 帮助客户保持前进。
- 确保实现教练项目既定的目标。
- 回归进展。

资深教练的关键行为有：

- 对客户的进展显示出持续性的兴趣。
- 组织规律性的会谈，确保客户前进和跟进他的计划。
- 知道何时要终止教练项目，在教练的全程中保持评估，避免客户的依赖。

案例研究

在过去的几年中，我们在公共组织领域和许多大型组织中的企业教练一起工作。在这里展示的案例来自某个公共组织，但是它所反映的却是很多组织面临的共同难题——在一个新项目开始的头一百天，如何使领导效果最大化？公共组织的区别在于外部的股份持有者对资金的监管程度。

通过这个案例，我们展示教练的七个阶段是如何展开的。正如前面我们已经阐述的，教练过程是在这几个阶段之间恰当的反复运用，而不仅仅是线性的单向运行，这是一个重叠往复的过程，总体上，通过一次次的教练会谈让客户朝着自己的目标前进。

让我们开始介绍Peter和他的教练项目。

客户

客户是某个公共组织的首席执行官，这是他首次领导一个全国性的组织，这是他在该组织的第一年。他四十多岁，已婚，有孩子。

208 ## 背景

作为这个组织的领导和公众任务，他希望致力于确保自己和组织都能够获得内外部客户的鼎力支持。

教练过程

第一次会谈

就Peter当前的角色、成就、内心的渴望和担忧进行广泛的探讨（阶段1：评估当前情况）。他显然对自己的长处和需要提高的地方有着非常理性的了解，同时他已经投入了很多的时间、精力和想法来建立一支优秀的高层管理队伍，以支持他和组织达到目标。在我们的教练会谈中，Peter开始提出一些问题，而这些问题在他看来对于教练的成功是非常重要的。这些问题是：

- 我如何能够做得更好？
- 什么是我能做的，同时又可以带来不同效果的？
- 在影响组织内部动力方面，首席执行官的角色是什么？
- 如何做到规范化和随性随意之间的平衡？
- 如何更加主动创建以及清晰我的愿景，而让他人可以更好地支持我？

因为组织尚处在发展的初期，无法得到任何前人的建议，我们决定下一步先针对内外部资源寻求360度评估的反馈。这将给教练提供有价值的信息，同时也可提高客户对自己所作所为的自我觉察。我们还一起探讨了从他的角度来看，教练项目的成功是什么状态。总体上他希望的结果是帮助他发现一些新的主意，提高他作为首席执行官的业绩。他还说如果能够了解到哪些他已经做得足够好，而哪些还做得不够而需要改变，这也将会对他帮助很大。因为还没有进展到规划目标的阶段，我们会记录下他的这些渴望，在以后规划目标的阶段使用。

第一次和Peter会谈时间很长，他也确实花了很多时间思考自己。在这个阶段，Peter好像充满了对合约方和组织共建者的担心和忧虑。在会谈结束的时候，Peter承诺要确定和联络要给予360度评估反馈的人选（阶段7：鼓励持之以恒）。 209

第二次会谈

在这次会谈中，Peter做了很不寻常的事情，就是邀请他的执行团队加入约谈，一起倾听360度评估反馈的结果。他拿到了最初的报告，想与他的团队一起分享结果。这样他们能够——第一，看到他们的视野被扩大了；第二，让他们也加入到引领组织向前发展的行动中，因为他们是组织的核心成员。

我将展示的调研结果形成了书面报告。作为教练，这是一个看到客户每天在所属环境中所作所为的良好机会，同时加入了我对他当前情况的理解（阶段1：评估当前情况）。对Peter来说，也是一个机会去尝试新的行为和想法，并从我和他的团队中得到建议和反馈，这些新的行为和想法是在最初的360度评估反馈结果出来之后，我们在电话会谈中他自己提到的（阶段2：创造性的头脑风暴引发多种选择）。在这次团队会谈结束时，Peter承诺依据这些建议确定关键计划（阶段4：开发多套方案），并带到下一次会谈中进行讨论。

第三次会谈

这是一次非常富有挑战性的会谈，因为Peter看到了如此多的反馈都是关于组织有哪些问题，而不是他个人有哪些问题的。无疑，这些反馈者们感到，除了组织要改变之外，Peter需要展现自己有能力引领组织改变。Peter开始着手制订行动计划，但是他更多聚焦于组织。所以我询问他进一步反思调研的结果，因为我想让他认识到自己需要做哪些改变。反馈中关于Peter的要点总结如下：

• 长处（保持并利用）：

- 为组织的目标有个人的承诺和精力的投入。

- 可以通过会议和其他一些公共平台获得利益相关人的支持（但是还需要继续关注）。

210 - 支持员工。

- 有灵活性和能力处理改变。

• 需要提高的地方：

- 与高层管理团队的沟通和获得他们的支持。

- 策略发展和执行力。

- 书面沟通和“书面工作”的能力。

- 在董事会上得到最强有力成员的支持。

- 清楚地区分什么是组织要做的 —— 也就是区分开什么是组织要做的，什么是其他的一些成员要做的。

- 展示抓住关键问题的权威性 —— 根据真实情况描绘成功结果。

- 聚焦于看透事情而不是具体现象。

- 与中央政府沟通并获得其支持，展示有能力推进和加强对他们需求的理解。

核心问题对我来说越来越明显了，但我不太确定Peter是否已经完全理解了他所面临的情况。我们又回顾了360度评估反馈，Peter开始针对自己而不是组织确定有针对性的行动计划（阶段4：开发多套方案）。在会谈结束时，Peter撕掉了他计划的草稿，承诺回去后要再做一个更加强调个人改进的计划，带到下一次会谈中进行讨论（阶段6：制订有效的行动计划；阶段7：鼓励持之以恒）。

第四次会谈

正如我想的，Peter又返回到了旧有的模式里，在下一次会谈中他的反复令我吃惊。经过对360度评估反馈的反思，他最终确定了问题的关键——他的沟通风格。他讲话和演讲的方式太泛泛，看起来会很傻或传递了错误信息。他被认为很善于描绘宏观愿景却不能关注细节，因此人们会怀疑他的实操能力。现在是让他改变自己原有风格的时候了。

我们谈了很多次，寻找哪些方式可以使他能够有所不同（阶段2：创造性的头脑风暴引发多种选择）。作为回报，结果形成了非常有针对性的目标（阶段3：规划目标）。Peter看到自己的目标是和董事会及外部最大利益相关人的沟通有关，他决定重新修改自己的行动计划来实现这样的目标（阶段6：制订有效的行动计划；阶段7：鼓励持之以恒）。

第五次会谈

211

Peter刚刚从一天的董事会上回来。董事们给他非常大的挑战，但是根据我们已经制订好了的计划，他使董事会相信：无论是他还是组织都在正轨上发展。当然，还是有一些董事们怀疑他是否真的会改变，还是只说了他们想听的。

这促使我和Peter一起从他们的角度考虑事情。把自己放在他们的位置上，什么会让他们相信呢？

这些练习又给peter带来了新的洞见，并帮助他重新考虑为实现目标所采取的策略（阶段4：开发多套方案）。在会谈结束时，Peter决定用一个有针对性的例子作为具体证据，说明他和组织是如何正在走向成功的。

最后的会谈

在最后一次会谈中，Peter看到自己第一年的工作取得了非常好的成效。这增强了他的信心并可以帮助他推动更具挑战的事情，如组织内部的架构改革，以便更好地回应外部利益相关人的需求。在360度评估反馈中我们引入了外部利益相关人的视角，而这些改变是360度评估反馈的副产品。Peter感觉到自己现在无论是从组织内还是从外部董事会都得到了更多的支持，无论他个人还是组织都对外部的影响力更大了。在很大程度上，尽管意识到还有很长的过程，他达到了自己的目标，并需要持续保持注意力。我们花时间一起反思了整个过程和他取得的进步（阶段7：鼓励持之以恒）。Peter非常认可我们带给他的价值，不仅帮助他达到了目标，还包括这样一个简单的事实：花时间和一个独立的回音板一起体验事情。

我们讨论了下一步计划，他决定创造时间和某个同事们一起工作，来反思和讨论他从行动学习模式（从他参加的高管管理课程中学到的）转变到保持规律性的独立挑战的模式。尽管我们偶尔还有邮件往来（阶段7：鼓励持之以恒），我已经不发挥作用了，Peter现在已经有持续性的策略把自己带向职业生涯的另一个阶段。

212

结论

在本章中，我们阐述了成功教练模型®的发展过程，并举例说明在实践中该如何应用。我们这样做的目的在于照亮教练的“黑匣子”，让教练过程更加透明，从而为促进教练原则的发展及其在组织中的实践做出贡献——为了教练从业者的利益，为了教练行业的利益，也为了客户的利益。

我们希望在这里描绘出的步骤，可以抛砖引玉地引来更加深入的研究，这些研究涉及教练的整个过程及其每一步的有效性——这对客户和教练结果又有什么影响；我们作为教练从业者，如何能够进一步提高教练水平。我们欢迎和研究、使用这个模型的学者、从业者们一起，团结全世界使用各类模型的教练们，就其应用以及如何进一步发展和改进进行更多的对话。

参考文献

Berg, I., and Miller, S. (1992). *Working with the problem drinker*. New York: Norton.

Luft, J., and Ingham, H. (1955). The Johari window, a graphic model of interpersonal awareness. *Proceedings of the Western Training Laboratory in groupdevelopment*. Los Angeles: UCLA.

McFadzean, E. S. (2000). Techniques to enhance creative thinking. *Team Performance Management*, 6(3/4), 62–72.

Whitmore, J. (2002). *Coaching for performance: Growing people, performance and purpose* (3rd rev. edn.). London: Nicholas Brealey.

要点回顾 / David B. Drake

213 这一部分探讨了教练如何用于解决当今工作和社区环境中所存在的6个重要问题。这几章展现了作者的专业知识以及相关的与客户工作的实践体验。即使这些应用范围不在你擅长的领域之内，它们还是可以提供许多关于发展为成熟职业人士的有价值的视角。在关注精彩内容的同时，你也可以追溯解释的过程。不论你是刚刚接触教练的新人，还是自认为经验丰富的专业人士，我们都诚邀你思考以下问题，作为认识自己、认识客户、认识教练实践的催化剂。

第6章　欣赏式探询教练：提升心理坚韧性（Sandy Gordon）

（1）你如何描述和评价自己的心理坚韧性？基于本章的信息，在生活中，你希望自己在哪些地方具有更多的心理坚韧性？你如何实现这一期望？

（2）你的教练方式在多大程度上是基于优势的，并且是欣赏式的？果真如此吗？在欣赏式探询4D循环中，哪一个阶段对你来说是最容易的，哪一个阶段是你最需要发展的？你如何能在你做得最好的方面发展更多？

（3）作为教练，在弹性方面，你从本章中获得的最关键的启示是什么？

214 **第7章　非评判的国际教练：跨文化教练的经验（Charles Hamrick）**

（1）在你的经验中，最早是哪些体验让你意识到文化存在于你自身或他人身上？围绕这些体验，你的成长故事有哪些？这些体验又如何形成了你在做教练时处理文化因素的模式？

（2）在你的教练体验中，你对沉默的感受如何？果真如此吗？在这些对话中，你如何做到或可能做到更多地觉察到你自己的和客户的文化因素？

（3）作为教练，在认识论方面，你从本章中获得的最关键的启示是什么？

第8章　通过教练干预减轻工作压力（Kristina Gyllensten）

（1）你如何管理在你的生活和工作中带来压力的事物以及压力本身？关于如何有效应对自己和客户的压力，你从本章中获得的启示是什么？

（2）你如何研究自己的工作方式和成果，使之成为你自身不断提升和发展的一部分？是否有个场所，比如在监督之下的场合，你可以谈论你的工作中进展不顺或者没有如期进行的事件？

（3）作为教练，在自我评估方面，你从本章中获得的最关键的启示是什么？

第9章　教练智慧：使明智决策成为可能（Peter Webb）

（1）你认为你教练的目的是什么？哪些知识和经验说明了这一目的？你怎样深化你对这一目的的发展和本质的理解？

（2）在看待智慧的多种方法中，哪些对你来说是不寻常的？在哪些方面你认为自己是有智慧的，在与客户一起工作时，你怎样才能更加充分的利用这些智慧？

（3）作为教练，在对智慧的认识方面，你从本章中获得的最关键的启示是什么？

第10章　教练人文精神：认识你自己（Peter J. Reding & Marcia Collins） *215*

（1）你的人生经历、你的“故事”的哪些方面影响了你作为教练的发展？你怎样才能从这些经历中汲取旺盛精力和缜密思维，即使你致力于引发客户“自己的最好答案”之时也不例外？

（2）你认为“什么阻碍了你”和“什么鼓舞了你”这两种方式之间有什么样的不同？你倾向于使用哪种？这种方式对你来说是否有效？

（3）作为教练，在人文精神方面，你从本章中获得的最关键的启示是什么？

第11章　获得可见成果：一种教练模型的发展（Sabine Dembkowski & Fiona Eldridge）

（1）你最先使用的教练模型是什么？从那之后，你如何增加自己在此方面的知识？如果要为新纪元建立教练模型，你会推荐哪些步骤？

（2）你如何批判性地回顾和测试你在教练实践和教练行为中所使用的教练模型，不论是你自己发展的还是学自其他教练的？

（3）作为教练，在勤勉方面，你从本章中获得的最关键的启示是什么？

第3部分

组织中的教练

第12章

团队教练：基于团队动力的教练模式

David Clutterbuck

很难想象一个组织是没有团队的。团队是组织里的一个基本成分，有了团队，大块工作可以被分割，形成功能链，团队在其中扮演不同的角色。可以说，除了领导力方面的研究以外，对团队的学术研究远多于对组织流程中其他方面的研究。 219

在企业中使用教练是一个最近被广为关注的议题。到今天为止几乎还没有多少实证研究，目前可以搜到的大多数研究，本质上其实更倾向于定性研究而非定量研究，也就是说，我们仍然在试图定义那些流程，而不是评估它们。少量定性研究主要聚焦于显示高管教练方面的投资回报率。

对工作团队教练的研究很少，把这两个课题（团队和教练）组合在一起的研究更少。大量的文献检索只找到一篇典型的研究型文章。它基于以前的两个研究：一个是Hackman和Wageman在2005年做的团队动力研究，另一个是Gersick在1988年做的关于项目团队在项目的不同阶段（研发阶段和完成阶段）对各种任务的适用方法。根据早期的研究工作，Hackman和Wageman（2005）认为团队教练需要在团队不同的发展阶段使用不同的方法，这一原则能够用于除项目团队以外的任何团队。不过，他们最有说服力的推断仍然停留在理论层面，还没被团队实例所验证。

看上去，我们的知识量还是非常稀少的，在通过网络搜索随机选取到的50篇关于教练的文章里，有29篇声称在用某种形式提供团队教练。最近，用谷歌搜索 220

“团队教练”，产生了1 940万个链接。问题是：在提供团队教练服务的时候，提供者们是基于哪些知识来做的？那些大量的关于团队结构、类型、行为和有效性的文献为确定教练干预提供了很好的起点，它们也许能够极大地帮助团队认清该怎样运作和建立必需的技能来改善绩效。

通过与不同教练的讨论，我发现他们可分为截然不同的两类：一类教练仅仅把个人教练的方法搬移到团队教练里，再加上一点协助措施和团队建设手段，操练一下；另一类教练则从深度理解团队的动力开始，仔细区别团队协助和团队教练的差异，在处理极其复杂的过程中所引入的对道德和实操的考量，并对此有一个清晰的感知。后者，是面向更小团体的教练。

在这一章里，我会从一些人类学背景来探索人们在团队工作和团队教练中的本能。然后回顾团队动力里的关键问题，并介绍团队的类型。我还要探索团队教练和个人教练的不同，以及团队教练和团队辅助的不同。最后，我还要提及一些需要团队教练帮助团队去管理的问题，以及属于外部资源的团队教练和客户组织之间关系的本质。

人类学视角

作为这个星球上的主导动物，我们这支灵长类的特别族群的胜出被归结为一系列意外。每一次意外都赋予我们一种能力和本能，借助于此，增加了我们存活的概率，也增强了我们对环境的控制力。到底是能力的增强在前，还是本能的增加在前？我们只能猜测，但很有可能，它们是同时发展的，因为一项有用的本能是随着对它控制方式（即能力）的发展才能变得更加可管理。特别地，有三种能力与本能的组合，与本章内容是极其相关的：

- 智力与好奇、探询的本能。
- 演讲与传递知识和技能的本能。
- 社交能力与合作达成集体目标的本能。

人类具有所有上述能力和本能，并在很大程度上强过其他所有物种，包括我们的近亲猿猴。我们的社会进步和技术演进的速度跟这些日益增强的能力和本能的组合密切相关。很可能，社会进步和技术演进的速度已经超过了我们基因进化的速度，因此，在发达经济时代，生活压力和紧张感与日常生活如影相随；而未来学家大都认同这样的观点：早在几十年以前，我们自己的智力就已经不足以理解我们创造的思维机器的智力（Kurzwell，2005）了。比如，德国斯图加特的一个心理治疗研究院和乌尔姆大学医院的科学家们2001年对超过400个通勤人员做了一个研究，发现如果单程车程时间超过45分钟，通勤人员的病痛（头晕、疲惫和严重睡眠障碍等）发病率和严重度差不多是非通勤人员的两倍。 221

最近，关于智力到底处于大脑的外侧额叶皮层的哪个区域的发现，刚好是另外一个急速扩展领域的一部分，这个领域就是在探索我们是怎样去了解自然的，以及我们各种形式的智力是怎样工作的。可是，如果没有好奇心的话，智力是结不出果子的。好奇心和智力的结合可以引导人类去试图理解周遭世界，去开发工具以及相应的策略以获得更强的控制力，去体验和持续地改进技术和技能。

我们的沟通能力原本仅仅是一个在社会群体里协调各种活动的手段，比如，觅食和打猎；它能给我们必要的手段去分享那些知识和技能，使得我们能够把在一个文化里保有的和在一个区域里领先的东西迅速传播到另外一个地方去。可是，如果没有分享的本能，传播就不会发生，或者说，至少会慢得多。分享知识和想法对于增进健康、安全和社区的生存能力贡献良多。由于我们的技术分享变得越来越有效，也越来越快捷，重大的社会和技术变革的运行时间已变得越来越短。对于我们的祖先来说，能够借助诸如数字、画图和隐喻来表达抽象想法的能力是沟通和分享知识的一个至关重要的手段。所以，在现代社会里，教练理所当然地要帮助他的客户量化他们的承诺、目标和感觉，要使用概念化的模型描绘出客户当下状态里各种复杂因素间的关系，以及经常利用隐喻和故事去创造一种比较，激发不同的视角。

合作的本能很多时候会出现在自然社会里跨越种族的合作中。如果一个人能够保护群体或被群体保护，他的生存概率就会更高。社会群体发展出自己的规 222

则，确定何时和怎样为自己和群体争得利益，也制定一些规矩去对付那些有欺骗行为的人。（有趣的是，在所有种群里，人类具有最发达的社会欺骗手法；而在发展欺骗能力和识别欺骗能力之间一直存在着革命性的竞赛！）大量通过博弈论旨在研究人类正义感的实验显示，我们内在的正义感总是引导我们去惩罚那些欺骗行为，即使我们会因此受到伤害。我们所发展的社会技巧有先天的，也有后天习得的。在一些成员比较固定的小群体环境中演进而来的能力，并不总是适用于大组织里的运作，甚至也不适用于成员变化频繁的小群体，或一个人同时属于几个小组的情形。我们遭遇的很多困扰，比如在城市生活，比如保持远距离同事的关系，其实也反映了我们内在的社交技能与现代社会对我们的要求之间的不匹配。

有趣的是，最近的关于文明兴衰的理论（Buchanan，2005）表明，那些能够学会更好合作的群体会发展出社会凝聚力，进而导致帝国的建立。通常，他们会在相对混乱的已经存在的帝国边缘出现。同样的理论显示，人和人之间出现不平等时会导致帝国的灭亡。最终，帝国内不同组织间的社会竞争会压倒把他们凝聚在一起的协作力。同样地，很多大公司或很强的工作团队也经常有这样的经历，他们从一个混乱的大的组织中或极具破坏性的市场中脱颖而出，接下来，他们内心毁灭的种子又会在组织间的冲突中萌芽。

这三组能力与本能的组合（智力和好奇、演讲和分享知识与技能、社交和合作）在团队工作里占据重要地位。你也许会想，要是能够充分挖掘我们合作的技能，以最有效、最有创造力、最享受的方式推动总体工作的进程，该是多么理想的状况啊。不幸的是，团队的合作鲜有以如此优化、有效的方式展开的。就像每个个体，他们都不是很了解自己的强项和弱项，绩效下滑的冲突经常上升为对社会凝聚力消失的恐惧。然而社会凝聚力（很好地聚集在一起）并不一定会转化为高绩效。进入团队，作为一个客观的观察者，教练应该帮助团队成员：

223 • 识别和理解团队的动力和心理。

• 找到那些阻碍团队集体绩效的问题，并把它们示于人前。

• 建立并追求团队的集体目标，不仅仅关注任务本身，还要注意到团队“怎样”完成任务（特别是，团队该怎样学习，每个成员该怎样表现）。

• 在关键点提供支持和鼓励。

就三组能力和本能的组合而言，团队教练：

• 把探询现行做法的过程合理化，并提出朴素的问题。

• 帮助团队发展内部人员之间以及与外部相关人员之间沟通的技巧。

• 帮助团队发展那些能够促进合作的行为模式。

为达成上述目标，团队教练需要深度理解团队本身的功能以及团队成员通常是怎样回应内部和外部的影响力的。他们需要一系列的手段，既能解决当下紧急且重要的议题，又能发展出一些流程和行为模式以支持团队和个人的持续学习。下面的内容描述了团队教练应熟知的有关团队职能的一些重要知识。

团队动力的重要议题

大量的有关团队的研究抛出了一些关键性问题，其中已经被回答了的问题包括：

• 工作环境里的团队是什么？

• 团队的规模是怎样影响它的潜在绩效的？

• 什么能够让一个团队的工作更有效率？

工作环境里的团队是什么

很明显，一群不相干的人凑到一起并不一定能构成一个团队。正因为如此，组织里很多这样的群体，特别是在高层，并不能算作一个团队，即使他们自称为团队。只有当一个群体的成员间的互动有一些特别的、本质的特性时，这个群体 224
才算是一个团队。John Katzenbach（Katzenbach & Smith，1993）曾经就人们对团队和群体的混淆写下了很多的文字，他是这样描述一个团队的：“技能互补的一小组人，他们共同进退，为一个共同的目的、绩效目标和方案一起工作。”让我们看看这里使用的词汇。

第一是“小的”。在构成团队之前，规模是被限定的。心理学家在谈论“社会惰化”时描述了一个现象，当团队的规模变大时，人们就会缩回到满足于他们自己的努力和承诺里。好像是这样的：平均来说，一个人独自工作时所付出的努力是他在与8个同事共事时付出的两倍（Ringelmann，1913）。很多的研究试图发现理想的团队规模，但它似乎与团队本身任务的特质有关，特别是与团队成员之间的相互依赖程度有关。这个团队越是需要整体化，规模就越要小——一个需要功能高度整体化的团队，规模最好为5～8人（Ratcliffe，Beckstead，& Hanke，1999）。许多的工作团队要么太小，缺乏多样性；要么太大，影响有效性。太大的团队常常要被分化成若干小组，或需要彼此合作，或不需要。

第二是“技能互补”。小组并不一定要利用其成员的技能多样性，也无需照此划分角色。要成为一个团队，成员必须主动合作去试图一起完成任务，而不是被多样性制约。

第三是“共同的目的或目标”。团队的目标从何而来？它们是否能被团队一致地认可？团队与群体的区别就在于，所设定的目标对团队的每个成员都有意义，而且他们能够在如何达成这一目标方面取得一致。群体虽然也有共同的目标，但却是定义在更宽泛层面上的，而在每个人的角色和在达成目标的方法上缺乏一致性。团队还会兼顾每个成员的个人目标，并在集体合作的基础上将这些目标排定优先级。

第四是“共同进退”。在团队里，大家一起分享成功和失败。举一个反例，许多销售团队过于强调个人的奖金，结果削弱了成员间共同进退的观念，致使整个集体失去了被认可和嘉奖的机会。

其他关于团队定义的重要因素包括：

- 有集体感，有边界和能够区分团队内部与外部的东西。群体也可以采用不同的语言、假定和名词，以使自己区别于外界，但团队却会把它们看作完成任务的工具，而不仅仅是标志其社会属性的一个标签。
- 225 团队比群体使用更具结构性和更具变化的沟通方式。团队成员会投入更多的精力去保持沟通的质量，以及团队内外的相互联系。

• 相对于群体，团队成员彼此之间会给予和企盼更多的支持。为了相互鼓励、帮助和指导，他们能够感受到彼此的需求并积极回应。如果需要，他们甚至可以把自己的重要事情放在一边，宁可自己一时不便，也要提供这样的支持。

• 团队具有更强的能力，使得大家去调适自己的做法以达成集体的目标。

因此，团队教练的首要任务是分辨他所与之工作的一组人到底是不是一个团队。如果这只是一个群体，而不是团队，教练需要与成员和其他利益相关者来一起决定：

• 把这一组人当作一个团队有多重要？（会有什么不同呢？这样一个因分享日程而在一起工作的群体，能否达成共同的目标？）

• 他们愿意为了变成一个团队而投入学习并执行所需要的管理吗？

• 变成团队要花多长的时间？

• 如果这个群体像团队一样操练，他们所在的环境能够多好地支持到这份努力？

• 每个成员曾经有过什么样正面和负面的团队经历？这些经历怎样影响他们今天组成团队的意愿？

理解团队动力

假定成为团队是集体的意愿，或者这个群体已然像一个团队一样来工作了，教练则需要理解团队最基本的一些动力。以下将讨论到一些关键的问题。

成员关系的多元性

多元性可以是强项，也可以是弱项，取决于你如何经营它。最近的研究（Early & Masakowski，2000；Fay，Borrill，Amir，Haward，& West，2006）显示，同质性团队（团队成员看到其他同事就像看到自己）在短时间里会比异质性团队表现得更好，可是从长期来看，异质性团队则更有创造性，也更富有从内部引入改进的能力。变化最少的团队是那种同质性和异质性混搭的团队—— 226

人们会按自己所感知的亲和力分成小团体。可是随着时间的推移，有些异质性的团队，当其成员被允许去创建自己的文化和规范的对话体系时，会有超越对应的同质性团队的上乘表现。研究没有告诉我们教练是否在这个转换中扮演了某种角色，但这肯定是在团队教练过程中有待开发的一个领域。

什么使团队具有创新能力

研究不支持“给予团队更多的自主权可以使其更具创新能力”的说法。相反，自我管理能够导致更严格的，甚至自创出若干比现行还多的规则和规范（Barker，1993）。最常见的理由是，人们会忙于不停地退回来反思而消磨了创新能力。作为团队教练，关键是为团队成员提供反思的空间和机会，教给他们一些能够有效利用的技巧。教练也可以鼓励团队成员对一些想法和朴素的问题变得更开放。不幸的是，很多团队或群体都会多少忽略“自己就是这个领域的先知”的事实，也拒绝那些来自外部的想法，就因为它们“不是在这里产生的”。

在教练一个团队时，我开始怀疑他们对自己的创新能力评价很低；这个判断在他们回答我的问题时得到了印证，从而就自然地引发了更多的问题：

- 创新能力对一个团队的绩效有什么价值？
- 这种自我限定是从哪里来的？
- 这个团队何时有过创新能力？
- 需要做些什么，才能更经常地逮住创新时刻的那些特质？

在这个例子里，当认定负责创新的人“卡壳”了，而且创新已经成为整个组
227 织的目标时，团队成员要相信自己仍然可以创新，而且渴望创新。只有在这个时候，当我们一起经历这一切时，才可以适时地给他们介绍那些实用的创新技巧。

如何取得团队内部和外部的有效沟通

Ancona及其同事们的研究（Ancona，1990；Ancona & Caldwell，1988，1992）指出，团队需要有垂直向上的（大使级沟通）和水平的（内部的和与其他团队的）有效沟通；他们还需要能够有效地扫描环境，也就是能够发展出一种沟

通网络，使他们能随时了解到相关技术、市场和组织政策的变化。相应地，团队教练可以探索那些关键的问题，比如：团队要花多少的时间和精力来做沟通？怎样保持团队的名誉（从他们目前在相关利益者中已建立的名誉开始）？团队成员的沟通技巧如何？以及在岗位需求里中是否提及对沟通能力的要求？例如，在回应教练的一个敏锐问题后，一个团队意识到，每月分发的内部客户满意度表格实际上是阻碍沟通的一个屏障，因为它不是直接地跟内部客户沟通；而直接沟通会立刻对本团队的名誉和与其他团队的合作产生正向的结果。

团队如何应对冲突

冲突并不一定是破坏性的。人际关系的冲突（基于对对方的反感）通常是功能失调的，但任务冲突（怎样完成任务）和流程冲突（怎样协调责任和资源），如果处理得当，可以提升团队的效率（Jehn，1995）。这类形式的冲突可以帮助团队建立对复杂事物更强的理解力，避免群体思维（本位思维），激发创新。通常来说，越复杂的工作，越有化冲突为利益的潜力。

教练过程中开发的一个有效方法是，鼓励团队在相对于目标、动机、价值和方法的框架下检视事件和关系资源，以及任务和流程冲突。首先，团队里的每个个体建立自己的冲突矩阵；然后，如果分有小组，可以把大家的想法整合到一个更具体的矩阵里；最后，整个团队的感知被整合到一个复合矩阵里。这种方法带来的经典成果包括一套识辨和管理冲突的基本行为准则，以及一套集体学习的目 228
标，可以对未来的冲突状态做无责难分析。

团队如何决策

当询问一个团队是如何做决定的时候，结果相当具有揭示意义。这并不仅仅是因为他们没有好好想过这些。对很多的团队来说，大家都感觉那个决定好像就是一个讨论以后的结果，或者说共识就那么出现了，或者领导决定了我们该做什么。实际上，一个有效的决定要涉及一系列思维步骤，包括识别问题、理解问题、确定问题，从不同的解决方案中做选择，然后跟进详尽的执行计划和行动。

这一过程中会有很多可能出错的点。在最初评估阶段，教练也许希望帮助团队确定当前决策过程的本质和质量。下面是一些有用的问题：

• 是不是经常不得不在匆忙之下做决定？

• 做出决定以后，是不是经常会推翻它？

• 决策通常会带来集体承诺吗 （跟共识不一样）？

• 是不是每个人都知道决策是如何做出来的？

• 是不是团队成员都同意什么时候可以依据部分信息做决定，什么时候必须基于更详尽的信息才能做决定？

• 是不是很清楚哪些人应该参与哪些类型的决策？他们各自扮演什么角色？

团队及其领导者之间关系是怎样的

领导者，无论是正式的还是非正式的，都对团队绩效有着巨大的影响。过多的管理噱头、责任推诿均导致团队内部的冲突和目标不明。为了理解一个特定团队及其领导者的功能，教练需要去探索以下的问题：

• 团队成员及其领导者之间相互尊重程度如何？

• 团队的工作环境能否提供心理上的安全感？（即，团队成员能否无所顾虑地说出自己的想法？）

• 领导者会花多长时间在他的团队里发展天赋？

229 • 团队的每一位成员有多么相信他们能够取得他们所表述的？——信心的缺乏往往在实际表现中会变成自我实现的预言（Livingstone，2003）。

团队是否平衡地专注于任务、行为和学习

下面将提及的我们对于学习团队的研究（由Clutterbuck于1999年做出报告），是想了解各种不同的团队是如何管理学习的。在有关团队参与度的访谈中，我们发现了一个有关团队焦点的概念。那些案例里的团队描述了他们是怎样奋力聚焦任务、行为和学习几方面的平衡，案例显示（虽然还没经过严谨的研究来测试）这三个方面都是非常关键的。如果不能聚焦任务，会导致大量无效的努

力；没有对行为的关注，则会导致负面的冲突，从而减弱整体的绩效；缺乏学习则使得团队的思考和进程越来越脱离任务的执行。下面这些有用的问题可以帮助教练引导每个人去关注自己是否专注于这三方面并保持三者之间的平衡：

- 是不是每个人对任务的重要性都有一样的理解？
- 这个团队在避免谈论什么？
- 你怎么知道在你的团队里的学习节奏跟得上环境变化的步伐？

看起来，有效的团队教练需要在目前一对一的教练能力里面加入几项技巧，特别地，他们需要：

- 有基于实践（实操的）经验和大量调研阅读基础上的对团队动力的深度理解。
- 能够识辨组织里各种类型的团队，了解团队成员和任务的不同会如何影响其行为、任务的完成以及学习的过程。
- 全面意识到关系动力和人际互动行为在个人教练和团队教练过程中的不同，以及在团队教练和团队协助中的不同。
- 理解什么时侯合适和什么时侯不适合去教练团队。比如，Gersick（1988）的研究发现，项目团队比其他团队对于教练有更开放的态度和更积极的回应。

团队的类型 230

10年前，我带领一个团队调研在团队里的学习到底是怎么回事。就像现在的团队教练，那个时候几乎没有关于这一现象的实证研究。我们在两个大学展开文献搜索，发现研究的总量确实如所显示的那么低。这项研究的驱动力之一是想建立一个认知——“团队是完全不同的”。比如，团队成员间的彼此独立性在不同的团队里可以是大不相同的。有些团队需要成员间关系密切，有序合作，另一些团队则要求成员各自工作，但要定期协调；有些团队的成员需要像生产线一样按顺序完成他们的工作，而另一些团队的成员则需要平行完成任务。另外，团队在其人员和任务的稳定性方面也有很大的不同。

后面的区分提供了团队类型的依据。已经证明，专注教练干预是有用的，因为研究定义出来的这6类团队在学习动力方面各有其正面和负面的东西。这6类团队如图12-1所示。具体来说，分别是：

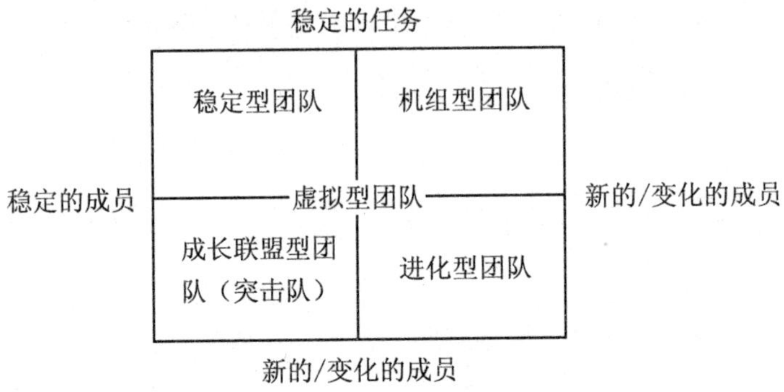

图12-1　学习团队的分类

• 稳定型团队：长时间执行相同任务，或类似任务，团队成员相对稳定。

• 项目型团队（突击队）：为了短期（通常是一次性的）任务而建立的团队，其成员通常会从其他团队中抽调。

• 进化型团队：启动长期发展项目的团队。这些项目比如主要的新产品设计
231 和发布，或全新的工厂站点的建立。其成员相对流动，依据项目发展的阶段加入或撤离团队。

• 成长联盟型团队：由两个或更多的来自不同的普通团队的人构成，他们同意分享一些收获。比如做场外指导。

• 虚拟型团队：通常不被正式确认为团队，但团队成员为了共同的目标一起工作，经常会基于一个专案。事实上，他们是一个具有很强的连接性和影响力的网络，经常包括那些来自组织外面的人，比如供货商或客户。

• 机组型团队：不同的人完成同样的任务，但有时在每次运作里都会变换成员。比如摄制组和话剧团。

根据我们在英国所做的研究，从学习的角度来说，每类团队都有其优势和弱势：

• 稳定型团队很容易落入程式化，几乎没有什么动力去质疑“事情该怎么做”。只有在危机出现时（通常来自外部），团队成员才会努力去学习，但有时即使出现危机都不学习。

• 机组型团队不经常开会，也许只开一次。虽然任务是一样的，但必须持续地执行（像飞机上的机组成员），而成员会经常变换。

• 项目型团队是短期存在的，当经历了形成、攻坚、正常和展示阶段，达到成熟状态后，整个团队就该解散了，其成员所获取的学习是零散的。

• 进化型团队会遭遇与项目型团队同样的学习困难，但通常有一些喘息的空间以达到成熟状态。可是，在新成员加入时，团队成员会遇到另外一种学习困扰。原生成员已经结成一个功能团队了，他们对形成这个项目的运转模式背后的价值、原理和理由都有很强的领悟和充分的经验分享，新成员会感觉很难加入到这个团队里。这样就常常会形成两个团队——里面的团队和外面的团队，因为新成员无法获取原来成员所经历的那些学习过程。

• 虚拟型团队通常是一种非正式的存在，依靠系统的本能来促使学习的发
生。知识是虚拟团队的资本，因此，影响力较小经验较少的人很难被邀请到虚拟 232
型团队里。（这一点解释了为什么调研中发现只有很少一些低端人员曾在虚拟型团队工作过。）

• 成长联盟型团队在学习方面与其他类型的团队相比，先天就少一些问题，因为这种团队本身就是专注学习的。这类团队的主要问题是大家在里面要学到什么。较有经验的参与者的态度、习惯和行为将不可避免地被改变，不过这些经验对团队而言，并非都是有用的。另外一个问题是，没有足够经常的互动来产生显著的新知。

个人教练和团队教练的区别

团队教练经常会跟个人教练、团队协助和团队建设相混淆。对一个团队的几个成员或所有成员进行一对一的个人教练不等于团队教练。的确，如果不是基于团队目标、行为和学习，没有统合在集体教练下面，教练一个团队里的多个成员会引起实操的和道德层面的问题。教练很难真正做到开放和诚实地对某个人表达他对团队里其他成员的感受，而这个人也将会跟其他同事了解他们对该教练的看法。作为一名教练，需要具有较高水准的系统思考能力，去理解人际动力的复杂性，以避免受某些人的影响多于另外一些人。在这种情形下，教练的监督风格和特质中必须具有高水准的觉察力和圆滑度。

教练个人和教练团队有几个重要的不同点：第一，低得多的保密性。所以，相对于一对一的教练，团队教练需要付出更大的努力和更多的时间去创建高度开放和信任的对话。个人在一对一教练里所关注的和愿意分享的与他在同事面前表达的肯定不一样。我们在访谈里接触过的团队教练大多数都说他们通常会需要额外的个人教练会谈；有些教练会在教练团队之前对每个团队成员进行深度的个人教练，看看他们有哪些不便表达的而教练可以代表他们引出的话题和看法。

233 第二，人们思考和学习的速度不同，教练需要不断地平衡个人学习和集体学习的速度，保证没有一个人掉队——这对目标、计划和教练过程本身有至关重要的影响。我们在团队会议里经常使用的一个技巧是，在每次开始下一个议题讨论之前引入一段反思时间。在这几分钟的反思里，团队成员需要对以下三个问题做出回应：“我想在这个讨论中说什么？听到什么？以及收获什么？”每个人读出自己写下来的回答，然后开始讨论。在那些决策的关键时刻，教练（或者某个不参加这个教练过程的团队领导者）会问：“你说了你想说的，听到了你想听到的，收获了你想收获的吗？”用这种方法，团队的每个人都可以保持置身其中，并减少冲突。

在目前我们能够评判的有效性范畴内，最有经验的团队教练都具有一整套的当下把控每个不同个体的思考、学习和承诺的方法。比如，有一个案例描述了一个团队领导者和一个团队成员如何领先思考，产生一连串的主意，却因为其他成员跟不上自己的思路而感到挫败。当这样的情形发生几次以后，教练就会建议这两个快速思考者组成一个新的分组，列出潜在的反驳这些想法的论据。这样一来，不仅减少了对团队其他成员的压力，而且他俩可以用自己的速度再去理解和检查这些想法，也改善了整体的决策质量，因为这两个快速思考者看到了他们以前没有看过的议题，团队其他成员也从这些反向的论据中学习到如何构建和表达一些他们所关注的议题。

第三，讨论议题范畴的不同。团队教练关注的议题是关于团队整体的，所以，个人的问题只有在影响到团队的表现和凝聚力时才会被关注。团队教练面临的挑战是，要识别什么时候个人的问题已经潜在地影响到团队的表现了。我曾经在一个场合下用过一个方法，就是鼓励团队里两人一组地相互教练，看看团队的氛围是如何影响每个人的业绩能力的，反过来，每个人的业绩能力又如何影响到整个团队的。

进一步地，就像团队可以有不同的形态、大小和目的，团队教练也应如此。就像在足球场上，一种教练是督导，由队长执行过程。队长引导和鼓励着他的团队，顾及个体和整体，澄清所要达到的业绩，并帮助他们确认如何做到。在演练 *234*
中，队长原则上负责任务、行为和学习三方面的平衡。

另一种教练是站在边线上。直线经理作为教练，主要是观察整个活动，他可以时不时地加强队伍的力量（比如，送新队员），但自己只是有节制地参与到演练中。这个位置的优势是能够给出更客观的评估，虽然教练本身也是游戏的相关利益者。

更进一步，在场上，还有一种教练，他们类似于内部专业教练——很多大公司现在都配备了这样的教练。他们并不参与行动，而且站得更远，可以看到更大和更长远的图画。再进一步，在场馆外面的教练，连比赛都不看。他们能跟团队或者内部管理人员或教练一起工作，帮助他们弄清楚他们自己的经历并利用这些经历去解决业绩问题。

同样的视角也适用于个人教练。团队教练的视角越远，对教练技能的要求也越高。因此，个人教练和团队教练的主要不同就在于团队教练角色的复杂性。团队教练要顾全大局且同时考虑更多，所以需要更高水准的技能。一个最基本的技能是协助，不过一定要弄清楚协助和教练之间的区别，即使它们有时会重叠。

团队教练和团队协助的区别

团队协助也不同于团队教练，虽然团队教练有时也会走进团队协助的范畴，反之亦然。这两种角色之所以类似，是因为他们都致力于改善团队思考和集体意识的质量。在很多区别里，我将强调两个方面：第一，团队协助参与“直接对话”，协助者引导团队经历结构性思考过程，因为他认为这样的过程可以增加洞见。而团队教练则更多地会参与随时呈现的对话，其对话的结果和过程更开放，交谈的内容来自团队本身（在教练术语中，叫作“客户引导”）。第二，对于团队协助而言，通常关注如何使团队在方向和方法上达成一致，而团队教练则关注
235 团队和个体是如何取得成绩的。通常，团队教练会跟团队有长时间的密切合作，并且是双向学习（即教练跟团队一起学习）。这种区别好比是化学试剂和催化剂之间的不同，试剂是随着经验变化的，而催化剂不会。

跟个人教练一样，团队教练的终极目标是为自我教练发展内在的技巧和习惯。在教练干预结束的时候，团队应该能够有技巧去确定和应对它自己尚未解决的问题，能够建立并追逐集体和个体的学习目标，增强集体和个体的思辨和决策能力。这是与团队协助相比的更大的不同，团队协助通常不会有这样一个长期的技能转换的期待。

团队建设顾问有时候会描述他们作为教练是如何工作的，但是，依然与团队教练有巨大的不同。就算不质疑他们如何能够在短时间内有效地建设团队，团队建设其实更关注“我们如何彼此相处”，而团队教练更关注“我们如何一起学习”和“我们怎样一起获得绩效”；团队建设一般是一次性的或者是一个系列的，与团队的工作没关系，而团队教练更是一个连续的过程，并紧密地渗入团队的工作。

团队教练会面临的关键议题

在研究中看到的一本关于团队教练的书《工作中教练团队》（*Coaching the Team at Work*，Clutterbuck，2007）指出了团队教练需要意识到的一系列问题，并给出了适当的（灵活的、强效的、激起洞察的）应对方法。这些问题可以被归为以下三个范畴：

• 驾驭人际动力。

是指帮助团队发展内在能力去平复和处理冲突，去建立集体感情智慧和集体自信，以及去管理压力和保持健康的教练气氛。

• 临时议题。

是关于教练应该何时和怎样干预决策，关于团队的一些时间取向（它是怎么看待过去、现在和未来，以及这样的取向对团队的任务是否适合）的本质，以及时间管理。唯一一项非比寻常的关于团队教练的经验性研究（Hackman & Wageman，2005）是关于干预时机的。调查仅限于项目管理团队，发现最有效的 236
教练干预时机是在各个发展阶段里当项目组刚刚在脑中形成要处理的议题时。在较早阶段，教练需要专注去澄清团队的任务，取得对共同目标的承诺，定义边界、角色和责任，以及创建互惠动机。此时，如果尝试解决战略议题恐怕是没有结果的。解决战略议题的集体意愿会在项目进行的某个时间点浮现。在项目的尾声，团队会开放自己，去反思和整合自己所学到的。没有什么直接证据表明能够移植这些收获到其他类型的团队，作者建议，稳定型团队会经历类似的周期和活动，因此，处于可以被教练的状态。在任何干预的开始，一个教练需要获取的是这个团队的成员已经在头脑中准备好了哪些需求或要解决的议题。

• 驾驭关键流程。

是有关目标设定，理解团队如何发挥功效，以及建立创新、系统思考和沟通能力的。书中也对教练的影响做了评估。这一部分涵盖的议题很宽泛，比如，包括团队如何决策。流程也许跟团队自身（它是什么和它是怎样的），或者跟工具、技巧和团队教练的方法有关。

帮助团队去触动这些通常非常复杂的议题，要求具有足够多的方法和架构，即使对资深团队教练也是一种挑战。同样的挑战还在于，如何保证教练过程可以在教练离开以后仍然得以继续？这样的自我教练过程需要事先跟团队做好计划和约定。一些有助于这种过渡的可实操步骤包括：

• 帮助团队确定自己的试金石问题。比照着这些问题，可以校准决策的重要性。比如："这能让客户回来吗？"

• 建立与其他团队和资源的网络和沟通，确保那些能够刺激创造力和创新力的信息和想法可以顺畅地流动。

• 创建定期论坛，以便对彼此产生反馈。

• 为团队的每个成员指定特定的学习角色。我们的研究确认了下面8个角色：

- 激发者：提供学习的愿景和激情。

- 技巧教练：转移任务的知识和技能。

237 - 评论家：倡导并作为榜样去创建和使用反思空间。

- 发问者：提出那些团队需要去讨论但一直在避免面对的问题。有时候需要用朴素的视角打开问题。

- 许可和资源的门户：大使的角色。（虽然通常由领导者扮演，但如果让几个甚至全部的团队成员扮演，将有益于发展和绩效。）

- 知识门户：使用非正式的网络在别处获取专门的知识和信息。

- 专家：在那些特殊有用的领域做一个知识库，但不作为团队的中心。

- 记录者：截获并记录收获和心得，避免重复，帮助新成员更快学习。

• 建立团队发展计划，包括对任务、行为和学习的集体渴求，以及将这些跟企业发展和个人发展规划相结合。

团队教练的未知领域

关于什么使团队教练更有效，我们的知识还相当稀缺，但增长迅速。在基本技能方面尚有相当多的问题需要探索，特别是直线经理如何做教练，以及团队教练过程中如何处理与道德相关的部分。比如，在教练一个团队时，既对教练个人又教练团队是否合适？如果需要当着某些跟领导者关系较密切的人的面公开谈论，团队成员是否会有被强迫的感觉？

同样地，另外一个争论也浮出水面——团队教练是否应该在高管教练以上，有额外的资质考核？一个需要教练的客户如何确定这些教练是否有适当的知识和经验？接下去的几年里，我们将会看到更多的关于团队教练角色和范畴的讨论，而且希望，有更加深广的研究涉及不同状况、类型和结果的团队教练。

参考文献

Ancona, D. G. (1990). Outward Bound: Strategies for team survival in the organization. *Academy of Management Journal*, 33, 334–365.

Ancona, D. G., and Caldwell, D. E. (1988). Beyond task and maintenance: Defining external functions in groups. *Group and Organizational Studies*, 13, 468–494.

Ancona, D. G., and Caldwell, D. E. (1992). Bridging the boundary: External activity and performance in organizations. *Administrative Science Quarterly*, 37, 634–665.

Barker, J. (1993). Tightening the iron cage: Concertive control in self-managing teams. *Administrative Science Quarterly*, 38, 408–437.

Baron, R. A. (1991). Positive effects of conflict: A cognitive perspective. *Employer Responsibilities and Rights Journal*, 4, 25–36.

Buchanan, M. (2005). *Small world*. London: Weidenfeld & Nicholson.

Clutterbuck, D. (1999). *Learning teams*. Herts TEC: Exemplas.

Clutterbuck, D. (2007). *Coaching the team at work*. London: Nicholas Brealey.

Early, P. C., and Masakowski, E. (2000). Creating hybrid team cultures: An empirical test of transnational team functioning. *Academy of Management Journal*, 43(1), 26–49.

Fay, D., Borrill, C., Amir, Z., Haward, R., and West, M. A. (2006). Getting the most out of multidisciplinary teams: A multi-sample study of team innovation in health care. *Journal of Occupational and Organizational Psychology*, 79, 553–567.

Gerisck, C.J.G. (1988). Time and transition in work teams: Toward a new model of group development. *Academy of Management Journal*, 31, 9–41.

Hackman, J. R., and Wageman, R. (2005). A theory of team coaching. *Academy of Management Review*, 30(2), 269–287.

Jehn, K. A. (1995). A multimethod examination of the benefits and detriments of intergroup confllct. *Administrative Science Quarterly*, 40, 256–282.

Katzenbach, J. R., and Smith, D. K. (1993). *The wisdom of teams: Creating the high-performance organization*. Boston: Harvard Business School Press.

Kurzwell, R. (2005). Human life – The next generation. *New Scientist*, 24 Sept.

Livingstone, J. S. (2003). Pygmalion in management. *Harvard Business Review*, 81(1), 97–106.

Putnam, L. L. (1994). Proactive conflict: Negotiation as implicit consultation. *International Journal of Conflict Management*, 5, 285–299.

Ratcliffe, R., Beckstead, S. M., and Hanke, S. H. (1999). The use and management of teams: A how-to guide. *Quality Progress*, June.

Ringelmann, M. (1913). *Amenagement des fumiers et des purins*. Paris: Librairie Agricole de la Maison Rustique.

第13章

领导力教练：教练技术对组织的影响

Diane Brennan

引言 239

在今天的组织中，领导力教练正逐渐成为一个流行的亮点。数十年来已经出现了众多的文章、杂志、书籍和学术文献，阐述教练的应用和有效性。本篇文章将探讨教练对领导者，尤其对组织的价值。你会遇到我的客户John（化名），他是美国一所医院的CEO。虽然本案例涉及的是美国健康领域方面的一个CEO的情况，但其教练情况、重点和过程对世界上任何地方和任何行业都有参考应用价值。本章将描述一次历时两年的教练经历，并将在教练过程和随后的反馈中，教练和客户在应用、过程和结果方面的共同工作与众多理论和观察到的教练能力相结合。从另外一个人的角度理解自己的作用看起来很直观，甚至与众不同，然而这恰恰是处于领导位置的人能够从教练关系中获得的最重要的学习机会。这是我作为教练的心得和客户从共同教练过程中的学习反馈。

Robert Kegan（1994）在“意识的次序”中提出：我们如何在一生中构建意义，教练技术是使意识产生改变的马车。客户处于意识的第三层次，在这里他接触其他
的观点并予以内化，当然，并没有化解自己和其他人观点之间的冲突。随后，客户 240
会提升到Kegan所说意识的第四层次，在这里他不但看到了其他观点，还以此来强化自己，他清晰地意识到你能够看到的学习结果如何影响了其现实的工作和行为。

在开始教练生涯之前，我在不同健康领域的临床和领导位置工作了二十多

年。我从实践中学习管理并随后完成了相应的本科和研究生学业。拥有这些实践经验后，我倾向于学习理论，并将其加以应用，以促成我作为健康领域管理者的成长。2000年我接触到教练领域，参加了一个关注于能力构建和实践的教练课程。我回顾了自身的发展历程，意识到管理实践和学习的重要性——它们并不只是让我成为一个建议者或咨询师，而是时刻提醒我、帮助我理解教练模式的因缘和背景。作为一个终身学习者，我于2005年完成了一个循证教练认证课程（加利福尼亚圣巴巴拉菲尔丁研究生院），将教练的理论与实践强有力地联系了起来。这个课程让我学会了如何更加有意识地理论联系实际，利用理论来说明教练模式，甚至有时“教育”我的客户。

例如有一天，John兴高采烈地给我打电话，告知他自己和组织发生了什么。为充分利用这种能量，我问John对自己注意或观察到了什么，感觉到什么，对别人他注意到什么。John的描述展示了Mihaly Csikszentmihalyi（1990）所说的“心流”（flow），也就是你非常投入于一种活动，以至于时间变得毫无意义，这是一种持续的兴奋和满足的感觉。这种状态把我们激发并推向更高层次的水平。我提及Csikszentmihalyi并谈论心流的概念意在帮助John进一步提升——如何识别、重塑和强化这种心流体验。如果没有参与支持这名CEO的教练工作并将其作为自己职业发展的一部分，我将错失理论联系实际的机会，也将错失与客户和教练进一步讨论和学习的机会。

案例描述

John是一个五十多岁的资深经理人，经其单位咨询团队的推荐来接受教练。
241 这所医院在员工满意度调查方面得分很低，尽管高层领导解决了员工提出的很多问题，但调查结果在两年的时间里仍持续恶化。John和高层团队难以理解是什么导致满意度持续下滑。他们明显地质疑了咨询过程，并更换咨询团队。那这次会有什么不同呢？

初步的发现

在初次对John和其高层团队进行访谈时，对于变革的可能性，我听到了令人挫败和恐惧的言论。在对话中我听到了对咨询师的指责，而高层人员也直接对John怀有不满。John指出自己是负完全责任的角色。他对CEO这个角色并不陌生。10年前John到来时，医院的财务状况非常糟糕，他成功地扭亏为盈。高层领导团队中也包括老员工，一些甚至比John来得还早，相较于调查结果而言，员工们声称自己对医院表现出强烈的责任感，因为对他们而言这代表了一个具有相互关怀文化的家庭。

在John的领导下，数年来医院在设备和服务方面持续进步，在社区内的名望日益提升，来自各地的老员工建立了很好的传统，并且还有家庭和社团的真诚感觉。这是一个在日渐复杂的行业环境中成长的组织，不论是其高层领导，还是普通员工，都面临着难以拓展的挑战和困难。数年来，下滑的收入和上升的运营成本降低了员工收益。此外，年龄的增加和病患人数的激增，造成护工和有经验医师的短缺。

近况

在《第五项修炼》（*The Fifth Discipline*）中，彼得·圣吉（Peter Senge，1990）谈到学习型组织有“持续扩展自己创造未来的能力”。John的组织正在扩 *242*
张和成长，正如圣吉所说，“生存和适应性学习”——学习对生存而言，什么是重要和必需的。组织聘用了咨询师，明确了问题，领导团队也已经解决了不少问题。而大家普通感觉到，在员工满意度调查中仅仅关注工作是不够的。

十几年来，医院每年都会进行员工满意度评估。他们多年来雇用同一个调查公司，对调查工具、方法和公司颇有信心。他们感到惊奇的是，两年前的调查中员工满意度突然下降。这是一次偶发事件呢，还是需要进一步关注呢？

高层团队决定收集更多的信息，并且随后不久就重新进行调查，以更为明确地评估现状。他们聘用咨询师，帮助自己更有针对性地分析结果，并让咨询师与员工面谈，提供改变现状的建议。所有级别的领导者都在努力工作，以消除在下一次调查中对员工满意度继续下降的焦虑。咨询师们建议组织考虑管理培训和领导力发展，而高层们尚未明确这是否必要。方案看起来触动了表层的焦虑，但高层领导不知道是否还需要更深入的探索。高层和人力资源管理者先后接触了数家咨询公司，要求其对员工面谈、评估环境和提供建议等服务给出方案。提供建议的某个咨询小组和我联系——该小组的咨询师曾经和教练进行过合作并在建议中希望为CEO引进教练。

为什么用教练

这是2004年，教练正作为一种成功的管理工具流行起来。聘用咨询师对组织而言已经习以为常。大量的文章出现在例如《哈佛商业评论》、《华尔街邮报》（*Wall Street Journal*）和《公司快报》（*Fast Company*）等出版物中。解决问题的传统方法没有效果，John和高层领导团队希望有所改变。他们自称做好了改变的准备。

243 下面的一些因素意味着需要改变：

- 员工满意度下降。
- 员工流动率增加。
- 员工的高流动率造成员工间的隔阂，员工需求难以被满足。
- 经理们反馈说对于不良趋势，出现了焦虑、不确定或无动于衷的现象。
- 在员工中产生了对未来负面的、不确定的流言。

教练的工作

当咨询师关注于与组织内的各类员工（普通员工和经理）进行小组会谈时，

我最初的工作是和CEO及高层领导团队进行面谈。我从John那里获悉了很多组织内的判断，这些判断在高层领导团队中得到回应，在我访问的员工和经理中也得到证实。期望不明确，责任不确定，指责和恐惧充斥于很多谈话当中。咨询师和我与John及高层领导团队简要地讲述员工会谈的内容，提及的术语都与组织文化相关：作为组织一部分的态度、假设、信念、价值观和经历（Schein，1985）。于是，我们的工作被称为“文化工程”。

第一步

我清晰地记得第一次见到John的场景。虽然他愿意聘用教练，但他并不知道教练是干什么的，或者是否确实需要教练。“这太好了！”——我心中涌现出一丝沮丧的想法，也许他还没有完全准备好。当我想到Prochaska的“变革六步曲”（Velicer，Prochaska，Fava，Norman，& Redding，1998）时，我认为John大概处于意识期：他正在考虑变化，但还没有做。看起来他对教练有一些深层次的感觉，但我并不确认那感觉到底是什么。我的沮丧感来源于自己处在指责 244
和恐惧文化中。更深层的原因是什么呢？John是问题的一部分吗？教练对其个人和组织适用吗？我是合适的教练人选吗？

我知道自己不能沉溺于这种消极情绪中，这会分散与John在当下的注意力（J. Rogers，2004）。我做了个深呼吸，问John对教练的了解程度。他说他阅读过一些相关文章，对此略知一二，而在这个项目前他没想到过聘用教练。于是我们探讨教练是什么。John想知道教练对他个人而言意味着什么，教练过程涉及什么、用时多少，如何在满满的日程安排中挤出时间。在交谈时，我说我们可以现在就开始进行教练，并解释说在体验这个过程时他会加深理解。John答应如此，我们就开始了。

我解释了教练的一些基本原则：

- 相互关系的保密性。
- 平等的伙伴关系。

- 期望双方相互开放和诚实。
- 充满信任的安全环境。
- 直接沟通和反馈的重要性。
- 选择性和负责任。

教练关系的本质

我很欣赏教练-客户关系的特殊本质。我们有机会目睹人文精神的力量和一些可能发生或正在发生的神奇事件。我开始教练关系的方法基于人本心理学——无条件正向关注客户（C. Rogers，1980），相信客户和他们的价值、他们的能力，即使他们自己都没有看到这些。这意味着创造一个引发信任的安全环境，无论怎样都能够接纳客户的本性而不做评判。

我记得在教练培训中听到：当感到自己被关心时，你可以袒露心声。这是行动中的无条件正向关注，这样对待客户可以创造信任、开放、诚实的氛围，引发深入的对话。如果做得合适，当我们建立了信任，允许并鼓励不带评判、完全的自我表达和开放时，这就会在教练关系中表现出来（J. Rogers，2004）。无条件正向关注是取得客户认同，让客户信任教练的重要因素。

245 一天早上在办公室里，John和我首次面对面交谈了近两个小时。我们在交谈中尝试性地建立关系。这种介绍性的谈话不仅仅是一个相互了解和收集信息的过程。对John而言，这事实上是确定他是否需要和教练，特别是和我一起工作的过程；对我而言，则是倾听并开始学习，作为一个领导，作为人类的一员，这是一个什么样的人的过程。

John和我建立了信任的基础，使我们可以开诚布公地交谈。我倾听John所言，没有假设、评判和议论；同时，我还观察到他的身体语言、语气和语调。假如我曾担任过John的高管教练，我们完全可以在电话中完成这一过程。当真正倾听时，你听到的东西实在很奇妙。和组织客户在一起，我发现有机会面对面，尤其是在第一次交谈时面对面非常重要，这是一个在客户的环境中进行观察的机会。

倾听和学习的机会

倾听是我最基本的教练工具——倾听客户所描述情况背后更深层的东西（J. Rogers，2004）。首先，John叙述了我们见面前几天医院入口处的十字旋转门发生的一次事故。一个老人在进入医院的十字旋转门时，由于行动缓慢导致门停了下来，他惊慌失措地摔倒了。于是救援小组赶来帮助他，几分钟后就排除了故障。John当时不在医院，但听到这一事故，他便立即赶回现场。那个老人被送进急诊室检查，幸而安然无恙。John在急诊室和当事人及其家属聊了一下，事故就此了解。当事人及其家属也没有制造更多的麻烦。

但是，John的顾虑仍在继续。他认为这次事故反映了高层团队缺乏对细节的关注。当倾听时，我注意到这只是John看到的一系列类似事故中的一个而已，说明团队运行不佳，缺乏责任感，需要他的介入。十字旋转门马上被关闭，贴上“有故障”的标签，我到医院时仍然是这样。John说他希望员工们认真调查这样的问题，以防今后发生同样的事故。可是他感觉到自己从员工那里得到的反馈是各种借口，他们没有理解自己要做出全面调查的重要性。对John而言，这意味着 246
事故可能再次发生。

我是在和几个员工会谈小组见面的前一天听到这个事故的。在会谈过程中，每个小组的员工都谈到他们多么崇拜John，敬佩他对大家和家庭无微不至的关心、照顾和耐心——对John作为CEO的能力，大家充满尊重和信任；但同时，员工们也表示失望，并希望John对员工继续保持平和与关怀。会谈当天，这种信息不断重复着，一些员工甚至把John描述成微观管理者。

以下是我们首次会谈的片断：

教练：事故后你对员工们说了什么？

John：我告诉他们尽一切可能杜绝将来再次发生类似事故。

教练：我听到的是你要求大家保证百分之百不再发生。

John：我确实希望他们保证不再发生类似事情。

John说他感到需要用这样的语气说话，否则员工不会尽心尽力地做好工作。作为CEO，他觉得自己对任何事情承担无限责任。我能够听出John对质量的承诺并期望最好的结果。

John也提及另外的事故所引发的同样的焦虑。他说自己并不希望做微观管理者，但不幸的是他确实需要这样做。他对其他人能够分享自己的责任感、充分关心类似十字旋转门的事件没有信心。他看到员工们不知道或者甚至不愿意获得完全的信息和工作的内涵。他感到这导致了自己需要明察秋毫，承担重大的责任并且质疑他人。

John对员工们是否能够理解他对质量承诺的评述，基于他对达不到自己期待的不断失望。于是我们开始讨论期望及如何进行沟通。John的假设是员工应该知道他们工作的重要性，假如不明确期望是什么，他们应该询问。

我问John如何知道员工清楚他的期望呢。他说自己解释过；当他们没有理
247 解时，他会让他们重做并提出哪里做得不到位。这样的互动形式导致了参与各方不断失望、信心降低，并降低了信任感。这种主导型文化变成了指责和恐惧（Heifetz & Linsky，2002）

十字旋转门事件在我们最初的合作中起到了隐喻作用。John和他的团队似乎在门的旋转中被卡住了，看着问题重复出现，导致更多规则的产生和被捆绑无法前进的感觉。John和他的团队被一种不断重复的行为模式所困住。John的反应是变得更加紧张，并且正如团队所害怕的那样，成为微观管理者。

作为学习工具的隐喻

当对客户具有某种意义时，隐喻是一个强有力的工具（Heifetz & Linsky，2002）。“十字旋转门”的隐喻出现在我和John的谈话中。我可能轻易地对其意义一带而过或过度分析，但我并未这样做。我只是简单地联系和观察，这引起了John及其团队的共鸣。这是他们的语言和他们的状态，也表现出他们内心的感受。十字旋转门的故事为个人和团队的学习创造了一次机会。

我们的第一步是提升John对判断和期望的觉察，并使其更加清晰。我们谈到反省并寻求学习机会（Schön，1987）。这是一种思维的改变，因为John习惯于寻找原因。

人们很容易认为John确实就像前面几个员工描述的那样，是一个微观管理者。但是，即使有一些事实佐证，这样假设也是错误的。我作为教练的责任是无条件正向关注客户，不带任何评判、假设地接受他。假如我带有“John是细节管理者”的假设，会对我们的关系产生负面影响。我不是受聘为咨询师来解决问题的，而是受聘为教练和John一起工作的，这两种角色完全不同。作为John的教练，我要保持客观、提出问题、思考我所听到的、关注相互的联系和主题，并且提供诚实而直接的反馈。作为多年来在医院中担任过不同角色和咨询师的我，我很容易带领John得出一种解决方案。我具有这种经验并且可以提供答案。这或许会马上解决John的焦虑，他在这个过程中也会学到一些技巧，但这样他就不会有成长和长期成功所需要的提高。

当John询问我的意见时，我会问他一些问题，来明确他问题背后到底想要 248
什么。我认为他想得到的是提问和观察，而不是某种特定的答案。John说我们一起工作最有价值的部分是为探索、说出焦虑和脑力激荡提供了一个安全的环境。John用到了“脑力激荡”（sparring）这个词，使我联想到一种叫跆拳道的活动——这是一种朝鲜功夫，我和家人学习了数年时间。在与John共事的过程中我拿到了跆拳道的黑带。我通过跆拳道黑带考试的一部分就是试击[①]，实际是与对手搏斗。我只有5英尺高，从小就不太爱运动，所以这是一个重要的成就。John很享受脑力激荡这一过程并且将其当作一件生趣盎然的事情。

教练旅程：一次冒险

John和我进行了初次会谈，随后我们开始用电话每隔一周会谈大概一个小时。

① 英文中Spar的词意有争论和试击等，此处“争论”引申为“脑力激荡”。——编者注

他把我们一起工作和参与到文化工程中用“过山车”这个隐喻来形容：期待这个旅程，知道你在这个过程中将会面对意想不到的翻滚转向。这会产生一种“天啊，我为什么这样做”的感觉，但你知道自己会享受这个过程。John说他欣赏过山车的冒险，他把这次合作当作类似的体验。这种体验有时会让他觉得失控或不舒服，但即便如此，这是安全的，也是他自己的选择，而最终他也会享受这种体验。

当我们开始这段旅程（Heifetz & Linsky，2002）时，John的隐喻抓住了主题，反映了承诺和冒险的精神。他鲜活的描述让我感受到了以前没有的创造性和激情。

表达承诺

John在一开始就向高层团队表达了聘用教练的承诺。他们明白聘用教练作为建议的一部分是有可能的。John请团队帮助自己提升对他如何影响大家方面的觉察。John说他认为他们的工作很有价值，而且自己并不希望制造焦虑。他希望团队有清晰的期望并为自己领域内的结果负责。John告诉团队，当他们需要时他可
249 以给大家指点和建议，但他不希望干扰到大家。对John而言这是很有勇气的。作为领导者，尤其是CEO，需要显示自己的弱点和谦逊，而不像在传统管理模式中那样高高在上。

高层团队中一些成员询问John是否是认真的，或者是否明白他要求的是什么。团队像以前一样等着John给出答案，而现在John却看着大家，寻求更好的相互理解的反馈，支持组织内的学习、成长和成就。John有意识地退出事必躬亲的局面，这对他和团队来讲都是很好的学习。他过去认为自己拥有权力，但不相信每件事情都能尽善尽美；而现在开放地对待大家，一起讨论权力、责任和澄清未来的期望。这种改变随即引发了团队中正向和负面的反应。

与混乱和压力相反的是会出现一种理解和自由的感觉。彼得·圣吉（1990）谈到过“创造性张力”，即在现实和愿景之间的差距。当有改变的意愿或在工作关系中出现新的愿景时，现实就不能匹配当下的创造性张力和焦虑，结果会时常

在一些团队成员中产生无序的行为。我让John通过观察他和别人的沟通，注意他们的反应，倾听大家理性和感性的不同表现，在交谈中注意安全性以鼓励开放、诚实和学习等，以提升觉察能力。

像领导者一样学习

在一次和John的电话会谈中，他分享了与高层团队中Josie的一次有趣谈话。John正逐步意识到自己希望影响决策的意愿，并理解这会让自己停止干预。遇到Josie时，她明确希望他的参与，她想得到他的帮助并直接请求他不要有所保留。Josie明确的请求产生了一次开放式的对话，使John更进一步意识到明确而直接沟通的重要性，也给他们提供了一次澄清期望和扩展感知的机会。

John后来说出了自己的反思，尤其围绕参与和定向相比较的两方面。他意识到自己需要偶尔参与和有机会与大家良好对话。他注意到为了让项目实现预期的成果，在具有潜在基本假设的前提下，指出方向是必要的。正如Goleman *250*
（2000）在研究情商中注意到的，John的行为导致了不确定和挫败，减少了负责和承诺——这却与他期望的恰恰相反。

John的另一个承诺是倾听。他越来越意识到自己对他人产生的影响和压力。他向核心董事们和高层团队下面一层级的领导请求更多的反馈。John的开放和接受反馈的意愿鼓励了更多的分享，有时他听到的比预期的更多。在一次电话会谈结束后，John注意到多数时间谈到的并不是关于谈话内容的，而是他通过接收到的非语言信息学习到的东西。他说："我意识到他们听到我说的是：'你搞糟了。'"他不确定这是真实的还是"围着问题转"。John注意到这种负面的感受并希望知道这来源于何方，他希望发现根源并予以纠正。

然而，现实是John不能靠发现根源来纠正问题，因为本来就没有什么根源去发现。在《危机中生存的领导力》（*Leadership on the Line*）中，Heifetz和Linsky（2002）谈到"接受并对你的某项缺点负责任"。作为领导者，John自身就是问题的一部分。搜索负面感受的根源让他延续了指责和恐惧的文化。意愿虽然很好，但他对负面感受追根寻底，却造成了自己周围的现状。

十字旋转门事件帮助我们明白了医院内部小道消息的威力，这通常是负面的，会迅速传遍整个组织。John和其团队去理清和纠正这些传闻，即使他们正确，但这确实并不重要了。员工们从领导们的意愿中感受到情况的不同，而感受是真实的。下面就是我们围绕发现根源而进行的一段对话：

John：我想发现这些负面感受从何而来。是谁花费时间制造了这些传闻？

教练：我听到你希望发现根源去加以纠正，而我却感觉到没有任何人或团队会为此负责。

John：我也同意。

教练：John，你在和团队的沟通中，已经了解到在这些传闻传播中你自己充当的角色。你现在需要像领导者那样行动。是什么让你需要发现某人应对此负责呢？

251 John：这是我应当深入思考的。这感觉好像是触摸治疗，而我并不喜欢如此。

教练：对此你是否能多说一些？

John：就是我不能直接表达自己的焦虑，我需要小心谨慎，否则就被指责为微观管理者。我感到很累。

教练：John，我不是在让你避免表达焦虑。我们以前也时常谈到，直接表达看法是很好的，这方面你是对的。这是很好的管理实践。我现在让你做是避免指责。

John又和我聊了一会儿指责和恐惧，他希望发现是什么在损害而不是帮助自己得到期望信任和负责任的文化。我们谈论到获得信任、如何学习而不是发现指责。我提到吉姆·柯林斯（Jim Collins）的《从优秀到卓越》（*Good to Great*，2001），其中提到不带指责的现场调查，从没有产生意愿或期望的状态中求证和学习。

接下来，John说出了领导者没有产生希望结果而产生的焦虑。过程如下：

教练：你如何看待周围的团队？

John：能力很强，变革的阻力很明显。

教练：你的角色是什么？

John：提供领导的支持，给团队带来清晰的愿景，让他们关注并坚持之。

教练：对团队你还有什么可说的？

John：当看到进步时告诉他们。我告诉Josie我对今天早些时候发生的事非常满意并且我看到效果很好。我需要很清楚地讲述我期待什么和如何实现。

教练：我要感谢你，因为你在过去几周里意识到和团队沟通时自己所说话语的力量，也因为你将自己的感受和期望明确告知了Josie。明确告知是一个给力的工具（J. Rogers，2004）。当你说看到自己和Josie的对话时，明确分享你的洞见和期望是很重要的。你并不希望保留自己的信息，束缚他们或让他们失败。你的目标是支持他们成功，不论是组织还是个人层面。

吉姆·柯林斯（2001）指出，“在合适的条件下，关于承诺、和谐、动机和变革的问题会迅速融化”，当我倾听时，这些都发生了。这些是否能作为另一个反馈信息被分享，这是John的选择。John知道这本书但并没有读过。一段时间后，John阅读了柯林斯的另一本专著《从优秀到卓越和社会因素》（*Good to Great and the Social Sectors*，2005）。他强烈推崇这本书，并把它作为在领导团队中建立共同愿景、扩展讨论和思考的工具。 *252*

观察的重要性

在早期现场的会谈中，我参加了John及其领导层团队，包括经理层的一次扩大会议。我合作的咨询师正在讲述对小组会谈的结论。我在那里作为咨询团队的一员，角色是作为一个观察者来注意John及团队在工作中的联系、主题和行动。John站在离自己座位不远的黑板旁，讲述着自己对组织的愿景和正在进行的工作，全面地鼓励大家。John讲完之后，回到座位上在笔记上写着什么。我突然发现当时屋内的所有人都在写东西。对我而言，每个人同时都有东西可写是很奇怪的。我想可能大家认为John讲了一些需要记录的东西。现在，John的信息很重要，但看起来并没有要记录下所有的东西——我没有听到什么新的信息。随后我们休息了一会儿，我问John他坐下后写了什么，他反问我为什么这样问。我告诉他当他坐下来在笔记本上写东西后，大家立刻都开始写了。而他没有发现这些事情。他有点勉强地告诉我他写了什么——我刨根问底的原因是我感觉这就是当下一个潜在的学习机会。John不好意思地说：“我给自己写了一张回家路上买面包牛奶的提示。”

我的反应就是：“多棒啊！这是多好的团队检视的机会啊！”我从表情中看到John不确定这是否合适，虽然他信任我的直觉，这样可以提升团队的观察。

John和我告诉团队我对大家书写的观察。他说出了自己写的东西，大家喘了一口气接着哈哈大笑。通过这次观察大家学习到很多，随后产生了对话。John明
253 白了大家如何依靠解释他的言语线索并如何反应——有时是正确的，但有时却谬之千里，而让每个人都产生了挫败感。对John和团队来讲这次观察是突破性的。John和团队对他们如何将这点运用到其他方面产生了共同的理解（Patterson et al.，2002）。团队潜在的信念是“这都是John的”，意味着所有都是“John想要的”，当大家意识到也许这并不是John确实想要的，而是大家“认为”所有都是John想要的之时，感觉就改变了。

当John和团队能够讨论先前不知道的或在表面下的事情时，个人和组织都处在学习当中（Argyris，1990）。认识到前提假设及其产生的行动促使学习的反思和开放——排除恐惧和焦虑，强化澄清期望，不懂则问，最终达成一致。大家都明白后，就不再让自己想当然地认为John想要什么。这对John是不公平的，由此会产生不必要的工作和焦虑，进而导致误解和不满。John在团队中开放和诚实的意愿，是让其和所有在座人员创造觉察的重要时刻（Peltier，2001）。

在John和团队为对话创造了一个开放和安全的空间时，我们注意到了明显的学习行为。回顾过去，我相信这一情势对于建立共识、提升安全，以及为John创造新的觉察，即觉察他对组织的影响力等方面至关重要。

随后的行动

客户对行动的承诺是成功教练关系的关键部分。行动的过程就是现实中的应用，这是成人学习的重要组成部分（Cox，2006）。行动并不需要具体到最终实现什么价值。John的行动是提升他对团队对话觉察能力的承诺：注意他们的反馈，觉察自己的反应，澄清期望并和不同性格的人一起工作。他的行动是注意他个人的反应和谈话或项目中的投入。他成为一个观察者，而非判官；他观察、反思（Schön，1987）并回应，而非对先入为主的意见做出反应，或对某具体目标和人做出评判。我们谈到了沟通和传统模式的不同（Tannen，1994）、语言以及创建意义和行动（Pearce，2004）。我们用《决定性对话》（*Crucial Conversations*）中方法的提问，学习有目的性地看待情况（Patterson et *254*
al.，2002）并作为检测处境的向导。我们一起：

- 探索他的反应、情绪、关联物、触发点。
- 寻找他真正的焦虑。
- 询问在这种状况下，他到底要什么。
- 从不同的角度考虑他的选择。
- 观察他从别人那里学习到什么。
- 讨论他的角色和他希望做什么。

教练团队

作为一个文化工程的一部分，John和我在初期一起做了三个月的一对一教练。现场会议结束后，我们每个月进行两次时长为一个小时的电话教练。在初期，John要求把教练扩展到高层团队的会议中，不论是对个人还是对整体。我们设定的教练目标是：通过教练，把企业文化和领导风格从“命令与控制式”转变为“承诺与学习式”，以激发领导力。

当我欣赏这种认真的选择和明确的评估时，也有人害怕对这些工具的过度使用和由此产生的精神依赖。我的经验和爱好就是全身心地投入，并欣赏教练对话的威力。

当开始团队工作时，我们决定采用一种行为和沟通风格测评。测评为收集团队的信息提供了简单的方式，给他们的体验提供了共同的背景和声音（J. Rogers，2004）。这种工具促进更加深入的讨论，检验会谈小组相互之间及其与更大团队之间的关系如何。

浏览档案时我们发现，John属于强有力的主导型风格，而其他四位高层人员都是持续稳定型风格。John喜欢迅速决策，而其他人喜欢讨论和深思熟虑。这种潜在的误解和冲突，尤其在压力状态下，是显而易见的。

团队的静思

我提出在John和高层团队中进行一次历时一天的静思。主题是团队的信任是否充分，而这种状态又是如何流传到整个组织的。

255 焦点在于高层团队内部的沟通。随后他们创造如下几个词（首字母组合在一起恰好是TRUST）作为他们相互联系的指引：

- 信任（trust）：在高层团队中建立信任进而扩展到整个团队。当焦虑产生时相互沟通。
- 尊重（respect）：尊重、荣誉、和谐（与组织文化相一致），鼓励说出真相。
- 理解（understanding）：相互倾听和理解。更大范围内的差异和价值。觉察并消除猜忌和评判。
- 支持（support）：有效地组织会议。在周会上增加“圆桌讨论”的时间，并让每个人都知道。实行关键事件总结（源于柯林斯的“不带指责的现场调查”）作为学习工具。当需要时请求支持，当别人需要或发现拖延和困难时提供支持。
- 团队（team）：建设和强化团队的力量。

John和高层团队承诺的有：

• 在有意见和批评前进行谈话。

• 和大家交谈而不是谈论他们。

• 增加总结的时间，作为加强学习、归属感、负责任和行动的惯例。

• 提升作为团队对责任和重要性次序的觉察。

• 让每个人参与。

• 假如你不在项目中却产生了焦虑，不要有前提假设。问自己："我需要参与还是我想参与？"

正在进行的工作

和教练一起开展团队会议持续了半年的时间。在此阶段John及其团队建设了安全的环境，相互之间有了清晰的沟通。John和我每三周进行一次单独的教练会谈。我参加了两次后来的团队静思，很幸运地目睹了两年中团队的进步和变化。团队的焦点从什么是错误的改变为什么是正确的（Seligman，2002）。他们更为轻松地解决焦虑和冲突，并在日常引进总结过程。最重要的是"信任"这个词不 *256*
再出现在谈话中。John和团队很明显做到了信任，而不是谈论信任。

当John和我在教练关系中共同工作时，咨询师们也仍然继续跟组织一起工作，提升那些小组会谈以及员工调查中所关注的关键领域。不仅如此，John还要求高层团队开始计划管理及监管技能培训，以建立良好的管理基础，此基础可以定义他们职责的范围，提供内部管理纲要或程序，并且支持他们转向新的形势，或者应对非同寻常的形势。John和整个团队都认识到提供清晰的定义、期望以及支持管理团队渠道的重要性（Collins，2001）。

对成功的测量

聘用我做这次教练的动力来自员工满意度的稳定增加。调查问卷在此文化工程开始之后一年完成，结果显示员工满意度有所增加，调查公司也做出了如下概括："友好文化在很多领域都增加了员工满意度，从而增强了员工和经理的承诺度。"根据调查公司的结果，员工满意度的得分与前两年中每一年的得分相比都有显著性增加。所有的满意度测量都显示出提升。与教练任务相关的显著性变化有以下几个方面：

- 关注员工需求。
- 沟通。
- 员工参与度。
- 领导力—组织层面。
- 领导力—部门层面。
- 公平性。

第二年，组织开始使用一种更加具体的工具提升报告能力，此时又重新进行了一次调查，这项调查包含组织在其区域和规模范围内的对比数据。John和团队非常自豪地报告：他们的得分在所有领域中都高于对比数据。调查公司询问组织如何在员工满意度方面取得这样的提升。如果组织试图在工作中而不是通过教
257 练来提升员工满意度，我会假想最重要的原因是跟教练以及John对整个过程的承诺、学习和改变相关。John愿意投入、倾听、反思、探索和实践，并且信任我，也信任教练，所有这一切带来了John和整个组织所取得的成果。

在整个过程中，John要求了两次反馈评估，作为其中的一部分，我有机会跟高层领导者谈话。在两年中有明显的变化，其中之一是人们提出John仿佛对于自己的行为有了更多的觉察，同时在下面的几个方面有了转变：

- 告知转变为倾听。
- 指责、评判及防御转变为觉察、灵活性，并且乐于探索及投入交谈。
- 控制转变为感谢。
- 指责和恐惧转变为信任。

某一天，在我和John的会谈将要结束时，我遇到了一位经理，她并不知道我的身份是教练。她谈论到这样一个短期的过程使她感到多么神奇，接着又主动提

到在所有为公司文化带来如此巨大变化的人中，她认为John是领导者，也是做了最重要工作的人。我始终未提及我是John的教练，因为那样会伤害我和John之间的信任。我只是鼓励她跟John分享自己的观察，并且感谢他为组织所做的贡献及带来的影响。

John关于“过山车”的隐喻恰如其分地描述了这次冒险。在这个过程中，以及在我们最终的评估中，John提到尽管有几次有些惧怕接受我们的访谈，但每次离开时都为自己参与了这样的访谈而感到高兴。他尤其喜欢具有挑战性的、有灵性的对话。

教练的发展

无论是作为职业教练，还是作为人类及组织行为和发展的终生学习者，这次经历都是一次非常难得的学习机会。我为和John一起工作做了充分的准备。当John还请我为团队工作时，这项工作调整了。我把这一调整告知John及其团队，以保证所有人都达成共识；此外，我发现了针对组织和团队教练工作的更出色的方法。我有自己的教练，使我在安全的空间中从成功、错误和反应中反思和学 258
习，并认识我自己的学习（Cox，2006）。我强烈推荐参加反馈实践并得到导师的支持，这可以促进你的职业和个人的发展。

最终的想法

我非常感谢John允许我和他一起探索，并同意我把我们的工作写出来分享给更多的人。我鼓励那些从事教练行业的人也开始把和客户工作的经历写出来，并思考对我们实践产生影响的理论。加强理论和实践的联系丰富了我们作为职业教练的知识，提升了我们的技能，支持我们个人的发展和成长，并极大地增加了我们带给客户的价值。教练经历无论对客户还是我们自己而言，都是一次持续学习的机会。

参考文献

Argyris, C. (1990). *On organizational learning*. Malden, MA: Blackwell.

Collins, J. (2001). *Good to great*. New York: HarperCollins.

Collins, J. (2005). *Good to great and the social sectors*. Boulder, CO: Jim Collins.

Cox, E. (2006). An adult learning approach to coaching. In D. Stober and A. Grant (Eds.), *Evidence based coaching handbook: Putting best practices to work for your clients*. Hoboken, NJ: John Wiley & Sons, Inc.

Csikszentmihalyi, M. (1990). *Flow: The psychology of optimal experience*. New York: Harper & Row.

Goleman, D. (2000). *Leadership that gets results*. Boston: Harvard Business Review.

Heifetz, R., and Linsky, M. (2002). *Leadership on the line: Staying alive through the dangers of leading*. Boston: Harvard Business School Publishing.

Kegan, R. (1994). *In over our heads: The mental demands of modern life*. Cambridge, MA: Harvard University Press.

Patterson, K., Grenny, J., McMillan, R., and Switzler, A. (2002). *Crucial conversations: Tools for talking when stakes are high*. Hightstown, NJ: McGraw-Hill.

Pearce, W. B. (2004). The coordinated management of meaning (CMM). In W. Gudykunst (Ed.), *Theorizing about intercultural communication*. Thousand Oaks, CA: Sage.

Peltier, B. (2001). *The psychology of executive coaching*. New York: Brunner-Routledge.

Rogers, C. R. (1980). *A way of being*. Boston, MA: Houghton-Mifflin.

Rogers, J. (2004). *Coaching skills: A handbook*. Milton Keynes, UK: Open University Press.

Schein, E. (1985). *Organizational culture and leadership: A dynamic view*. San Francisco: Jossey-Bass.

Schön, D. (1987). *Educating the reflective practitioner.* San Francisco, CA: Jossey-Bass.

Seligman, M. (2002). *Authentic happiness*. New York: Free Press.

Senge, P. (1990). *The fifth discipline: The art and practice of the learning organization*. New York: Doubleday Currency.

Tannen, D. (1995). *The power of talk: Who gets heard and why*. Boston: Harvard Business Review.

Velicer, W. F., Prochaska, J. O., Fava, J. L., Norman, G. J., and Redding, C. A. (1998). Smoking cessation and stress management: Applications of the Transtheoretical Model of behavior change. Homeostasis, 38, 216–233.

第14章

创建企业教练文化，提升企业弹性和绩效

Vicki Escudé

261 现在，请想象你已轻松地准备好，可以潇洒自如地转换方向，如同网球高手打出一个漂亮的高点扣杀，赢得了制胜一分……

正如在网球比赛中发生的一样，现代企业的成功已不仅仅是停留于获得和运用专业技术知识，更多的是需要弹性，是便捷持续地调整速度和学习新事物，从而快速地接纳并适应变革。

假如只是企业，而没有员工作为知识和能量的基础，弹性和变革的显著转化是不可能发生的。员工历来受到领导层教育的是要服从指挥，并在指定的方针范围内行事。这种以“告之，训之，教之，导之”为形式的官僚、权威，是组织中较为常见的雇佣模式，对希望成功、创新和灵活的实体存在不利的影响。

如同当今数位企业领导力大师所言，转型为一个尊重独立思想、创新精神、富有学习和成长机会的企业是现代组织得以生存的途径。而一种教练文化，可以经教练式领导风格和教练关系，支持打造这种具有创造性、丰富且多产的企业环境。

什么是“教练”和“教练关系”？根据国际教练联合会的定义，教练是“与
262 客户合作，以一种引发深入思考和创新的过程，激励客户最大化地发挥个人和专业潜能……教练帮助人们改善行为并提升生活品质……他们探寻引发源自客户自身的解决方案和策略；他们相信客户本身就是富有创造力和善于随机应变的。教练的工作是提供支持，以提高客户已有的技能、资源和创造力”（www.

coachfederation.org，2007-10-25）。

在教练文化中，领导者通过建立亲和力及信任度，在员工中培养成长和学习的意愿，以成就更高的生产力。领导者并不解决所有问题。他们既不是英雄，也不是实施高压的权威，而会巧妙地为员工提供解决问题的模式，使他们发掘自己的解决方案和激励方法。此时，员工愿意更多地承担为企业带来正向成果的责任。

为鼓励学习和创新，本章中，我们为希望营造教练文化环境的企业提出四个问题：

- 企业如何将教练原则结合到实际的工作当中？
- 建立教练文化的益处是什么？
- 如此企业文化的转变需要什么？
- 要这样做，你需要以什么来建立坚实的基础？

在企业环境中整合教练原则

当认识到战略性规划带来的改变对企业生存的重要性时，组织往往会给员工提供培训、进修等机会，让他们不断学习新知，保持与时俱进。但雇主和员工同时也都会担心生产力下降、信息超载以及私人时间被侵占等。他们自问："我们如何才能将这些新信息整合到现已负担过重的系统中来呢？"

内在游戏

如同《工作的内在游戏》（*The Inner Game of Work*，2000）的作者Timothy Gallwey所述，教授对学习有反向作用。在传统教学方式中，人们跟随他人的方向，却忽视自身的经验和智慧。在教授网球的过程中，当鼓励人们观察自己的动作时，他们会迅速地发展和完善其技能。Gallwey把这个学习方式称为"内在游戏"，并成功地将此原则运用到网球、高尔夫、滑雪和音乐的学习中， 263

最终应用于企业环境当中。

在20世纪70年代，Gallwey戏剧性地以网球为例，在广大美国观众面前展示了他的“内在游戏”理论，并阐述了他的教学理念。Harry Reasoner——一名当时的电视节目主持人挑战Gallwey，要求他培训一位从未打过网球的女士Molly，培训过程会全程录像，并在国家电视频道中播放。Gallwey接受了这个挑战，并以让Molly选择如何拿球拍和在场上移动作为开始。有意思的是，Molly一开始便能将球打回，几分钟后，她已经达到接受传统教练几个月的人的水平了。Molly的成功在于：她在思考如何把球打回去时，本能地选择了完善球拍的挥动和步伐的移动。

企业领导开始要求Gallwey将“内在游戏”运用到商业领域。AT&T、可口可乐、苹果、IBM以及很多大公司聘请Gallwey做顾问和教练，以将这些原则带入实际应用中，建立一个更加支持学习的文化。这些原则最重要的用处之一，便是以促进学习和改善行为为目的，帮助组织重新定义工作内容。

Gallwey的原则既为员工提供一个可以联系到实际工作中的新方法，也为企业管理层提供了一个可以联系到员工中的新方法。从而，工作环境会变得更加令人满意，让人高效。当一个员工不再迫于严格的命令，而是以一种好奇、有目的的心态工作时，他会与自己的创造力连接。据Gallwey所述，这会给人带来更高的工作满意度、更充沛的生产力，并提升底线业绩。

另一位“内在游戏”的倡导者和思想领导者——John Whitmore，提出在企业环境中将授权和教练相结合。他在《教练绩效》（*Coaching for Performance*，1998）中将工作中的动力和马斯洛需求层次相关联：一旦员工的社保、住房等基本需求被满足，他便会开始寻求更高层面的成就、更大的自我价值和自我实现。他们越来越多地被工作和生活中的价值意义所激励。Whitmore（1998，p.105）在他的书中阐述：“自我价值并不能被名誉和特权满足，因为这些比物质等方面
264 还表象。自我价值是在人们被视为这是值得做的选择时建立的。换言之，是经由真正的赋予权力和展示潜能的机会建立的。这便是教练的实质。而另一方面，忽视了选择的权利，并未真正地授权，就会局限员工的潜在能力，并减小其动力。”

Gallwey发现，企业高管工作的首要目的是完成底线业绩——追求更大的利润、更好的服务和更强的经济生存能力，这被Gallwey称为“外在游戏”。这当然是企业生存的基础，只是对员工来说，工作对他们具有更广泛的意义。是的，他们需要钱，但越来越多的人开始关心工作中的关系，以及如何尽量施展自己的技能——这是内在成就与内在游戏的对话。

Gallwey建议，与其依赖于工作和培训中得到的信息，不如去适应变化并学习如何改变，给“绩效”一个新定义。他发现那些绩效高的人往往是那些打算快点学的人。当他们被鼓励着觉察到周围环境，并且不被旧有习惯、模式和信念限制时，往往学得更快。经由体育培训，Gallwey展示了自己的学习理念：一个被支持着信任其内在资源的人，能够更有效地行动和更快地学习。把这一认识运用到当今的企业环境中，我们看到的是在不断的变化中，人们需要一个更富鼓励性的环境来支持成功。个人可以采纳并轻松面对变化的唯一方法就是学习如何学习。

工作场所可以支持内在学习和个人发展，如同Gallwey在网球场上做到的一样。Gallwey强调，内在游戏和外在游戏是可以被同时实现的，但这只能在企业认识到不断成长和学习的人会具有更强的生产力和更高的底线业绩时，才能发生。对很多组织来讲，这是一个关注点的转换。

学习的重要性

盖洛普咨询公司大规模的市场调查和研究（2001）显示了学习和执行之间的相互作用，并因此而产生了一个评估工具——“卓越管理的12要素”。盖洛普从确定员工敬业度——一个表达员工满意度和生产力并影响员工忠诚度和流动性的元素开始入手，经研究而得到的12个结论，以“Q^{12}”闻名，对企业文化和员 *265*
工所感受到的关爱、支持、给予学习和自我发展机会程度进行测量。在真实反馈中，盖洛普调查员John Thackray（2001，p.2）解释了这一工具的发展过程及应用：

> 这一工具曾被超过87 000个企业部门所使用，有近150万名员工参与。在可以提供跨部门数据的公司中，员工敬业数值的比较显示，那些Q^{12}数值高的公司，同时拥有更低的离职率、更高的销售增长率、更强的生产力、更好的客户忠诚度，以及其他卓越的绩效表现。

要转化为一个具有更高敬业指数、以学习为基础的文化，组织被要求放下部分控制权，并鼓励其员工更加有意识地觉察他们自己以及周围发生的情况。

在写作关于情商的文章时，Daniel Goleman（1977，p.149）谈到了正向的企业管理环境对学习和决策的重要性："当情绪不安时，人便不能清晰地记忆、专注、学习或者做决定。正如一个管理顾问所言，'压力使人愚蠢'。"作为一个高管教练，我曾与一些过分对员工施压的CEO们一起工作，他们之所以这样，是因为他们认为组织中的其他人并不像自己一样全身心投入工作，其他人看不到更远的图景，也不及自己能干。这类CEO的微观管理不但使员工没有动力，也为自己制造了时间管理方面的问题和压力。如此的情形并不能为高绩效提供最佳环境。

其实，高压影响绩效这一事实已经在Goleman（2000，p.82）的一篇文章中有所提及："很容易理解，在所有领导风格中，在大多数情况下，高压是最无效的。留意一下不同方式对企业环境的影响，灵活性是受打击最大的。领导者极端的由上至下的决策方式，会平白毁掉很多在萌芽中的新想法。人们觉得太不被尊重了，以至于他们想：'我再也不说了——反正都是被拒绝。'"Goleman还指出，员工在如此的氛围内会变得不满，并不再对自己的工作绩效负责。

我的一些CEO客户选择转型为教练式领导，这是发展教练文化非常必要的一步。一旦他们探索关于领导力的限制模式和信念，便会引入新的教练式领导风
266 格。这会帮助员工探索行动方案，并鼓励他们去选择那些更加靠近目标的指引。"把球放在员工的球场上"，员工通过解决问题而获得满足——如此的教练途径，在将控制权交还给员工同时，也解放了CEO和高管们，从而使他们可以更好地担负督导的责任。

享受企业教练文化的裨益

专业教练相信每个人都有自己的答案，并且具有找到自己答案的能力，这与Gallwey（2000）依靠更多的觉察和内在资源来学习的原则类似。一旦企业采纳这种理念，提供教练资源，并教练领导层更多地与员工合作，就会帮助员工关注想要的结果，且以一种令人愉悦的方式获得它。

在一个严肃承诺创建教练文化和学习环境的组织中，每个人都可以通过支持他人解决问题、信任彼此、找寻各自的方向成为教练。学习和成长如此令人向往，以至于每个人都会在为自己的成功努力的同时，也激励别人这样做。过分的竞争常引起不安，而成为学习的阻碍。老板和员工以及员工间的教练式伙伴关系，可以促成合作、更好的绩效和成功。John Whitmore（1998，p.137）提到："教练带出一个人和一个团队最好的一面。在教练的环境中，指导性的行为甚至不会被引发……"这一基本的教练原则在工作领域中支持创造力和学习。Whitmore（1998，pp.137-138）继续阐述教练在组织中的益处："提高绩效和生产力，促进员工的发展，改善学习、关系，以及个人的生活品质，让管理者有更多的时间，带来更多的创新理念，做出更好的人员、技能、资源分配，更快速有效地应对突发事件，以更大的灵活性和更强的适应性面对变化。"

那些在我的机构中接受过教练，并将教练应用于工作的CEO们也反映了种种益处——他们从员工那里获得了更强有力的支持，体验着更有效的时间管理，一举扭转了"焦头烂额"的局面。凯斯西储大学的Boyatzis、Smith和Blaize所做的研究印证了这种积极方面的转化，在文章中，他们阐述：

> 综合近期情感神经学和生物学上的发现，以及有据可查的领导力压力 267
> 研究，我们提出一个更全面的关于领导力发展的观点。我们强调这里讨论的领导者稳定性，是被领导者位置绩效的慢性压力、自身心两方面反向影响着的。但当领导者们在教练他人的过程中，体验到共情，体验到身心的

反应，身体便会自然地启动修复和成长的程序，因此自身的稳定性也被提高。我们特此建议，要保持成效，领导者们需要强调教练是他们的角色及行为举止中的一个重要组成部分。

——Boyatzis, Smith, & Blaize, 2006, p.8

正如前不久的调查显示，企业已看到聘请教练来提高领导成效的益处。在《公司快报》中，Jim Bolt（2006）记述了一次高管教练的调研（“强力高管教练”调查），本次调查涉及48个组织和86位曾接受过教练的领导者，并发现：

绝大多数回馈显示，“领导者发展”是接受教练的主要原因。最大的变化是教练已经从原来遇到问题时的一个“解决工具”，演变成支持成功的领导者做到更好的伙伴。在很多公司中，拥有一名教练被视为一种嘉奖。而且我们发现，现在已有高达43%的CEO和71%的高层管理人员和教练一起工作过。至少有63%的组织打算在接下来的5年中增加教练的引入。更有说服力的是，92%的接受过教练的领导者表示会再次聘用教练。

如果这样的调查是个例证的话，看来教练不但会被广泛推广，而且会更普遍地被高级管理层接纳。

向新教练文化转化

企业要培养教练文化，有多种不同方法。领导者的发展是企业在商场上生存的基础，如Terry Bacon（2003）在国际知识学院的白皮书系列中指出的：高管领导力可以经由教练得到提升。“教练被视为促使高管发展最有效的方法之一。因为它专注地、一对一地关注到高管最需要发展的领域，并从某些可以确诊发展所需的专家那里得到支持和指导，以帮助高管们解决问题、发展技能”

（Bacon，2003，p.1）。一个在专业教练那里有过正向个人体验的企业员工往往会成为教练理念的倡导者。无论是身处高级管理团队，还是位居中层，这个员工 268
都会鼓励同僚们去为自己或他人找教练。为高管建立正向的教练体验，一种稳定的、有形的、步向巅峰的教练文化，甚至可能会在还没有足够的根基和支持前，就已经登峰造极了，亦或它会继续下去，直至达到临界点，使教练文化被更广泛地接纳。

当高级管理团队做出决定后，可以看到的另一种方法，是基于现有企业氛围和市场定位的评估，他们需要把引入教练作为战略转变的驱动力。如下的三步可以支持企业全盘文化的改变，并步入教练式的环境：

第一步：在组织内部建立一个协议，内容涵盖营造学习型、教练式的环境，并提升责任、绩效、成果的环境需求和愿景。

这一步，包括为所有高管和经理们举办介绍性的工作坊，以促成他们对教练的共识，及以对教练作为领导模式、沟通渠道和工具的认可。另外，更迫切的是，在组织中明确教练是必需的自我发现途径和迈向成功的垫脚石。

第二步：由专业教练来教练主要经理和高级管理人员，以使其体验到教练的价值，同时明确他们的目标，并发展自身的教练技能。

教练会通过一对一的探讨来提升其领导能力，帮助其找到工作—生活平衡，并经常使用正式和非正式的评估。如同Bolt在早些时候的研究中发现的那样，教练正在组织中乘风破浪地全速前进着。

第三步：为支持这种以学习和教练模式为基础的进程，企业中的某些人被选出在企业内部担任教练角色，并在必要时提供教练支持。

接受教练培训常常可以使他们在企业中独当一面。据我个人在教练内训中的经验，成功的内部教练可以支持组织中一些主动性想法，在会议中塑造教练模式，并鼓励采纳教练模式，而非以行为矫正来支持个人和专业成长。

要与风云变幻的市场形势与时俱进，建立更好的教练文化和学习环境是组织 269
存在和兴旺的基础。这其中的一个重要部分，就是领导者、经理和员工自身的发展：他们学习到重视变革、自我定位和自我激励。吸引并培养这样的人才，将大大提升企业长期成功的机会。

基于教练能力的指导方针奠定了教练文化的基石

如同个人教练制定方针来决定教练参与度一样，企业和机构也会从清晰界定的企业文化方针中受益。国际教练联合会规范了教练能力，这是一对一教练关系的基础。因为本章的目的，我采用这些能力作为方针、企业支持教练的客观指标，以及基础的做事指导。这11项能力，因为关系到企业价值、行为，以及企业教练初衷的设计，故需要加以讨论。

组织中的教练能力

道德的能力

有道德的企业文化重视真诚与安全，且这些价值观会在日常企业行为中体现出来。鉴于企业巨头的"安然事件"——财务缺乏道德考量、员工基金使用不当，近年来企业开始重视企业道德观。不道德行为为员工带来的负面影响，唤醒企业对道德的注重。另外，一些公司借由清晰的道德标准提升员工对公司的信任度和忠诚度，并最终产生绩效。James C.Collins和Jerry I.Porras（1996）指出，持续成功的公司具有核心价值和核心目标，并在不断变化的世界中保持稳定。而正是这个不断鼓励进步而又保持核心的能力，使惠普、3M、强生、宝洁、默克、索尼、摩托罗拉和诺德斯特等企业成为精英企业，不断更新自己，取得长期的优异表现。

建立合约的能力

同员工建立清晰的合约是教练文化的基础。员工知道他们被期待什么，并清

楚他们在企业中的角色和职责。个人问责制是标准，人们因此清楚要求和承诺各 270
是什么。每个人都了解教练关系、教练会谈，以及自己身居其位需具备的条件、预期及日常状况。当教练被引入，教练和被教练者便形成了一种互相探索的伙伴关系，这种关系支持着被教练者对自己的发展和绩效表现负责。

亲密与信任的能力

当企业与员工间享有共同价值和道德观并彼此尊重时，信任便产生了。员工被鼓励着，作为迈向自身个人平衡发展、卓越绩效表现的资源而对教练开放自己。员工理解教练是自我探索的一种方法，并自愿选择教练来支持自己在职业和个人领域的成长。领导者将教练视作员工希望在企业内进取的正向举措。

当下教练的能力

在有效的教练文化中，高层管理人员和经理们熟练使用着教练技术和教练式领导方法。在技能中展示自信，从方式方法和结果上被他人认为是好的教练。利用讲座、工作坊和一对一的直接会谈，高级管理团队、经理与其下属之间需要马上完成教练知识的普及。

主动倾听的能力

企业务必在组织结构中建立倾听系统，并支持和建立一个开放的沟通热线，定期地给环境诊脉。通过让员工知道他们是被听到和看到的方式，来建立一个教练式的环境。以开放和接纳的态度倾听，信任由此产生，并会帮助建立稳定的和谐度、诚信度以及员工满意度。高管们务必意识到倾听的价值，并就沟通技巧进行良好的培训。

提出强有力问题的能力

在一次教练会谈中，强有力的问题表示经理或教练在与下属或同僚一起开放地探讨想法和可能性。在支持学习和教练文化的企业环境中，领导者面对员工时放下评判，从而支持他们在弄清事件和发现解决方案的同时，保持公司的目标，创造性地解决问题。

直接沟通的能力

271 当沟通的基础建立在主动倾听和强有力问题上时，员工确定直接沟通而产生的反馈是被尊重和恰当的。企业有自己的绩效评估系统，以直接和教练式的途径，通过关注个人优势并引发个人观察与员工分享。正式和非正式的评估以及及时反馈的会谈，促进教练式和学习文化的形成。运用360度反馈评估和人格评估来支持员工们学习、成长，进行自我行为矫正，并为建立有效的、以现实为本的发展计划奠定基础。

引发觉察的能力

当企业领导层建立定期的、以评估和个人发展计划回顾等形式为主的反馈机制，员工信任企业在支持其个人发展和职业成长方面的能力。那些提供教练模式、教练式领导力以及其他成长机会的企业成就了员工更高的敬业指数。

设计行动方案的能力

为了使员工的行动更有效地配合组织需求，企业要有清晰的愿景、任务、价值和目标。管理者和教练需要牢牢抓紧这些指标，帮助被教练者制订有意义并高效的行动步骤，并从教练的角度促使行动，以确保员工是行动方案的主人。

制定目标的能力

经协商的、基于价值观的战略计划为教练文化奠定了基础。借此，员工可以很清晰地知道该如何为取得特定目标而努力。因此，他们常会发展出一种更自发的动力和自尊。在高层次的教练文化中，当企业设定目标时，可以听到更多员工的声音，且其个人目标是企业整体计划的一部分。

管理进度和职责的能力

作为教练和学习文化的基础，企业应用教练技术，并将进度随时与组织中的每个人通报，同时，持续地回顾其目标、宗旨和战略计划。个人间常常有讨论自身发展计划的教练式对话。综上所述，这些举措让企业和员工解决当下问题，也为将来做好准备，并传达着“每个人在公司中都受到重视”的信息。

组织中教练能力的指导参考 272

表14-1是个人教练能力的总结，可以用来评估企业为建立教练文化的准备程度和进展。本表格基于国际教练联合会“个人教练能力”（2007），并征得了国际教练联合会的使用许可。

表14-1　企业支持教练和学习文化的就绪程度指标

能力	指标
道德	• 企业的价值观已众所周知 • 在日常生活中充分体现企业价值观 • 尊重私密的教练会谈和教练关系
建立合约	• 企业提供清晰的组织架构 • 在共识的基础上，清晰描述岗位责任 • 员工、管理层和外部关系均重视并履行合约 • 重视客户服务，并在日常工作中体现 • 员工和管理层接纳有关合作、探索和问题解决的教练理念
亲密与信任	• 企业与员工共享相近的价值观 • 管理层与下属间高度信任 • 信任在支持新的观点、探索和创新的过程中呈现
当下教练	• 管理层理解和采纳教练理念 • 管理层接受教练技能培训，并在自己的领导风格下自信地运用技能 • 管理层把个人教练视为员工发展的正向支持
主动倾听	• 多种可使用的倾听渠道 • 管理层和员工间开放的倾听热线 273 • 企业价值观员工反馈

（续）

能力	指标
提出强有力问题	• 管理者熟练使用不带评判的问题，作为一种与员工沟通的渠道 • 管理者作为教练，使用强有力问题支持员工找到自己的解决方案
直接沟通	• 员工反馈机制以360度反馈评估、人格评估和员工回顾等方式存在
引发觉察	• 员工反馈系统用于支持其觉察能力和个人或专业发展 • 管理者经由主动倾听、强有力问题和直接沟通来展示领导能力和沟通技巧，从而达到提升个人觉察和专业进步的目的
设计行动方案	• 在清晰的绩效目标和评估基础上，管理层教练员工规划有意义的行动计划 • 企业有基于战略计划的清晰的目标和行动步骤 • 员工的行动步骤支持企业目标
制定目标	• 企业的目标是清晰的、可行的、有时间线的 • 员工在制定企业目标时可以表达自己的意见 • 员工的目标支持其自身能力的发展，从而使企业的目标得以发展 • 员工的目标是清晰的、可行的、有时间线的
管理进度和职责	• 管理层定期同员工安排教练会谈，以评估发展计划和技巧 • 管理层安排教练会谈，以讨论企业战略计划 • 企业为员工提供动态的企业目标进展和状态报告

274

结论

在企业行为和生产能力领域，许多具有现代思想的领导者已经开始运用“内在游戏”架构和战略方针来营造企业中教练和学习环境。在满足员工成长、学习、创造和成就需要的同时，他们这种做法也为企业建立支持高效合作的环境奠定了基础。个人的成功和企业的底线并非背道而驰，更多的是相辅相成的目标。

教练文化是支持学习的。除了放弃权威控制和高压绩效外，企业被鼓励建立一种新的劳资关系，提倡学习，而非培养竞争；鼓励创新，而非遵循制度；提供成长和发展的机会，而非执著于旧有的方法和形式。鼓励企业中每一个人学习为自己思考，让员工们发展其主人翁意识。

正在进行的生产力水平和员工敬业度调查指出，企业现在已经受益于这些一直致力于探索教练文化的领导、教练和组织建立的强大基础。一个组织，越能够将本章中提到的教练能力和文化元素整合在一起，就越能够拥有更大的改善底线及工作环境的潜能。运用以上标准评估企业的就绪程度和发展计划，组织可以开始具体的行动步骤，向企业变革和正向成长前进。

参考文献

Bacon, T. R. (2003). Measuring the effectiveness of executive coaching. White Paper, Lore International Institute.

Bolt, J. (2006). Coaching: The fad that won't go away. *Fast Company*, retrieved from http://www.fastcompany.com/resources/learning/bolt/041006.html on September 13, 2007.

Boyatzis, R. E., Smith, M. L., and Blaize, N. (2006). Developing sustainable leaders through coaching and compassion. *Academy of Management Learning and Education*, (5)1, 8–24.

Collins, J. C., and Porras, J. I. (1996). Building your company's vision. *Harvard Business Review*, September–October, 65–77.

Gallwey, T. (2000). *The inner game of work*. New York: Random House.

Goleman, D. (1997). *Emotional intelligence*. New York: Bantam Books.

Goleman, D. (2000). Leadership that gets results. *Harvard Business Review*, March–April, 78–90.

International Coach Federation. *Coaching competencies: What is coaching?* retrieved from www.internationalcoachfederation.com on October 25, 2007.

Thackray, J. (2001). Feedback for Real. *Gallup Management Journal*, retrieved from http://gmj.gallup.com/content/811/Feedback-Real.aspx on October 12, 2007.

Whitmore, J. (1998). *Coaching for performance*. London: Nicholas Brealey.

第15章

6种当代组织文化中的教练模式和领导力

William Bergquist & Vikki G. Brock

277

引言

Susan Stracker（化名）是一位高管教练，现在正与三位客户一起工作，而这些客户快让她疯掉了。让她的工作陷入困境的，不仅仅是客户各自需要解决的问题，还有源自他们对领导力的不同理解而对教练所持的不同期待。Susan觉得自己就像一只变色龙，需要根据需求时时变换颜色（教练模式）。只是，不停地变换教练模式和切入点，Susan又怎能保持和自己的一致、连贯呢？我们认为，Susan这种混乱矛盾的状态并不少见。很多教练，包括笔者，都曾经历过如此的两难。因此，我们提出，Susan诸如此类的教练策略，部分取决于其客户身处的组织文化及其基于此而了解到的组织现实。更多地，我们认为，这种不舒服源自Susan自身的教练文化——她的假设、她的价值观，以及她作为一个组织教练的抱负。

在本章中，我们会甄别并讨论6种组织文化。我们相信，这些文化都在深入
278 地影响着组织领导者的工作模式，及其对教练所提供支持的期待。然后，我们要了解这些文化中所存在的相互作用力，并特别关注两个方面：一是文化和教练模式在教练过程中帮助创建意义的方法；二是文化和领导者在当代企业中，遏制不可避免的焦虑情绪的方法。在结尾处，我们会考察不同的教练文化如何在工作中具体地支持客户（以及教练）创建意义、减少焦虑。

6种组织文化

在过去的20年中，我们之一（Bergquist）意识到从一个管理者的角度分析组织文化的重要性（Bergquist，1993；Bergquist，Guest，& Rooney，2003；Bergquist & Pawlak，2007）。他认为身处组织内部的人会对了解组织文化感兴趣，因为很多组织尤其抵触影响和改变。当代组织中的动力状态往往让人费解，任何支持组织去繁就简的形式都会受到高度欢迎。我们之一（Brock）最近走访了教练领域的很多先锋人物，她发现在这一领域存在着大量不同观点，并相信（同Bergquist一起）这些视角跟组织文化的不同息息相关，也因此区分了不同文化中有效的领导力和教练模式。本章表达的是两人理念和调研的综合结果。

现在把组织形容成文化，已经是日渐流行的一件事了。人类学家、管理顾问、组织心理学家以及其他社会科学家们已经开始越来越喜欢这个概念，并开始普及“文化分析会对组织生命及发展动力产生重要见解”这一观点。组织文化的定义及其研究方法就如同组织中的规章制度一样纷繁（比如，Pettigrew，1979；Peters & Waterman，1982；Schein，1985，1992，1999；Kotter & Heskett，1992；Deal & Kennedy，2000；Alveson，2002；Martin，2002；Cameron & Quinn，2006）。这里我们使用Philippe Rosinski（2003，p.20）的观点：“团队的文化是一套用来区别自身与其他团队的独有特点。”

Rosinski的定义涵盖了有形和无形的表现，并将文化视为一种团队的、与个 279
人化现实相对的现象。在Rosinski主要关注于“大文化”（国家种族间的文化差异）的同时，他的分析——如他自己所述，也同样适用于“小文化”（企业内部及不同团体间的文化差异）。Rosinski（2003，p.17）阐述：“一旦不同被视为文化差异，便有了深入了解和发展技能来管理它的可能，甚至可以为我所用。”本章的目的是提供对组织教练的文化分析，并以此作为要发展的重要技能之一。

在当代企业中，各有不同但又相互关联的领导力教练文化有4种。这些文化深远地影响着领导者和教练对当前工作的看法，以及对那些于公于私双赢潜能的感知；同时影响着他人对该组织目标的感知、运营模式的使用，以及与其互动的方式。其中的两种可以追溯到几个世纪前，它们是“专业文化”（professional culture）和“管理文化”（managerical culture）。另外两个产生时间不长，部分作用在于弥补之前两种原始文化的缺陷——一个被称为“选择文化”（alternative culture），一个被称为“支持文化”（advocacy culture）。这4种文化在某些形式上与Bolman和Deal（1991），以及Morgan（2006）的分析一致，但我们试图超越文化分析，发掘这些文化在专业教练领域中的更多内涵。

我们的全球文化还承受着另外一些对当代组织的外来影响，使其在运作过程中改变着方式。两种新的领导力和教练文化也应运而生，并同之前的4种文化相互作用，创造出新的动力形态：第一种是“虚拟文化”（virtual culture），是经由过去20年科技和社会力量推动而产生的；第二种是“有形文化”（tangible culture），它以不同的形式存在已久，最近才被确定为单独的文化形式。有形文化的出现，呼应了虚拟文化的产生，也消除了对现代文化失去持续性和连贯性的顾忌。我们认为如此6种文化（每种有其自身的历史和价值），在
280 组织教练中呈现出不同的视角，从而让领导者的工作更有效（见图15-1）。如Susan一样的教练会将自己对文化的喜好带入工作中，并常常被呼吁至少临时性地采纳更多的视角和方式匹配其客户。现在的问题是：一个教练可以走多远、多久，同时不失去自己的真实？

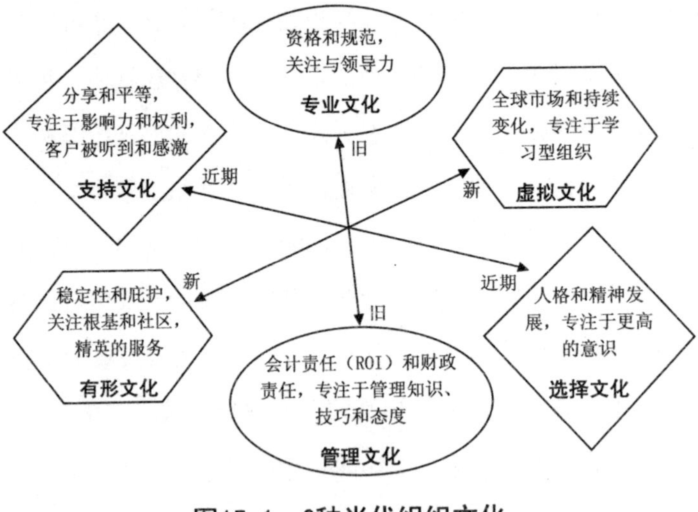

图15-1　6种当代组织文化

专业文化

当认同专业文化时，教练和教练服务的接受者会认为教练是一种职业，并经由制定道德规范、创办专业协会（如国际教练联合会、专业教练和顾问协会、欧洲导师与教练委员会以及组织教练国际联盟）、出版刊物（如《组织教练国际期刊》、《循证教练与启导国际期刊》）以及开展研究、设立奖学金等手段建立职业信誉。很多情况下，业已存在的职业（如心理和商务咨询）会表示它们可以单 *281*
独认证教练，或至少，教练领域需要仔细地管控。如此专业的顾虑，其背后的动机是值得称赞的：关于服务质量的担忧和足够理论支持的基础。但是，在其合情合理的动机下，往往是隐秘的对该领域进行控制的需要（凭借他们潜在丰富的财力和能力资源影响组织和个人的生活）。

专业协会往往在发展文化时担任中心角色。这些组织提出“对地位的需要、对承诺的感受、对分享规则制定和实施的渴望、对责任的感知、对融入社会团体的愿望”（Houle，1980，p.171）。他们带来激情和动力——一种将某个职业发扬光大的热情，即教练（Merriam & Brockett，1997）。在认同专业文化的人支持对教练研究的同时，他们倾向于将教练定义为“艺术”而非“科学”，并不惜代价地去匹配（因此控制或贬低）某种特定的教练结果。在《教练人的灵魂》（*Coaching to the Human Soul*）一书中，Sieler（2003，p.xi）倡导理论与实践并举，并引用中国谚语“学而不思则罔，思而不学则殆”。自这一层面理解，教练是一种理论和实践充分相结合的艺术。

让我们先来假设一下，充满困惑的Susan是专业文化的认同者。她与其他认同此文化的教练一样，相信很多未经证明的假设，认为企业中理性占优势。她会觉得跟“不理性”的人工作有困难——那些看起来只住在心里而不是脑里的人。她看似读过很多东西（为了跟上其领域的发展），并期待客户也同样知识渊博。她会采纳一个实际上很系统的教练观点，她相信一个学识渊博的领导者必然会总是先看到“宏伟的蓝图”，然后她会协助客户观察并仔细地分析这个宏伟而系统的图景。在根本层面上，Susan及其认同专业文化的同事认为：教练一个组织是知识产生、转化、传播以及领导者具体价值观和品质特点发展的过程——他们会试图区分管理者和领导者。

作为“专业”教练，Susan及其同事会更倾向于与组织的领导层工作，而非
282 与较“普通”（在他们眼中）的负责日常业务的经理工作。经理们或许需要教练，但教练的真正价值还是取决于位居领导位置的人。自一个专业文化的角度看管理，Warren Bennis（2003）建议经理级管理者问怎样做和何时做的问题，关注于系统、把事做对、维护、使用权利和短期计划。Vennis还建议经理们应试图保持现状、固守并模仿。他们是好士兵，是六七十年代典型经理的翻版。鉴于Bennis对管理的限制，教练在专业文化中扮演的角色已经非常清晰了，他们不是去协助经理执行组织内部的具体功能，而是帮助领导者确定这些经理职责的内容。

管理文化

认同管理文化的教练和教练服务的接受者，将教练视作Bennis所谓管理领域中提高绩效的手段。与专业文化相比较，倾向管理文化的教练和客户，不再沉迷于“宏伟蓝图”和领导团队。管理就是行动，而非所谓的领导力。管理型领导者和教练总是可以经由一套详尽的组织功能和责任而被识别出来。比如，Fournies（1978，p.vii）曾在多年前提出“教练过程能帮助经理人成功地取得成果，并直接影响企业生存的技术”。Megginson及Boydell（1979，p.5）也同样表达了“教练是一个经理人通过直接讨论和引导工作，帮助同事学习解决问题、完成任务，从而得到更好结果的过程”。甚至，有些研究者深入地指出教练就是一种管理技巧。比如，Peltier（2007，p.xv）定义“教练”为一套“经理人与组织内部各阶层互动的日常工具”。许多其他1970—2000年间趋于管理文化的教练定义，口吻也大致相同。

如果我们把Susan带入管理文化，会发生什么呢？在此种文化中的Susan及其同事，视教练为改善管理行为的一种手段。认同此种文化的教练，更多要计
283 划、实施并衡量经理工作——这个工作是目标导向的。Susan会很喜欢同一个有

具体需求的客人工作，并对类似问题提供支持："帮我准备一下这个会议。"或者"我在同男性下属工作时觉得尤为困难。"作为一个趋向于管理文化的教练，Susan不会觉得经理人同领导层有特别的不同，对她而言，经理人就是领导层。其实，领导者只是让企业运转的员工。

认同管理文化的教练和客户会重视财政责任和教练结果的量化可测量指标（例如，投资回报率：ROI）。他们会相信管理者（也是领导层）的技能可以被细化，并通过接受培训和教练会谈得到发展。此种文化中的教练会用一个未经证实的、关于管理者能力的假设来明确测量其目标和目的。他们认为教练就是对某些人传授并重申具体的知识、技能和态度，从而使其成为成功和负责任的领导者。一个管理文化导向的客户，会希望Susan以一种更加显而易见的态度协助自己拥有更多的技能，进而在组织中更为成功并更好地发展。

其实，Susan的一个客户就是这种情况。他希望她帮助自己找到组织中"成功的钥匙"。如果Susan是以管理文化为导向的，她可能会欣然接受客户的期待；如果她是以专业文化为导向的，她便会觉得被这些期待限制了——这就是为什么她乐于和那些喜欢"宏伟蓝图"的领导者们工作，而非和注重细碎而详尽的工作技巧与晋升机会的管理者工作了。

选择文化

认同选择文化的教练和教练服务的接受者，认为教练能创造一个方案或活动来延伸组织（甚至扩展到社区）内成员个人（多为精神层面）的发展。Flaherty（2005，p.3）认为"教练是一种通过与人工作，使人更有能力和达到圆满的途径，从而更好地为企业做贡献，并在自己所做的事情中找到意义"。Sieler
（2003，p.xiii）支持这个说法："灵魂是商业事务隐含的一面。教练人的灵 *284*
魂，就是支持人们活出、学出、做出最好。教练灵魂可以培养好的商业意识，当人们做到最好，组织也会受益于他们提升的效益、行为和创造力。"认同这一文化的领导者会选择那些看重个人开放与为人服务，或者身心灵并举的教练（参见

Stoneham，Weger，& Rocco，2006），这两种教练都不接受对个人教练和组织教练的人为划分。

如果Susan认同选择文化，她会很喜欢那些愿意自由分享感受和工作、生活中有故事的客户。Susan及其同事会采纳很多未被证实的、关于每个人需要按照其固有的规律成长、成熟的假设。Susan不但希望客户系统地思考，并且还想让客户在企业中表达自己的愿望——他的愿景和他在企业中的未来，以期个人价值观和企业价值观相匹配。认同这一文化的领导者和教练都希望支持到他个人在企业（甚至是更大范围的社区）里的发展——他们认为，教练就是鼓励企业内所有成员将其认知、情感、体能以及精神方面的潜能发扬光大，而不是形式上的领导。他们不单单想支持客户更好地与下属合作，成功完成某个具体任务——这是认同管理文化的教练的作为；他们更希望客户问根本问题并找到更深层问题的答案：为什么会同下属以如此的方式工作？为什么想成功完成这个任务？我所做的工作于我，最重要的是什么？为了成功，我需要妥协的又是什么？

支持文化

认同此种文化的教练及教练服务的接受者，认为教练是一种在组织内就自由和利益的分配建立公平、平等规章制度的凭据。Rosinski（2003）认为这是等级与平等中的平等一端，也是普遍主义者与个性参与者的普遍主义者一端。Rosinski（2003，p.54）将“组织中的平等”定义为“人们是平等的，他们经常
285 可以担任不同角色”，普遍主义者的架构是“所有情况都应以同样方式对待，为其持续性和规模效应而采用共同的程序”。接受这一文化的人过去多与制定和执行人事制度流程的角色有关（在大型企业和政府部门中扮演政策监督角色）。

认同此种文化的领导者会找那些重视对抗和平等，重视让人有能力有能量策略的教练，让所有股东愿意“坐下来聊聊”。Susan有一个很认同支持文化的客户，这个客户想确定Susan的个人价值系统同他在决策程序上的集体参与承诺是否相符。趋向于此种文化的领导者会寻找那些认识到在不同的人群中对立天然广

泛存在的教练，他们相信教练在其中的角色至关重要。领导者和教练都会担心为组织提供的教练不对等——在“有”与“无”之间产生更大的分歧。

我们暂时假设Susan是认同此种文化的教练。她和同事们会有很多未经证实的、关于组织权利最终角色的假设，她会时常确定是否需要一些外界调解以处理这些与权利有关的事件。她会认为教练企业是对现有社会态度和架构的表面加工（并且常常是压制性的）。作为社会公平的倡导者，Susan可能会适时地在其教练的组织中倡导建立一个崭新且更宽松的态度和架构。作为倡导者，Susan对她的工作和教练的对象一定不是中立的。她不会隐藏自己的信念，并且应该在选择签约的企业和具体客户上比较挑剔。

虚拟文化

认同虚拟文化的教练和教练服务的使用者，认为教练是一种在这个后现代世界中以指数级速度制造出来的、参与并使用知识特长的工具。这种组织安排被Rosinski（2003，p.54）称为“改变”，它“重视动态和灵活的环境，经由适应和创新提升效率，并避免平淡无奇的日常流程”。认同这一文化的人重视全球观，并广泛地使用开放、分享与回应的学习系统。他们是Thomas Friedman（2006）所描述的“大同世界”的成员，在这里没有组织界限，亦没有国家疆界。 286

认同虚拟文化的领导者会寻找支持学习型组织的教练。正如早期学习型组织的倡导者彼得·圣吉（1990，p.4）所言：“笑到最后的，是那些能促使员工承诺和学习各层级知识的组织。”学习型企业是可能的，因为在最深处，我们其实都是学生。并且作为学生，我们不应该回避冒险和错误——虽然我们还是应该避免犯同样的错误、冒同样不成功的险，我们应该从自己的错误（以及成功）中学习。

如果Susan认同这一文化，她和认同这一文化的同僚以及领导者就会有一些未被证实的、关于其能够理顺后现代世界中存在的分裂和矛盾能力的假设（Bergquist，1993；Bergquist & Mura，2005）。毋庸置疑，Susan会熟练而灵巧地使用后现代世界中的数码科技，她甚至可以经由互联网来进行教练，并与同样是技术高手的客户一起工作；如果一个客户没有方便接入的数码设备，Susan可能会觉得不方便——他们倾向于通过不同媒介迅速便捷地与客户工作。认同虚拟文化的教练和客户会认为教练是在领导层的学习需求与技术资源之间建立一个连接，使领导者可以由此进入全球性市场和学习网络的过程。作为认同虚拟文化的教练，Susan会积极地开始建立自己的教练网络并与全世界的教练资源联通。

有形文化

认同有形文化的教练和教练服务的接受者，认为教练是一个辨识和肯定公司起源、人文环境和象征意义的渠道。这种组织安排是虚拟文化的反向延伸，被
287 Rosinski（2003，p.54）称为“稳定性”，它“重视稳定而有序的环境，通过系统和训练有素的工作提高效率，并尽量减少被视为麻烦的变化和不清晰”。认同该文化的人会看重一个价值观导向、面对面教练过程的可预见性，他们喜欢和看得见、“摸得着”（有形的）的人以长期并有现实基础（有形的）的关系一起工作。认同这一文化的领导者会寻找在企业中着重于嵌入模式（传统）的教练，在他们看来，改变文化既不可行，也不明智。他们强调全然认同公司现有且一直如此的组织动力——这一重点被那些对领导力（Srivastva，Cooperrider，& Associates，1990）和教练（Bergquist，Merritt，& Phillips，2004）持欣赏态度的人阐述得很清楚。

Susan其实是更趋向于有形文化（和专业文化）的。她的挫败感之一便是某客户希望通过电话进行会谈，因为他没有时间面谈。Susan因此觉得她并不真的“认识”这个客户，并希望至少偶尔可以和这个客户见一小时的面。如果她可以时时地见到这个客户，她会更容易理解那些微妙的暗示以及更好地同其工作。作为一个以有形文化为导向的教练，Susan想和所有客户都面对面地交谈，但鉴于地域和时间等限制，她也不得不同意进行一些电话会谈。

认同这一文化的教练和领导者有很多未经证实的假设，不仅仅是针对个人关

系的价值，还包括对组织和领导者预见问题、抵御诱惑和顺应潮流的能力。他们认为教练是对某特定组织当前特有的智慧和资源的尊敬与重新整合。这些教练和领导者大多比较感恩、忠诚，但有些时候也有点思维局限，并抗拒新生事物。

文化与教练：创建意义

虽然大多数组织教练和领导者会采纳或借鉴上述文化中的某种形式，但在教练过程中，余下的5种总还是会出现，并与主要文化互动。这6种文化间的互相作用力是必要的。我们建议每一个文化都要和与其相对立的文化（对立面）相互依存，并同时分享很多共性和假设。 288

选择文化，主要是为呼应专业文化中的不足演变而来的，但无论如何还是依存于专业文化，并与其有很多共同的价值和观点。同样，支持文化是从管理文化的对立面中衍生出来的，但还是在其中寻找自己的身份和目的，并与其分享价值和观点。我们还提出，有形文化源自虚拟文化对历史背景和面对面交流的缺乏，因此有形文化和虚拟文化相辅相成。

组织总是在如此的文化互动中——多为在文化中跨越鸿沟或调和观点的意图中，找到共通的意义。另外，教练经常可以敏锐地探测到客户的文化倾向，从而更清晰地看到客户现在的意义，甚至就此创建新的个人意义。下面会着重探讨这种经由文化创建意义的动态过程。

文化为身处其中的人提供了明确其现实本质的架构和指导方针。人们属于多个文化和群体，每一个都为人们提供了不同的透镜，通过它们，人们了解和解释世界上所有发生的价值。文化由人为事物和产品（可见和意识的外显）、标准和价值（群体对普遍变化的集体回应）以及基础假设（就普遍变化的不可见及无意识信念的外显）构成（Rosinski，2003）。如果我们想了解并影响人们在当代组织中的日常工作，则必须了解和全然欣赏他们隐含的现实模式。Schein（1992，p.15）同意这一观点：“领导者的底线是，如果他们还没有开始意识到自己身处的文化，就会被这些文化所领导。理解文化是我们每个人都想要做的，但是对领导者来说则是必不可少的。”同样重要的是，教练本人要理解那些形成他（以及客户）行为标准的观点、价值和基础假设。

最终，教练提供解决问题的指导方针、决策，产生影响力，形成心态并指导行为（Rosinski，2003，p.42）。更概括地讲，文化（包括广义和狭义）提供一些全方位的意义，而这在Rosinski《跨文化教练》（*Coaching across Cultures*，2003）一书出版前，被文化分析和传统教练所忽视。当某一个组织成员都重视的东西产生，文化便形成了。文化并不是为自己而存在，而是如Lessem
289 （1990）所言，文化为成功提供环境，并阐释组织的基本意图——它创建意义。

在更深的层面上，文化是一种群体意识程序，它区别着不同群体的成员，区别着组织中员工找到其工作意义和目的的方法。因此，组织文化必须带入多元背景中理解。组织中的礼仪、标志、假设以及领导模式都指向组织的目标，并源自组织的文化。正是因为文化的从属作用（纵然关键），除非它被清晰地定位，否则总是含糊不清。这可以通过组织在应对一个关键的具体问题时看到——就像现在的组织中出现的情况。而在这些情景中，教练就可以发挥很大的作用。

一个教练，而非一个危机，可以将文化（以及与文化相关的、未被证实的假设、价值观和信念）带入未来的愿景，并提供支持和资源来应对。如此的教练过程，不仅可以帮助员工避免危机产生，还可以有效遏制员工因无法避免的危机产生的焦虑。我们现在转向焦虑这个话题，以及组织文化和领导层在解释和遏制组织中的焦虑情绪时所发挥的作用。

文化与领导力：遏制焦虑

超越对文化自身的理解以及形成方式，教练认识到组织文化可以达到遏制领导者所要面临的焦虑和恐惧的目的，这是非常重要的。我们已发现的与文化有关的、组织创造焦虑的途径有：第一，焦虑在组织内部危机发生时产生；第二，焦虑在与领导者的工作中，以及在正式或非正式的工作评估或督导过程中显现；第三，焦虑总是当组织内部的一个文化与另外一个碰撞时产生。本着双赢的态度，一个团队形成一些假设，并为了适应外界环境和建立内部统一而发展出一种文化。这个团队（在开始时）觉得不错，因为文化可以提供解决方案——一个感知、思考和感受其面临的挑战的方法。

基于多种原因，组织文化不会轻易改变（正如同在有形文化中被强调的一 290
样）。其中最重要的之一是，文化遏制企业日常工作中沿袭下来的焦虑和恐惧的能力。如果源自文化的假设、信念遇到挑战，或者组织正在经历一个变革过程，人们会抗拒这种挑战。人们会尽量躲开因不确定而产生的恐惧和焦虑，以避免更深层次的痛，因而抗拒改变。Schein（1992）明确指出当基础假设不稳定时，焦虑便会产生。人类心智需要认知的稳定性。因此，任何对基础假设的质疑和挑战都会让人感到焦虑并进入防御状态。从这个角度讲，就组织文化达成共识和基础假设可以被视为一个组织保持活力、遏制焦虑的心理防御机制。

焦虑与文化

我们憧憬着一种存在——舒适甚至喜悦，并且没有恼怒和讶异；但其实却发现身处的世界充满改变，时刻要求我们学习新知。因为学习的风险是未知的，恐惧便转换成漫散的焦虑，无法清晰限定。文化提供了一个保护罩，它创造了角色、制度、态度、行为和实践，它为人们开具了保持安全的药方。文化提供了可预见性，并着重于人们在这个世界上的存在和行为举止。它说，如果你参与这个文化，你便不再形单影只——这里有确定的责任和义务。

心理学家告诉我们：当焦虑时，我们企图退回到一个心智和感觉都更原始的状态。我们变得更像小时候，尤其变得依赖并期待被某个在一些方面高超的人照顾。这种焦虑及其导致的依赖一直都存在。只是，焦虑是那些关乎学习问题的本源，不但使人们无法在生活中引入新学到的东西，还使得领导者没有能力或者不情愿去研究自己的组织，以及面对后现代时代不断浮现的挑战（Bergquist &

291 Mura，2005）。我们提出焦虑阻止了现代系统中个人和组织的学习要求。当我们作为领导者和教练，了解到焦虑的本质和效用，及其在组织中与文化的互动时，我们便开始破解因为抗拒学习和变化而存在的僵局。

组织文化作为遏制焦虑的工具

遏制焦虑和组织文化形成的基本互动，被Isabel Menzies Lyth（1988）仔细并极富说服力地记录了下来。她记述了一所英国医院中的护士如何应对与健康、生命和死亡关联的焦虑。Menzies Lyth注意到医院是如何帮助护士们改善，或者至少保护护士们不被焦虑困扰的。她建议，一个健康机构的最重要工作就是在日常生活中减少这些焦虑，与此相比较，机构所有的其他功能都退居其次。

确切地说，组织中的文化是处理焦虑和压力的首要方法。如果组织中的文化特别拒绝改变，一定是因为变化直接威胁到组织中已建立的、助其员工面对并处理沿袭下来的焦虑的非主流系统。Menzies Lyth的观察在很多其他组织形式中被一再确认。焦虑可以在绝大多数当代组织中被发现，减少这种情绪已经尤为重要了。无论如何，当一个组织总是引起员工的焦虑时，必须发展或建造一个缓冲区域，以在遏制焦虑的同时，回应其员工现实和日常所需。

到底如何关注在组织中的焦虑？Menzies Lyth（1988）建议通过“社会防御系统”回应，即组织中人与人之间或团队与团队之间存在的形式。其他组织理论家和研究者，例如Deal、Kennedy（2000）和Schein（1992），同样指出组织中的礼仪、常规、故事和标准（含蓄的价值观）可以帮助员工管理其在组织内产生的焦虑。只是，这些礼仪、常规、故事和标准并非偶然的活动，而是在组织内汇聚形成的一个独立而一致的维度——在创建意义的同时遏制焦虑。这一独立而一
292 致的维度被称为“组织文化”。如同Edgar Schein（1999）指出，组织文化是一个组织与世界上诸多状况抗争而得到的战利品。在组织的学习过程和企业相关职能中，应对和减少普遍存在的焦虑时，如果这个组织是适应的，那么现存的文化便会被强调、被加深，并更加抵触改变。

教练文化：创建意义，减少焦虑

作为一个教练，Susan如何做到最好呢？她如何才能采纳客户的众多观点，并欣赏6种文化中不同的力量呢？她又如何能最有效地帮助客户创建意义、减少焦虑呢？或许，Susan及其他组织教练能做到的最好就是，经由他们的工作，将6种文化带来的各式各样的观点呈现到客户面前。鉴于相对孤立，6种文化中的每一种，都只能帮助人们在学习上部分成功地创建意义和减少焦虑；而且，即便是成功，各种文化也只是完成某个特定组织价值和意义的一部分，且仅仅减轻了焦虑的表征，而非根源。一个人只有感觉到组织的重视后，才能全然地创建意义，减少焦虑。无论身处何种文化，当某人的担忧被组织中其他成员有效应对了，他们才会感受到自己被重视。

我们建议如Susan般的组织教练尊崇每一种文化，使其客户可以在某个文化中以及几个文化间有效运作。秉持这样的观念，Susan的客户可以更有效地影响和促进21世纪组织变革所需的品质和能力。基于如此的尊崇，教练客户可以确保企业向前发展而非解体。每种文化都可以帮助客户通过教练更好地学习，而非强调那些关于企业性质和方向的、与领导者关联的、局限而呆板的假设。基于所有六种文化都应被教练和客户尊崇的论点，我们来逐个看看每种文化具体带来的益处。

6种组织文化的益处 293

专业文化

在专业文化中，创建意义和遏制焦虑的首要途径，是表现出智慧和诚信就是教练自身的组成部分。如果教练可以在其客户工作的特定领域展示出渊博的学识，或者丰富的企业运作及领导管理经验，客户会更容易放松下来，澄清其工作目的并在面对领导层的质疑时少受些伤害。如果教练可以证明他是被认证的（如拥有ICF证书），或者如果他可以把客户的领导力问题归于一个详细的理论（如一种领导力模式）、一个特定的研究结果（比如调查过的某项领导能力），那么他便会得到客户的信任，并可能会在教练互动中发挥主导作用。

管理文化

当领导者或教练在此种文化的主导下互动时，如果教练能提供一种可以直接测量到的成果，让领导者以一个确定的方法改善自己的绩效（例如能够提升其部门30%的利润），便会更容易创建意义和减少焦虑。如果绩效的改进会带来某个特定的奖励，教练工作便更能创建意义和减少客户的焦虑。因此，重要的不仅仅是利润增长了30%，还有领导者因此而得到的一份奖励以及薪水和职责的增加，或随之而来的升迁。认同管理文化的教练在这方面比认同其他五种文化更占优势的是，他能够承诺具体的目标（这一承诺本身就创建意义和减少焦虑）。当然，即便有如此清晰的教练目标，也总是还有万一达不到，教练和领导者的焦虑不减反增的风险，并使那些与工作相关的基础假设面临质疑。

选择文化

此种文化中的领导者和教练试图将意义等同于个人满意度，并不断地学习
294 和成长。当客户“觉得好些”，认同更大的意义或更高层面的意识，或感觉在连接到一些更高的能量源泉或灵感，客户和教练便会减少焦虑。在很多不同方面，此种文化为创建意义和减少焦虑提供最易连接和便捷的方式。客户可能会觉得他们从身体上“更鲜活”，他感受到“较少压力”，或者被外界的某种力量或存在“充电”了。在此种文化中，我们没有特定的标准来衡量教练成功与否。每个个案的成功是由该次教练所涉及的客户或一个特定群体的价值信仰决定的。

支持文化

这一文化常常充满了焦虑，因为它不可避免地在“有”与“无”之间包含着一些对抗和紧张。接受教练的客户在感觉到被倾听和欣赏之后，通常会减少

焦虑。如果他相信自己在某个（些）在意的领域有影响力，便会认为其工作有意义。如同在管理文化中发生的一样，如果教练和客户对他们的目标非常清晰，便更容易创建意义并减少焦虑。认同支持文化的教练会帮助客户找到使其更具影响力的具体方法。如果影响力可以用一种可测量的方式来表达，那么支持文化中的教练和领导者便可以庆祝成功了（当然，如果失败了还是会有焦虑增加、意义崩溃的风险）。

虚拟文化

以此种文化行事的领导者和教练，会兼顾创建意义和减少或限制组织焦虑的平衡。一方面，尽管挑战式的询问可能动摇意义的存在模式并增加焦虑，教练的任务却是用后现代新的信息、新的关系动态网络切入点来挑战客户；另一方面，认同虚拟文化的教练在努力支持着他的客户，在如此充满复杂性、不可预期性和动荡的世界中提供些连贯的感觉（Bergquist & Mura，2005）。认同虚拟文 295
化的教练在帮助客户感受世界时会面临困难，这不仅仅是因为要消化处理大量信息，还因为需要在一个很高的层面上思考和行动。Kegan（1994）提出，后现代时代的我们“在我们的头中”（显然是一个对意义的现存模式和焦虑深远源头的挑战）。看起来，为了帮助客户更好地应对21世纪的主要挑战，这些针对虚拟文化、后现代领导者的教练是尤其需要的。

有形文化

鉴于现代领导者面临的挑战，认同有形文化的教练很明显地具有很大的潜在价值——领导者们期待直接符合有形文化的教练策略，他们希望可以与教练面对面，他们寻找一个安全的时间和空间。当有成效时，认同有形文化的教练会帮助客户建造一个庇护所，在这里客户可以自由地表达和感受。这个客户可以没有任何确定的计划，也并不一定想改善他的绩效、发现更深层次的意识或者更具影响力；他可能只是想找个地方，一个他可以“做自己”的地方，“跟一个除了陪伴他以外没任何计划的人聊聊”，或者“简单地被一个在乎他个人利害的人倾听”。这些有形的需求，并不很容易在教练合约中被明确指出。但是，如同在选择文化中一样，在有形文化中，可以帮助创建保持已有意义模式，减少后现代焦虑的教练策略是会马上发挥效应的。只可惜，如此的当面会谈，常常只能留给那些有足够权利、财富和机会的人。因此，有形文化与其他五种文化不同，更多是精英们的专属教练服务。

超越组织意义与焦虑及其中隐喻

我们的分析指出，在21世纪的组织中，不但有许多与领导力相关联的、生成意义和焦虑的诱因，同时也有很多渠道，教练可以用来创建和澄清意义并遏制焦
296 虑。很多心理学理论家建议人格服务提供者不提供澄清和创建意义的工作，我们不认同这样的说法。我们相信，Susan能够做得最好的就是直接处理关于意义和焦虑的挑战。我们这里提到的意义，不单单指精神层面；工作和组织生活是与教会、灵性团体同等重要的意义源泉。而且，如同疼痛是医护人员有关伤病的重要信息来源一样，焦虑也可以是组织管理者针对其个人行为及某些更广泛系统问题的一种信息资源。

如Susan般的组织教练会希望研究一些教练策略和观点，它们不但可以帮助创建意义、缓解焦虑，而且还有助于发现工作中引起分裂或制造焦虑的潜在问题。在本章中，我们阐述了每种文化的一些优势以及与每种文化相关联的教练策略，还提到了一些潜在的盲点。我们鼓励Susan以及其他组织教练探索那些自其自身文化观点中生成的假设，我们更鼓励组织教练和客户去探讨与其组织及工作有关的、超越组织与焦虑以及隐含于其中的东西。至少，这6种文化没有任何一种会于近期消失；而且，这6种文化实际上对21世纪中每个组织的活力都发挥着关键的作用。因此，为了在这些文化其中和其间成就有效的领导者，组织教练及其客户尊崇所有这6种文化是非常必要的。

参考文献

Alveson, M. (2002). *Understanding organizational culture*. Newbury Park, CA: Sage.

Bennis, W. (2003). *On becoming a leader*. Cambridge, MA: Perseus Publishing.

Bergquist, W. (1993). *The four cultures of the academy*. San Francisco: Jossey-Bass.

Bergquist, W. (1993). *The postmodern organization*. San Francisco: Jossey-Bass.

Bergquist, W., and Mura, A. (2005). *Ten themes and variations for postmodern leaders and their coaches*. Sacramento, CA: Pacific Soundings Press.

Bergquist, W., and Pawlak, K. (2007). *Engaging the six cultures of the academy*. San Francisco: Jossey-Bass.

Bergquist, W., Guest, S., and Rooney, T. (2003). *Who is wounding the healers?* Sacramento, CA: Pacific Soundings Press.

Bergquist, W., Merritt, K., and Phillips, S. (2004). *Executive coaching: An appreciative approach* (rev. edn) . Sacramento, CA: Pacific Soundings Press.

Bolman, L. G., and Deal, T. E. (1991). *Reframing organizations: Artistry, choice, and leadership*. San Francisco: Jossey-Bass.

Cameron, K. S., and Quinn, R. E. (2006). *Diagnosing and changing organizational culture*(rev. edn). San Francisco: Jossey-Bass.

Cervero, R. M. (1992). Adult education should strive for professionalization. In M. W. Galbraith and B. Sisco (eds.), *Confronting controversies in challenging times: A call for action. New Directions for Adult and Continuing Education*, No. 54. San Francisco: Jossey-Bass.

Deal, T. E., and Kennedy, A. A. (2000). *Corporate cultures: The rites and rituals of corporate life*. Perseus Publishing.

Flaherty, J. (2005). *Coaching: Evoking excellence in others*. Amsterdam: Elsevier Butterworth-Heinemann.

Fournies, F. F. (1978). *Coaching for improved work performance*. New York: Van Nostrand Reinhold.

Freidman, T. (2006). *The world is flat*. New York: Farrar, Straus & Giroux.

Houle, C. O. (1980). *Continuing learning in the profession*. San Francisco: Jossey-Bass.

Kegan, R. (1994). *In over our heads: The mental demands of modern life*. Cambridge, MA: Harvard University Press.

Kotter, J. P., and Heskett, J. L. (1992). *Corporate culture and performance*. New York: Free Press.

Lessem, R. (1990). *Managing corporate culture*. Aldershot, UK: Gower.

Lyth, I. M. (1988). The functioning of social systems as a defense against anxiety. In *Containing anxiety in institutions* (pp. 43–85). London: Free Association Books.

Martin, J. (2002). *Organizational culture: Mapping the terrain*. Newbury Park, CA: Sage.

Megginson, D. and Boydell, T. (1979). *A manager's guide to coaching*. London: Broadwater Press.

Merriam, S. B., and Brockett, R. G. (1997). *The profession and practice of adult education*. San Francisco: Jossey-Bass.

Morgan, G. (2006). *Images of organization*. Thousand Oaks, CA: Sage.

National Institute of Mental Health, retrieved July 20, 2006 from http://www. nimh.nih. gov/Healthlnformation/anxietymenu.cfm.

Peltier, B. (2001). *The psychology of executive coaching: Theory and application*. New York: Brunner-Routledge.

Peters, T. J., and Waterman, R. H. (1982). *In search of excellence: Lessons from America's best-run companies*. New York: HarperCollins.

Pettigrew, A. M. (1979). On studying organizational cultures. *Administrative Science Quarterly*, 24, 570–581.

Rosinski, P. (2003). *Coaching across cultures: New tools for leveraging national, corporate, and professional differences*. London: Nicholas Brealey.

Schein, E. (1985). *Organizational culture and leadership: A dynamic view*. San Francisco: Jossey-Bass.

Schein, E. H. (1992). *Organizational culture and leadership* (2nd edn). San Francisco: Jossey-Bass.

Schein, E. H. (1999). *The corporate culture survival guide*. San Francisco: Jossey-Bass.

Sieler, A. (2003). *Coaching to the human soul: Ontological coaching and deep change.*

Blackburn, Victoria, Australia: Newfield Australia.

Senge, P. (1990). *The fifih discipline*. New York: Doubleday.

Srivastva, S., Cooperrider, D., and Associates. (1990). *Appreciative management and leadership: The power of positive thought and action in organizations*. San Francisco: Jossey-Bass.

Stoneham, D., Weger, P., and Rocco, D. (2006). Integral intelligence™: Unleashing potential in leaders and organizations. *International Journal of Coaching in Organizations*, 4(3), 40–51.

第16章

教练技术、精益流程和“流”

Kim Gørtz

299 在心流状态下，我们感觉良好，并能感受到身心和谐运转的巨大潜力。

——Mihaly Csikszentmihalyi

引言

本章前半部分探讨了“流”一词的两种不同含义：一种来自于Csikszentmihalyi的心理学理论，另一种则是精益流程（lean processes）的关键因素。在第一层含义中，“流”指的是一种状态，即当个人或组织参与到某种具有适度挑战性、能激发高度敏锐性和满足性的行为中时，达到的一种全神贯注的忘我状态。而在精益流程中，“流”意味着一种在生产的同时为客户创造价值并满足客户需求的赫氏制（Holistic，也译作“全面式”）策略。这种策略会使组织及其客户成为伙伴，但同时也要求员工的积极参与，最重要的是要全神贯注、保持高度敏锐并能够认真倾听客户的需求。这里我们要证明的假设是教练能够激发这种心理状态，并有助于精益流程的实施。本章会将“流”的概念应用于多个领域，以支持精益流程在组织中的实施，并使教练得到重视并进一步得以发展。

300 本章后半部分提供了一个案例分析。这个案例以我在北欧联合银行所做的研究为基础，讲解了教练是怎样用于机构转型和精益流程实施的。由于精益流程对现代商业生活的方方面面都有着巨大影响，搞清这一点对于商业领域的教练至关重要。本章结尾指出，为了成功地实施精益流程，一家公司需要建立“人人负责，自我领导”的文化。在此过程中，教练应作为关键因素大力发展。所以，我认为对员工的教练是管理者应掌握的重要技能，同时我也会阐述教练技术应怎样用于机构转型，特别是精益流程应如何开展。

心理学中的“流”

由于之前理论界没有研究过心理学中的“流”和精益流程及教练中的“流”之间的关系，为了证实我的假设，我们首先来看一下积极心理学中的“流”。由Mihaly Csikszentmihalyi提出并发展的心流状态指的是，当我们在应对一项需要倾尽全力同时又能不断给予及时反馈的挑战或任务时所处的一种状态。心流状态只有在所要完成的目标与行动者的意愿及能力相符时才能达到。在Csikszentmihalyi看来，心流是强烈的主观意愿和精神高度集中的产物，在这种状态下，人们常常能够超常发挥，取得更大的成就。

Csikszentmihalyi在他的心流理论中，用相当一部分内容指出：通常来说，当面临的挑战到达极限时，我们才能展现出最高水平。做到这一点需要有清晰的目标、明确的规则和及时的反馈（也就是一个能让人保持全神贯注状态的情境，同时对操作者的要求与其能力相近）。因此，这一理论事关如何使我们展现出自己的最高水平。另外，当许多人为了同一目标而努力，共同思考，那他们就很有可能会达到一种共享的心流状态，内部的凝聚力也会因此得到增强。但是要达到这样的状态，首先要满足两个条件：其一，每个人的目标都要与其他人的目标在某种程度上取得一致；其二，主动关注别人以及他们的目标，即移情。

管理者要想创造心流状态，就必须将整支队伍都纳入考虑范围之中，关注每个成员，并以其个人魅力及高超技巧让每个人都设立更远大的目标。要建立一 301
个易于达到心流状态的氛围，高超的沟通技巧至关重要，而这就要求管理层及员工都参与对话。因此，要在工作环境中达到心流状态，需要不断地进行结构性反思、系统性评估、绩效考核及自我意识控制。一旦创造出心流状态所需的情境，员工的心流体验将可以应用于任何层次的组织，对精益流程的实施也将大有裨益。通过本章后半部分的案例分析，我们可以明显看出，具备教练文化的领导阶层更容易使员工保持注意力的高度集中。换句话说，通过建立一种充满挑战、及时反馈、目标明确的文化，领导者能够率领整个机构在心流状态下卓有成效地进行学习，并取得良好的工作表现。

Kaufmann（2006，p.299）曾列出“流”理论应用于教练的7种途径，其中两种在探讨精益流程情境下的教练时尤为重要，一是提高自我反思的能力并提供绩效反馈，一是提高对周边新信息的敏感度和灵活应对能力。这两条的重要性体现在其明确指出了教练应如何帮助员工满足他们的基本需求，以使员工能更高效地工作并不断提高自己的能力，这有助于增加客户价值，也有利于领导者在日常工作中对精益流程的效果进行评估。下一节我们将着眼于“流”在组织层面上的含义，重点说明两个问题：第一，“流”在精益流程情境中的含义；第二，教练是如何通过增强自我反思、给予绩效反馈、提高对新信息及组织性变化的敏感度和应对能力等方式来使精益流程得到有效实施的。

“流”在精益流程情境下的含义

精益流程的实施建立在持续流动的生产过程之上。

——Cynthia Swank（2003）

研究显示，为了取得最大程度的改变和进步，精益流程的实施需要赫氏制策略。同时，管理者和员工对改变过程的积极参与和负责也很重要（Banner &
302 Gagne，1995；Morgan，1993）。Garrahan和Stewart（1992）等人指出，这种赫氏制策略和集体参与的必要性常常被那些通过泰勒制（Tayloristic）认识精益流程的人所忽视。建立一支有自学精神的队伍、营造一种乐于学习的集体文化是成功的关键（Brochner，1995；Koskela，1992）。

这两者之所以如此重要，是因为精益流程最重视的是价值——与客户及其不断提升的需求密切相关的价值。正如Swank（2003，p.4）所说：“永远从客户的角度来衡量生产率的高低，评判表现的优劣。”Womack和Jones（2005）从战略角度明确指出精益流程的关键在于定义价值，定义能够提供所需价值的过程，然后建立一个能够将这一过程付诸实践的组织。这种对客户需求的关注，要求组织与客户进行建立在价值基础上的长期对话，了解在他们看来，产品或服务怎样才能更好地实现其价值（Atkin & Pothecary，1994；Bennett，Pothecary，& Robinson，1996；Gary，1996）。

简单来说，精益流程的哲学就在于永远以客户的需求和价值取向为导向，剔除与价值链不相关的行为，同时注重寻找需要改进的地方。优化是无止境的，持续的优化要求对生产链进行持续的评估——做了什么、怎么做的、由谁做的、做得怎样。为了能达到最优状态，持续的改变和进步是必要的（Garnett，Jones，& Murray，1998）。为了让精益流程成为企业的一部分，必须要建立以追求进步为核心的学习型企业文化，同时，建立对客户价值有清晰定义的企业文化也很重要。另外，所有人都要参与这一过程中。

与剔除无关客户价值或妨碍到客户价值实现的行为同等重要的是，在集体内部创造一种“流”状态和组织意向感觉。这一“优化路线”建立在“流”状态上（Bennett & Jayes，1998），但与“流”在心理学中的概念不同，并不是发生在个人内部的过程，而是生产产品或提供服务的“流”过程（例如，在丰田的生产模式中，汽车在流水线上生产，工人全身心投入，不断提高质量、缩减生产时间和成本）。这里的“流”使我们看到的是一种外在的持续性活动，从事这项活动的员工知道在什么时候、通过什么方法来不断完善产品，使之满足客户的需求。

因此，精益流程中的“流”意味着生产过程运转顺畅，生产活动能够高
效进行，进而避免拖延。“流”旨在创造一种能提高员工表现、满足客户需求 303

的最适当的工作节奏，以使生产过程能流动进行并发现阻滞之处（Eriksen，Fischer，& Mønsted，2005）。因此，要达到“流”状态必须清除一切障碍，而达到高度“流”状态的生产过程：能够创造价值，不易出差错，易于接受且安全可靠，有强大的生产能力，能够灵活应对生产过程和生产任务中的各种变数（Christensen，Ahrengot，& Leck，2006；Womack & Jones，2005）。

这一切都是为了使产品能不受干扰地快速送达客户手中。但是，这一过程不仅涉及生产和操作，也需要信息、指导、学习以及员工管理等元素的顺畅传达。而后者要求员工有强烈的主观意愿和精神高度集中，这样才能在生产线及价值链中及时完成自己的工作。管理者的重要性和挑战正体现在这里，因为管理者不能一直监控生产过程，他就需要在员工中培养一种和谐的氛围，使生产线上的工人能够朝着同一个目标共同努力。

Bhasin和Burcher（2006）指出，三个常见问题会导致精益流程难以实施：缺乏指导，缺乏计划，缺乏合理分工。他们观察到只有10%或更少的公司能成功实施精益流程。Sohal和Eggleston（1994）也提出过相似的观点。他们发现只有10%的组织能在工作中合理运用相关理论。他们认为，通常情况下，相关知识和技术的不足并非问题所在，成功实施精益流程的关键是要将下列因素结合起来：第一，同时使用五种以上的精益技术；第二，将精益流程看作长期的思维改造过程；第三，明确制定注重自我提高的方针；第四，进行文化改革，将精益流程的理念引入价值链的方方面面。

我们不仅强调变化的重要性，更注重行动和沟通在引发和推动一场成功的组织性变化的过程中所扮演的角色。Allen（2000）强调沟通的重要性，并提出要转移焦点。我将其称为情感和意识的转变——从控制到帮助，从评估到授权，从计划到倾听，从命令到教练。这种精益理念的学习得到了Philips（2002）的肯
304 定，他认为人力技能如沟通、解决问题、团队合作、领导层对话等能力对精益流程的成功开展至关重要。正如我们将要看到的，在增强员工自我反思、给予绩效反馈、提高对新信息及组织性变化的敏感度和灵活应对等能力的过程中，教练扮演着重要角色。

教练如何有助于在精益流程中达到“流”状态

通过与员工进行教练性对话，管理者要帮助员工找到与其能力和技能相符的最合适的目标。通过给予员工关注，并为整支队伍提供反馈，管理者能帮助员工不断提升自己的目标，树立更高的志向。这样一来，教练就能使员工更主动地学习、更快地成长、更迫切地想要有所作为。精益流程能否成功实施，很大程度上取决于个人及团队能否达到其最优工作水准，以及对心理层面达到“流”状态是否足够重视。

然而，正如接下来的案例显示，为了彻底了解教练在这些计划中的作用，广泛的视野、规划良好的策略、严密的系统框架也是必需的。虽然这方面的研究并不多，但Brown等人（2003）对通过教练来帮助大型组织实施精益流程过程中策略规划的重要性提出了一些颇有影响力的观点。从他们的研究中我们可以得出一些最基本的经验，在精益流程的教练策略规划中，这些经验体现在以下几个问题中（p.120）：

- 为了支持精益流程的实施，教练应担负多大的责任？
- 为了支持精益流程的实施，选择教练的标准是什么呢？
- 为了支持精益流程的实施，需要哪些外部和内部的教练？
- 如果使相关知识和技术有助于精益流程的实施，教练需要哪些工具？
- 为了支持精益流程的实施，应用哪些标准来评估教练的表现？
- 为支持精益流程的实施，需要哪些措施来激励教练？

他们的理论重点在于提出在精益流程的三个不同阶段要分别采用不同的策略，这三个阶段分别是：引入阶段、发展阶段、维持阶段。 305

在引入阶段，教练的目的是要明确新的指导方针和标准的操作程序，确保产生理想变化所需的基础、系统和程序都已到位。在这一阶段，教练起到疏导作用，将一个特定的部门和一群员工重新组织起来。

在发展阶段，教练的目的是要在员工与管理者之间、员工与员工之间创造一个互相信赖的环境，在此基础上建立起改变所需要的凝聚力和团队精神。

在维持阶段，教练的目的应是鼓励员工在改变的过程中找到更深层的意义和目的。Brown等人（2003）指出这一阶段最关键的是沟通和对话。

在他们看来，在一个成功的精益流程教练策略中，这三个阶段必不可少，另外他们还提出了九大关键因素，其中包括：建立多层次的教练体系，不同层次承担不同责任；根据组织标准来选择并确立内部教练的内容；为教练选定一套标准的工具供其使用（p.131）。

正如已经指出的那样，精益流程的失败常常是由于缺乏教练策略、缺乏沟通和对话——简而言之，就是忽略了一个组织在文化变革中“人性的一面”和这一变革对人的精神及情感的冲击。因此，接下来我要探讨的就是人性的一面。下面的内容是以我过去两年在斯堪的纳维亚最大的银行——北欧联合银行的观察、研究和经验为基础的，我读博士期间进行的研究就是在那里进行的。

案例分析：组织中的教练技术、精益流程和“流”

一个理想的组织能使每一个员工的潜力都得到发挥，一个健康的组织最鲜明的特点就是建立在信赖基础上的沟通。

——Mihaly Csikszentmihalyi

案例简介

北欧联合银行在斯堪的纳维亚半岛的4个国家都有分行，其业务遍布全球。它
306 是世界上最大的25家银行之一，旗下约有3万名员工。这个案例说明在一家大型机构中，教练是怎样被作为一项严肃的工具和方法来使用的，以及教练的一些其他作用。这个案例来自于我在北欧联合银行下属保险公司（Nordea Life & Pension，以下简称“保险公司”）与460名员工一起在整个银行系统中工作时的观察和发现。这个案例体现了“流”的不同含义，指出了它的一些重要特征和实际用途。

精益流程在北欧联合银行的实施

2006年1月19日，北欧联合银行专为推行精益流程而设立的部门——精益管理部门的时任总经理Jarle Haug宣布将在整个银行内部推行精益流程。他说：“有证据显示，精益流程将会提高我们的效率。这一工作方式之所以如此盛行，是因为它提高了员工的参与度，加强了团队内部的合作，并提供了大量的改进措施。”（北欧联合银行内联网，2006-1-19）此前在零售银行、银行共用电子数据处理及技术部试行的精益流程已被证明是成功的。他们还计划开设一家新银行，其运营将会完全遵从精益流程的方针，以客户为重，提高效率，不断追求进步。

Haug相信通过提高机构内部的工作效率，北欧联合银行能够为客户提供更便捷的服务，同时也能够更好地处理不断增加的客户咨询。由此可见，精益管理部门是建立在不断追求进步的平台之上，其中着重使用了精益流程的三条原则：第一，减少浪费。即剔除任何无法增加产品利益及顾客利益的行为。第二，最小化变量。即达到高度标准化，将错误减到最少。第三，增强灵活性。即剔除一切妨碍对客户需求做出及时有效回应的种种限制。

在他宣布了这一消息仅四天后，我参加了在布隆迪体育馆举行的开幕典礼。典礼上，保险公司的管理团队宣布将要在来年实施精益流程。管理层提出这一计划的理念是员工应当为客户的满意而感到高兴；工作应该是简单的、给人以享受的；在成功的过程中，每一个人都应当有所贡献。精益流程的原理很明确：增强客户的满意度；增强员工和管理层的愉悦感；最后同样重要的是，要保证在精益流程的开展过程中，管理者要有较强的能力。管理层指出所有程序都将日益简 307
化，因此，生产过程、工作流程及个案处理都要得到详尽的检视，以剔除其中被称为“瓶颈问题”的阻滞之处。

虽然意识到在改变整个系统之前，需要时间来改变思维方式，所以在一定时期内的表现难以达到预期，但高级管理层对必要的提议、相关的改变和提高仍然抱着支持的态度。显而易见，思维方式和焦点要想转变为以客户为中心，需要采取与客户沟通的新方式、增加员工的参与度、使管理人员更多地接触到精益流程的技巧与教练的方法。在期望增加服务量、减少时间、提高质量的同时，管理人员在日常工作中为员工提供教练、贯彻精益流程理念的能力也应当有所提高。这样一来，一种不断追求进步的企业文化就会逐渐形成，每个人都相信变化和发展很快就会发生。

保险公司决定采取渐进的方式实施精益流程，他们聘请了一位接受过专门训练的教练来负责精益流程在各部门的实施，同时一批精益流程方面的专家也会给予协助。

为了这一计划的成功实施，公司设立了一个指导小组、一个项目管理小组和一个项目小组。教练最重要的任务就是要通过多方面的教练工作，使这三个小组能够认清、反思并积极应对重组过程中遇到的困难。在各种研讨会上，教练发挥着极其重要的作用：启发参与者更深入地思考，提出更难回答的问题，或是使参与者更具有团队精神。

由于精益流程要求管理者在生产中采取新的思考方式和行动方法，保险公司专门为管理人员开办了各种研讨会，以使他们明确自己的责任和承担这种责任所需的核心能力。另外，项目小组还提供一些特定资源来支持管理人员的教练及其反馈。这些措施是为了设计出与管理人员的实际经验、工作要求及在精益流程新环境中实施管理将会遇到的问题相符的研讨会，通过这些研讨会来提高他们的技能和参与度。要想使管理人员接受这些新的理念，最重要的是要让他们看到绩效管理是如何在个人层面上创造价值的，又是如何在日常工作中帮助每一位员工取得成功的。在这一过程中，人们一再提出的问题是：在精益流程的环境中，领导者的作用和目的是什么？

308 在精益流程情境下，教练对管理能力的要求

北欧联合银行的领导力发展部门在4年多以前就实施了一个大型的教练项目。这一项目经过不断发展壮大，现已开设针对个人及团队教练不同阶段的课

程，还会举行考试并发放等级证书。由于要在下一级机构中普及教练理念，2007年秋天，该银行的最高管理层决定，所有的管理人员都要至少经过银行内部开设的基础教练课程（即教练课程初级班）的培训。按照预期，现在银行的所有管理人员都应对教练有所了解，并能用于日常管理实践中。这样一来，问题就变成了：在一千五百多位管理人员通过内部教练课程对教练有不同程度的了解之后，这种教练能力是如何帮助精益流程的实施的呢？除此之外，也有人质疑这种针对管理人员的教练能力所进行的教练是否能确保精益流程在整间银行的成功推行。

领导力发展部门作为整家银行人力资源管理部门的一部分，探讨了如果将管理人员的发展置于精益流程的情境中会有什么样的收获。值得一提的是，由于银行的精益管理部门对精益流程的实施非常坚持，因此，一旦精益流程对银行的各个管理层产生冲击，领导力发展部门必须要长期面对并解决这些问题。他们把这看作一个大好机会——通过一个全面的发展计划，就能一次性地提高执行精益流程所需要的管理技能、一定的教练能力和整体的领导能力。其中最重要的问题是，领导力发展部门能否处理好教练和精益流程之间的关系，以及他们能否将精益流程的理念和策略与教练的理念及目的相结合，以实现整体领导方式及组织文化的转变。

现在他们需要用这些教练资源和技能来支持即将展开的涉及银行所有管理人员和员工的精益流程的初步计划。他们常常讨论将精益流程和教练相结合的复杂性，换句话说，随着教练逐渐渗透到北欧联合银行的管理风格中，它也会同时成为精益流程能否成功实施的关键因素。为了支持这一过程的开展，领导力发展部门建立了一所精益流程学会，以支持精益流程在整个银行的实施。这所学会专门培养精益流程所要求的管理技能，其中包括通过对全面的精益流程和教练的培训 309
来掌握精益流程的原则、团队领导能力和教练技巧，

精益管理的主要目标是实现绩效管理，而教练则是为了提高沟通技巧以使精益流程能够成功实施。为了实施精益流程，GROW模型（Whitmore，2002）被用于对这一过程各个阶段的设计和教授。银行采取了各种措施来使这个新的教练计

划与保险公司现存的教练体系相关联（也就是说，教练将成为一种管理工具，管理人员可以利用它与员工进行对话，指出他们应如何最有效地利用自己的技能来解决在精益流程情境中遇到的困难）。领导力发展部门在不断的思考和讨论后指出，为了整个计划的顺利开展，三种管理能力和方式应当在银行内部得到鼓励。因此，领导力发展部门开设了内部课程，教授管理人员如何将这三者应用于精益流程。

第一种管理方式和教练模式会提供简单的指导，同时确保理想变化所需的基础、系统和程序都已具备。在这一阶段，为了重组一个特定的部门和一群员工，教练和管理起到的是一种疏导作用。管理者必须有能力处理员工可能因为在精益流程的情境中不清楚自己能做什么、要做什么而产生的混乱、无助，以及怀疑的心态。

第二种管理方式和教练模式要在管理者和员工之间、员工与员工之间创造一个互信的环境，加强变化所需的凝聚力和团队精神。在这一阶段，管理和教练的作用是将队伍团结起来，以使员工更专注也更赞同部门及团队的目标。管理人员的责任包括处理浪费的资源、解决政治矛盾，并鼓励那些因为流程僵化和个人问题而觉得自己没有贡献的员工。

第三种管理方式和教练模式鼓励员工在变化过程中探索更深层的意义和目的。在这一阶段，管理和教练要对员工个人给予足够的关注，以增强他们在精益
310 流程情境中的目的性。管理者要有能力解决员工对可能的风险、拖沓的程序、一再重复的流程以及实际创新的匮乏而产生的顾虑。简而言之，管理人员需要激发员工的内在能量及创造力。

根据Brown等人（2003）的看法，精益流程中的教练技巧和高超的管理技巧最主要的作用是：第一，引导员工解决他们在重组过程中面临的新挑战；第二，将员工团结起来，使团队的目标统一并增强其社会指向性；第三，使员工在日常工作中明确工作的意义和目的。

在精益流程的第一阶段，为了使生产顺畅进行，管理者要通过教练来解决员工可能存在的困惑、无助以及怀疑。从这个角度来看，教练有助于创造一种有序

的工作节奏，以适应对绩效的要求和客户的需求。另外，这种强调对个人进行教练的管理方式还能通过积极鼓励员工提高与精益流程相适应的能力，来帮助他们排除可能遇到的来自内部或外部的种种焦虑及障碍，进而减少挫折感。

在第二阶段，管理人员可以通过邀请员工进行对话（或是员工要求与管理人员进行对话），来解决团队内部的资源浪费、政治争端，以获得最大化的客户价值。在这一过程中，管理者能帮助员工提高技能，使他们能在自身能力与更高的要求之间重新取得平衡，进而达到心理学上的心流状态。从这一角度来看，教练可以提高员工对内对外的灵活性和适应性，以使他们在完成任务的过程中处变不惊。同时，这种管理方式也注重对团队的教练，以减轻那些因为固化的流程和内部矛盾而觉得自己没有什么作用的员工所产生的质疑情绪。

在第三阶段，也就是最后的维持阶段，管理人员可以通过邀请员工进行对话（或是员工要求管理人员与其进行对话），来着手处理那些因员工对可能的风险、拖沓的程序和一再重复的流程产生顾虑而阻碍其创新的环节，使员工清楚地意识到把产品以最快的速度送到客户手中是一切工作的中心。在这一阶段，教练能够激发员工的能量和创造力，使他们更好地为公司服务。更重要的是，这种强调团队教练的管理方式有助于使员工在日常的团队工作中形成同样的认识和共同的目标。

当教练成为管理方式及管理文化的一部分时，它在精益流程这三个阶段中 *311*
所起的作用能够很好地在变化过程中阐明，个人心理层面上的心流状态以及组织层面上生产过程的顺畅之间有着怎样的关系。一种全面实施精益流程的方式，为在提高管理能力、完善生产流程以及发展企业文化方面达到“流”状态提供了一个良好机会。在心理层面和组织层面上都达到“流”状态是成功的关键，考虑到两者之间相互依赖，教练对在这两个层面上都达到“流”状态起着重要作用。根据我的实地考察、问卷调查以及追踪采访，增强自我反思能力、给予绩效反馈、提高对新信息及组织性变化的敏感度和应对能力在这一过程中是必要的（Kaufmann，2006）。将教练用于个人、团队还有组织层面，对这些能力的提高有重要作用。

案例给我们的启示

> 让员工发挥自己的最大潜能，不是为了利用他们的才能来获取更大的利益，其首要目的是为了让他们在个人层面上获得成长。
>
> ——Mihaly Csikszentmihalyi

在精益流程情境下，教练的作用可以分为不同种类，我观察了每一种作用对不同层次的管理者所产生的影响。在员工层面上，教练的目的是开发员工隐藏的才能，帮助他们发现自己的潜能，并让他们更具团队精神和开放精神。如果一个部门的管理者是个好的教练，并且他知道如何激励员工，那这个部门的气氛会非常和谐。而且，如果教练活动进展良好，部门的生产效率、员工工作满意度和客户满意度都会有所提高。这些正是精益流程计划所要达到的目标。如此一来，问题就变成了：是教练和精益流程的进步，使保险公司的精益流程计划的初步实施取得成功的吗？

根据我对管理人员和员工所做的调查，教练被认为对精益流程实施有着重要的影响，不管它是以一种非正式的自然方式展开，还是作为一种正式的工作程
312 序。其中，非正式的方式在“疏导教练”方面成效显著——在精益流程的第一阶段，它使员工更敢于承担责任；而正式的教练，特别是通过对团队的教练（我称之为“集体教练”），使员工之间的沟通更开放、更自由。正式的教练还采取我称之为“拓展性教练”的方式提高了员工的热情，并使他们对个人以及组织的目标更加明确。根据对银行的60位员工进行的内部采访，我发现被采访者认为，教练有助于激发个人和集体的积极情绪，提高认知能力，使人们的思想既“敏锐果断”又“灵活多变”。而且，教练使员工的热情和参与度的平均水平提高了67%。当然，这家银行长达5年的教练历史也有助于这些方式的成功开展。

根据我自己的实地考察、追踪采访和问卷调查，教练对精益流程的助益体现在以下几方面：首先，也是最重要的一点，教练使员工关注什么是他们能做的；其次，教练鼓励一种探询的文化，从而使人的思想在工作时以及在流水线生产的

过程中有所转变——我的采访对象都认为教练之所以是实施精益流程的前提，就是因为它鼓励思维方式和企业文化的转变；再次，教练似乎能帮助人们以更有效、更新颖的方式开展工作。人们相信教练能启发员工找到解决问题的新方法，使他们能以正确的方式做正确的事。除此之外，许多员工和管理人员都认为教练对提高工作效率和时间利用率助益良多。而在团队层面上，许多受访者认为教练是一种非常好的工具。通过教练，他们鼓励建议，给予称赞，提出改进，支持创新。在一个组织中，教练作为管理方法的一部分，能在精益流程的实施过程中，从提高工作绩效到发掘工作意义，发挥广泛的作用。

结论

这一章得出的主要结论是：教练可以增加企业收益，提高管理参与度，加强团队互动（这一结论可以从我的观察和发现中找到证据）。这些因素在我看来正是成功实施精益流程所必需的。当精益流程和教练相结合时，管理者将能发挥更大的作用——从加强员工个人责任感，鼓励更开放更自由的沟通和对话，到推动 313
组织内部生产的流畅进行。教练可以使内部和外部的“流”状态相结合，这有助于加强反馈和互信，提升意义，鼓励学习和提高效率，进而创造一个充满自信、思想自由、善于学习以及灵活应变的大环境。这样一来，教练就提高了个人、团队以及整个组织的水平和生产效率。因此，我要对那些在策略明确的组织中工作的教练提出一个建议：在教练过程中，如果有明确的目标、牢固的基础和良好的规划，管理者对员工的管理会更加有效，与同事的合作会更加愉快，他们的目标也会更快实现。

在实施精益流程的过程中，教练最重要的作用是通过启发性的提问来激励员工更多地参与到客户价值的创造中；教练的第二个作用是通过引入一种认同的方式来激发员工的热情，并创造一个更轻松愉悦的工作环境。因此可以说，教练在整个组织转变过程中的每一个层面上都发挥了积极的作用。这一点可以从上面的案例中看出来，领导力发展部门帮助管理者，进而帮助员工，在引入新的工作流程、工作方法和人际关系后，重新定位自己。为了达到这一目的，领导力发展部门的内部教练要对管理者和团队进行教练。

总体而言，教练有助于一个组织形成符合精益流程的行为方法和思维方式。通过开展内部研习，教练鼓励人们思考哪些因素能够产生客户价值，哪些不能，哪些行为纯属浪费需要被剔除。因此，教练可以看作通过各种内部和外部方式，帮助管理者和员工处理复杂问题并促进合理的工作流程的一种途径。教练还能激发员工改进他们的工作程序。另外，作为一种管理工具，教练还有利于管理者帮助员工增强应变能力。

教练增强了员工的适应性，使整个价值链运转更流畅，还通过让他们意识到自己对整个组织的贡献来增强工作的意义，进而提升其参与度。最后，通过给予赞许和关注，教练也许能使人们意识到失误和问题同时也是进步的良机。在这样
314 的环境中，管理者和员工能够借助他们的教练技巧展开自由互信的对话，通力合作，共同解决阻碍内部及外部“流”状态实现的各种问题。由于同时建立了教练文化和精益文化，最后的结果可以被看作创立了一种“人人负责，自我领导”的文化。这似乎是所有期望在21世纪取得成功的企业在试图将教练和精益流程相结合时，最基本也最终极的目标。

参考文献

Alarcon, L. F. (1997). *Lean construction*. Rotterdam: A. A. Balkema.

Allen, J. H. (2000). Making Lean manufacturing work for you. *Journal of Manufacturing Engineering*, June, 1–6.

Andersen, F. Ø. (2006). *Flow og fordybelse*. Copenhagen: Hans Reitzels Forlag.

Atkin, B., and Pothecary, E. (1994). *Building futures*. Reading: University of Reading.

Banner, D. K., and Gagne, T. T. (1995). *Designing effective organizations: Traditional and transformational views*. London: Sage Publications.

Bennett, J., Pothecary, E., and Robinson, G. (1996). *Designing and building a world class industry*. Center for Strategic Studies in Construction. Reading: University of Reading.

Bennett, J., and Jayes, S. (1998). *The seven pillars of partnering*. Reading: University of Reading.

Bhasin, S., and Burcher, P. (2006). Lean viewed as a philosophy. *Journal of Manufacturing Technology Management*, 17(1), 56–72.

Brochner, J. (1995). *Pattern transfer; Process influences on Swedish construction of the automobile industry*. Proceedings of the 3rd Workshop on Lean Construction, Albuquerque, NM.

Brown, S., Miller, S., and Schvaneveldt, K. (2003). Recommendations on coaching strategies for implementing Lean. *Journal of Defense Acquisition Review*, August–November 2004, 117–133.

Christensen, T. B., Ahrengot, N., and Leck, M. (2006). *Lean. Implementering i danske virksomheder*. Copenhagen: Børsens Forlag.

Clutterbuck, D., and Megginson, D. (2005). *Making coaching work. Creating a coaching culture*. London: CIPD.

Csikszentmihalyi, M. (1990). *Flow: The psychology of optimal experience*. New York: Harper & Row.

Csikszentmihalyi, M. (2003). *Good business: Leadership, flow and the making of meaning*. New York: Penguin Group.

Eriksen, M., Fischer, T., and Mønsted, L. (2005). *God Lean ledelse. I administration og service*. Copenhagen: Børsens Forlag.

Flaherty, J. (2005). *Coaching. Evoking excellence in others* (2nd edn). Oxford: Elsevier.

Garnett, N., Jones, D. T., and Murray, S. (1998). *Strategic application of Lean thinking*. Homepage (accessed on 18 October 2007), http://www.ce.berkeley. edu/~tommelein/IGLC-6/GarnettEtAl.pdf.

Garrahan, P., and Stewart, P. (1992). *The Nissan enigma, flexibility at work in a local economy*. London: Mansell.

Gray, C. (1996). *Value for money; Helping the UK afford the buildings it likes*. Reading Construction Forum. Reading: University of Reading.

Kaufmann, C. (2006). Positive psychology: The science at the heart of coaching. In D. R. Stober and A. M. Grant (Eds.), *Evidence based coaching*. New Jersey: John Wiley & Sons.

Koskela, L. (1992). *Application of new production theory in construction*. Technical Report No. 72. CIFE, Stanford University.

Lyhne, J. (2004). Kollektivt flow-et interview med musikeren Peter Bastian. In *Kognition & pædagogik. Tidsskrift om tænkning og lœring*, No. 52. Copenhagen: Psykologisk Forlag A/S.

Morgan, G. (1993). *Imaginization: The art of creative management*. California: Sage Publications.

Philips, E. (2002). Pros and cons of Lean manufacturing. *Forming and Fabricating*, October, 1-5.

Sohal, A., and Eggleston, A. (1994). Lean production: Experience amongst Australian organizations. *International Journal of Operations & Production Management*, 14, 1-17.

Spear, S. J. (2004). Learning to lead at Toyota. *Harvard Business Review*, May, 78-86.

Swank, C. S. (2003). The Lean service machine. *Harvard Business Review*, October, 1-8.

Whitmore, J. (2002). *Coaching for performance* (3rd edn). London: Nicholas Brealey Publishing.

Womack, J. P., Jones, D. T., and Roos, D. T. (1991). *The machine that changed the world*. New York: Harper Perennial.

Womack, J. P., and Jones, D. T. (1996). *Lean thinking: Banish waste and create wealth in your corporation*. London: Touchstone Books.

Womack, J. P., and Jones, D. T. (2005). *Lean solutions: Companies and customers can create value and wealth together*. New York: Free Press.

第17章

教练技术的深化：投资回报率评估中的洞察

Merrill C. Anderson

本章概要 317

在过去5年里，我公司曾对一些领导力教练和发展计划进行过评估。2001年，我们首次对Nortel Networks公司（加拿大著名电讯设备供应商）进行了投资回报率（ROI）评估，结果显示投资回报率超过500%（Anderson，Dauss，& Mitch，2002）。最近，由我公司和Linkage公司合作开展的关于教练在组织中的作用项目的第二次年度基准研究（Anderson，Lynch，& Brill，2007），显示了教练是如何为一家企业带来各种有形利益和无形利益的。这些评估揭示了领导者从教练活动中学到了什么，他们是怎样学以致用的，以及他们的行为对工作的影响。同时货币收益也被记录在案，其中投资回报率高达50%～500%。

这样的商业成果固然惊人，但更令人印象深刻的是这些评估显示了领导力教练如何能产生这样惊人的经济利益。这里的领导力教练指的是将智慧和远见转化为有益的行动，进而使潜力得到开发的过程。对投资回报率的研究阐述了教练怎样才能创造更大的战略价值。本章开头将用一个典型案例来说明针对教练项 318
目进行的投资回报率研究是怎样设计的，然后通过讲解，深入探讨这个案例以及其他一些类似的研究给予的启示，指出如何将教练技术深化，并使它造成更大的战略影响。

案例研究：一家制造公司的试验性教练

由教练合作有限公司（Coaching-Partnership，Ltd）设计开展的一个教练项目，旨在提高一家制造公司领导者的能力。确切地说，这家公司的领导者希望通过这个教练项目来增强公司的竞争力，也就是在竞争激烈的市场中，能用更少的消耗生产出更多的产品，同时领导者能够更有效地应对变化，并在整个组织中推行文化改革。

这个教练项目是根据这些要求量身定制的，在广泛推行之前还进行了一次试验。参与教练项目的领导者要与领导层的其他成员分开，他们要进行自我评估、意见反馈、情商测试，还要参加个人教练课程、教练技术研讨会以及教练技术指导。由于这个项目的最终目的不仅是让领导者接受培训，还希望他们能够成为教练，所以公司还为参与者提供了其他支持：建立了“三人小组”教练体系，提供图书馆供参与者查找资料，与教练合作有限公司通过电话和邮件进行实时交流。

教练合作有限公司委托我们对这个教练项目进行评估，希望能更好地了解参与者在教练过程中学到了什么，在工作中又是怎样学以致用的，以及他们的行为对整个组织的影响。评估结果显示试验性教练的策略是正确的，并鼓励设计开展下一阶段针对整个机构的教练项目。我们联系了试验性教练的17位参与者，希望与他们进行40分钟的谈话，其中12人参与了这一评估（回复率71%）。

这一项目的影响是从无形收益（即团队精神的增强）和有形收益（即工作效率的提高）两方面来考察的。通常有形收益会根据M. C. Anderson（2003）、M. C. Anderson和D. L. Anderson（2005）说明的方法转换为货币价值，这一方法被
319 证明是比较有效而且是较为保守的。评估时，要排除其他可能因素的影响。整个项目的成本还有后续的教练过程所耗费的成本是整个价值评估体系的一部分，其中包含了机会成本（对所有17位参与者而言）。最后计算出投资回报率（根据12位参与者提供的数据），并根据参与者的反馈，在如何加强训练项目的影响和价值方面提出建议——考虑到将来要在整个机构内部开展这一项目。

参与教练项目的收获

参与者提到他们在如何看待与他人关系方面，以及如何利用所学到的方法来提高效率方面有很大转变：从控制或命令变得更加开明，从回答问题变为提出问题。他们变得更愿意反思，更愿意自由对话。他们学会了如何识别教练时机，并能够在这样的时机出现时，与下属和同事一起开创新局面。

比如，一位参与者说道："我负责许多团队的工作和产品生产，我还跟一些跨领域的团队合作，帮助他们实施计划。我学会了怎么样用教练方法使与团队成员的沟通更有条理。以前我只提供建议，现在我会寻找其他途径，帮助别人看得更加深入、更为全面。"其他人还反映接受到的教练使自己能更好地理解教练方法，也让他们对别人的教练更有成效。其中一位参与者说："我知道了教练不仅对我影响很大，对我的下属影响也很大；我还学到了教练会为大家提供新的可能，并创造一个更加开明轻松的文化。"

许多参与者还提到这个教练项目补充和完善了他们以前在领导力发展计划中学到的东西。所有参与者都认为这个项目有积极意义，增强了他们对自我的认知，改进了他们与他人的关系；对某些人而言，还影响了他们的职业方向。

如何学以致用

大部分参与者都说他们会将教练的方法应用于日常工作，这对创造一个自由开明的企业文化至关重要。那些有下属团队的领导指出，教练有助于明确团队任 *320*
务，集中精力完成团队要务，满足客户要求。团队成员的参与度变得更高，对工作也更有热情。

参与者还提到教练提高了团队个人成员的工作表现。其中一位说："我将教练所得用于每一个下属，根据他们各自的需求以不同方式对待他们。我会告诉每一个下属他们的优势在哪里，如何使自己更优秀。然后，我会跟他们分别展开教练式对话，以此提高他们的积极性和参与度。"这些参与者的下属也注意到了上级领导风格的转变。一位参与者报告说他告诉下属可能会有一段磨合期，好让他们可以为领导风格的转变提前做好准备。这种准备为领导者和下属向教练式领导风格转变铺平了道路。

领导者也在他们的下属身上看到了变化。他们的准备更充分了，在与上级面对面之前他们会想出解决问题的方案并再三思考；而当他们来到上级面前时，也并不仅仅是为了给出一个答案。教练增强了他们做决定的能力，也让他们可以承担更多的责任。一位领导者提到教练尤其有助于管理年轻员工，因为他们通常都想要更大的自主性和更多的参与。年轻员工总是跳槽的主要责任并不在于其直属领导，使用教练的方式也许有助于留住那些年轻人——在这个人才紧缺的工作市场上，这一点非常重要。

那些没有下属的参与者指出了教练在其他方面的成功应用。在与同事以及上级合作的过程中，他们解决问题的能力有所增强，也更容易集中精力完成关键任务并找到问题的根源。比如，一个参与者提到教练能使一个领导者在有限的时间里更快地了解产品召回背后的深层问题。一些参与者还说教练有助于他们把握好工作—生活平衡。他们对生活的选择更明智了，与家人的关系也有所改善，生活变得更加井井有条。

教练的无形影响

我把这个教练项目在创造无形价值方面的影响分为两大类：对个人能力的影
321 响，对沟通、合作和团队协作的影响。

个人能力

图17-1显示了受访者中认为教练对个人能力的各个方面都有重大影响或是一定影响的比例。我们对受访者指出每一个可能受到影响的方面，询问他们教练对这些方面是：有很大影响、有一定影响、完全没有影响、与此无关。

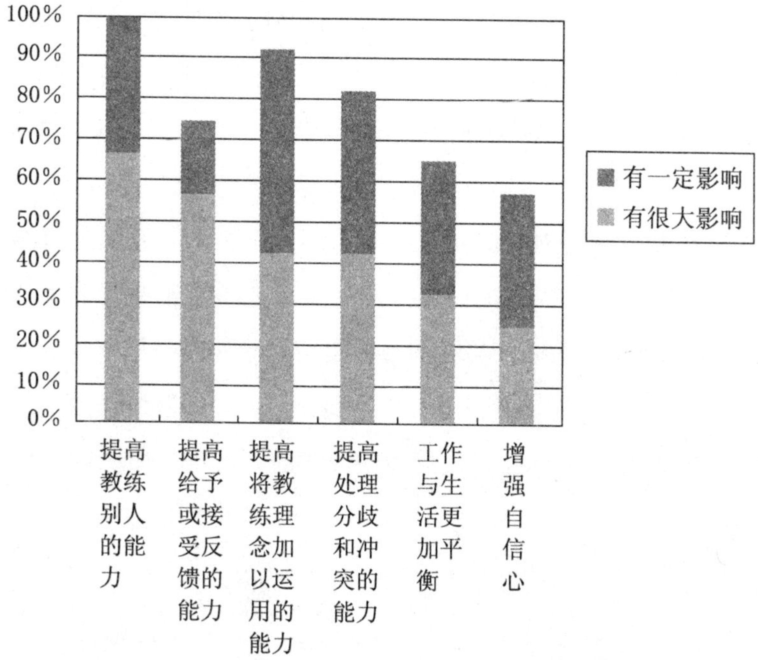

图17-1　教练对个人能力各方面的影响

60%以上的受访者认为这一项目对图17-1中所列的所有6个方面都有重大影响或是一定影响。每一位受访者都同意这一项目除了教给他们很多东西，以及教会他们怎样学以致用外，还提高了他们对别人进行教练的能力。比如，一位受访者说因为这个项目，“我有了新的体会。我知道了自己喜欢做什么、什么对我很重要。我找到了更适合自己的角色，也变得更有激情。别人看到这一点之后参与的热情度也会提高”。 *322*

40%～60%的受访者认为这一项目提高了他们给予和接受反馈的能力，使他们能将领导力发展的理念应用在工作中，并更好地处理分歧和矛盾。35%的受访者提到这一项目帮助他们更好地掌握工作—生活平衡，25%的受访者认为他们的自信心有所增强。不过，也有许多受访者说他们的自信心本来就很强，所以这一项目在这方面对他们影响不大。

沟通、合作以及团队协作

现在我们要把注意力转向图17-2，来研究教练对沟通、合作以及团队协作的影响。近60%的受访者提到这一教练项目对绩效管理的提高效果显著。当然，如果所有受访者都有下属团队，这一数字还会更高。而那些没有下属团队的受访者，则运用教练的方法来改善与同事的合作，其中大约一半的人认为教练对这一方面影响巨大。

约40%的人提到教练对提高员工的参与度和满意度、做决定的能力，还有鼓励他们与上级进行对话等方面有很大影响。我们在前面也提到了其他影响，比如教练是如何使整个团队变得更加开放自由、如何帮助每个成员自己做出决定，等等。25%～30%的受访者说他们在与员工沟通、团队协作等方面都有所提高，而且与他人的关系也得到了改善。近20%的人通过与团队以及他人合作受益匪浅。

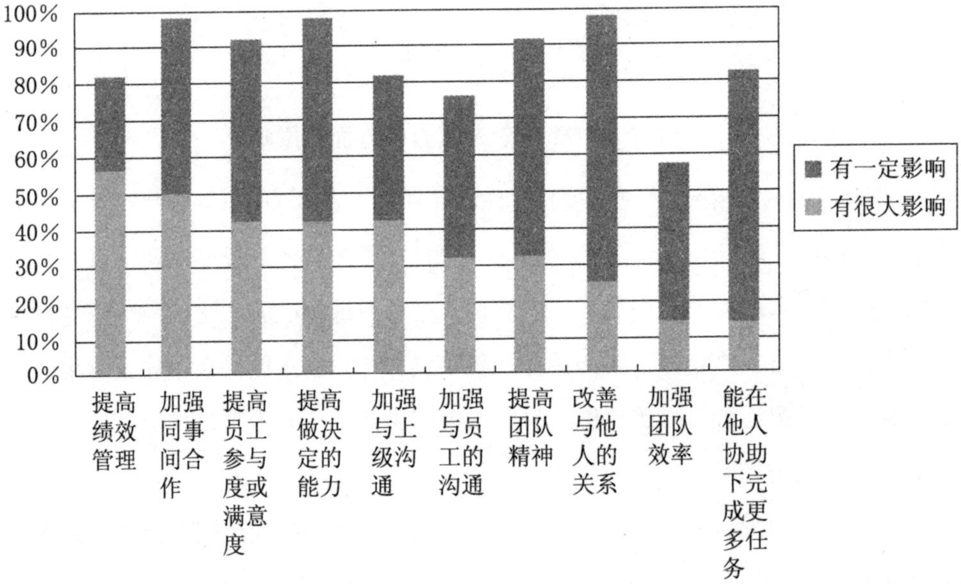

图17-2　教练对沟通、合作及团队协作的影响

教练的有形影响

我们将从4个方面探讨教练项目创造的有形价值：受访者的个人工作效率、他们领导的团队工作效率、他们的工作质量以及工作成本。

从图17-3中，我们能看到，受访者认为受这一教练项目影响最大的是提高效率，超过90%的受访者提到在这方面，教练有很大影响或一定影响。2/3的人说他们的工作效率有所提高，这通常是由于做决定的能力有所提高，也有约25%的人认为是由于生产成本有所降低。 323

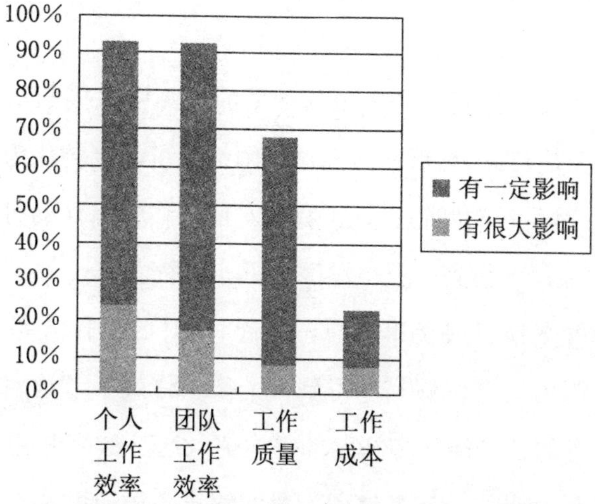

图17-3　教练对有形收益各方面的影响

教练的经济影响

那些认为教练项目对有形收益有影响的受访者还要回答一些别的问题，以便我们能将这些价值转化为货币收益（参见M. C. Anderson & D. L. Anderson，2005）。M. C. Anderson（2003）提出过一个方法，可以将教练对货币收益的贡献与其他可能的影响因素分开。这一过程的完成要求受访者： 324

- 估算教练对收益贡献的百分比。
- 估算这一贡献率的可靠度。

然后将这两个结果与整个货币收益相乘，就能得到教练对货币收益的最终贡献。

以下是价值转化为货币收益的示例。

个人工作效率

一位受访者说由于她将任务按重要性排序，而且完成任务时比以前更专注，所以个人工作效率有很大提高。于是我们请她将这一提高量化，以小时来算，每
325 周能节约多长时间（或是工作效率提高百分比）。她的回答是每周最少半天（4小时）。

这位受访者还被问到这一个人工作效率的提高中直接归功于教练的百分比是多少，她的回答是75%；然后又问她这一回答的可靠度转化为百分比大概是多少，她回答90%。对后者的回答告诉了我们对前者估算错误的可能性有多大，用90%再乘以整个收益，就得到一个相对保守和可靠的数字。

为了把这些答案换算成货币收益，每周4小时的工作效率节约率要乘以48周（不是52周，因为还有休假），得到一个年工作效率节约率，然后再用这个值乘以这些受访者的各种津贴和补贴的平均值（这一数字是由人力资源部门决定的）。为了清楚说明这一计算过程，我们假设各种津贴和补贴的平均值是40英镑。

计算年收益：

4小时×48周×40英镑（津贴补贴平均值）=7 680英镑（年收益）。

将教练对这一数字的贡献与其他可能的影响因素分开：

7 680英镑（年收益）×75%（贡献率）×90%（答案可靠程度）=5 184英镑（教练带来的收益）。

团队工作效率

另一位受访者说，这个教练项目使他能够有效地对他的团队成员使用提问技巧。以前他只是告诉他们他想要什么，然后希望他们能够按要求完成；现在他能够建立一种更和谐的关系，注意到其他人想要什么并提高他们的积极性。他说他的下属平均每周能节省6小时，这其中50%要归功于教练，而他对这一估计的自信度是50%。为了举例说明，我们假设津贴和补贴的平均值是40英镑，这一团队共

有10个员工。

计算年收益：

6小时×48周×40英镑（津贴补贴平均值）×10个员工＝115 200英镑（年收益）。

将教练对这一数字的贡献与其他可能的影响因素分开：

115 200英镑（年收益）×50%（贡献率）×50%（答案可靠程度）＝28 800英镑（教练带来的收益）。

货币收益总值 326

这一案例中的货币收益来自于个人及团队工作效率的提高。虽然从提高机构内部实力方面来讲，这些收益是实实在在的，但却不一定能在财务报表中有所体现，因而不能被认为是纯利润的一部分。但是，通过提高机构实力，这些收益也带来了其他收益。

工作效率提高所带来的总收益是190 000英镑，其中包括个人工作效率的提高（25 000英镑）和团队工作效率的提高（165 000英镑）。（注意：为保护公司与教练相关的财政隐私，货币收益和教练成本的具体数字有所改动。）

教练项目的投资回报率

计算启动这一项目所花费的全部成本

启动这一项目所花费的全部成本大约75 000英镑。这一数字包括项目设计、项目实施、项目管理和项目花费、设备、原材料、机会成本（所有参与者为参与这一项目所花费的时间乘以他们津贴和补贴的平均值）以及其他开支。

这里需要指出的是，项目成本是将17位参与者都算在内的，而收益是根据12位受访者的回复来计算的。虽然那些没有参与调查的项目参与者应该也创造了价值，但为了保险起见，我们假设那5位没有参与调查的受访者在参加了教练后并没有创造经济收益。另外，有一位受访者指出，还有4万多英镑的收益来自成本的降低，但这一收益由于数值太大，也不会被算在总收益中，这也是为了计算保守。这样一来，在计算投资回报时，货币总收益就会降低。

计算投资回报率

投资回报率以及利润成本比有助于我们更清楚地看到与开展教练项目所需的
327 投资相比，教练对利润的贡献有多大。这些货币收益是建立在提高工作效率的基础上的，因而不能被算作纯收益。

投资回报率的计算方式如下：

投资回报率＝（190 000英镑－75 000英镑）÷75 000英镑×100＝153%。

利润成本比的计算方式如下：

利润成本比＝190 000英镑÷75 000英镑＝2.5∶1。

需要注意的是，这一投资回报率的计算仅是基于一年的利润。工作效率的提高会一直持续并在以后的几年中逐渐显现，但对这一项目进行的投资几乎是在第一年就全部完成了。如果对投资回报率的计算再多进行几年，其数值可能会持续增高。不论投资回报率是如何计算的，有一点是毫无疑问的：教练项目通过提高工作效率带来的收益远超过开展这一项目所需的成本。

案例总结

由教练合作有限公司设计推行的教练项目对项目参与者以及他们工作的机构都有很大的积极影响。参与者将教练融入其领导风格和沟通技巧中，而将教练应用在日常工作中对创造一个自由开明的文化有重要作用。那些有下属团队的参与者认为教练有助于明确团队任务，使下属专注于对团队和客户最重要的东西。这样一来，员工就会变得更投入，对他们的角色也会更有热情。

那些没有下属的参与者指出了教练在其他方面的成功应用。在与同事以及上级合作的过程中，他们解决问题的能力有所提高，也更容易集中精力完成重要任务并找到问题的根源。一些参与者还说教练有助于他们把握好工作—生活平衡。他们对生活的选择更明智了，与家人的关系也有所改善，生活变得更加井井有条。

教练的应用在沟通、合作以及团队行动等方面有广泛的影响：绩效管理有所提高，合作和参与度有所提高，做决定的能力和团队精神也有所提高。这为企业创造了持续的有形价值以及超过150%的投资回报率。

这个案例向我们展示了怎样用一个谨慎保守的估算方法来全面计算一个教练 328
项目所带来的价值。将项目参与者的反馈结合起来，我们就能描绘出创造价值的整个过程，而教练所带来的无形收益将有助于企业实现其战略目标。对有形收益的分析，以及一部分有形收益被转换为货币收益的过程，显示了教练项目通过提高工作效率带来的收益远远超过开展这一项目所需的成本。

案例启示

是什么使得案例中的教练项目对项目参与者和他们工作的企业有如此巨大的影响呢？这个案例揭示了教练能够创造战略价值的三个重要因素：

- 教练必须与其他发展性活动相结合。
- 教练项目必须使领导者也成为教练，而不仅仅是受训。
- 必须建立实施教练所需的战略环境。

将教练与其他发展性活动相结合

教练虽然已被证明非常有效，但仅有教练是不够的。教练一定程度上是为了让领导者更有效率，但效率是由企业自己来定义的。其中一种定义效率的方法是建立竞争模式。领导能力竞争（在跨机构合作、经商才能还有绩效管理等方面）可以作为所有能力提高活动的关键。在案例中，除了教练之外，其他一些能力提高活动，如指导、评估还有研讨会也被加以运用。所有这些活动的目的都是为了提高领导者的效率。由此可见，在教练之外，还有一个更广大的能力提高过程，教练只是这个过程的一部分。

开展和利用教育课程是与教练相结合的另一个活动。这个教育课程为领导者提供了一个长期的发展途径。这一课程包括与领导力竞争相关的特定领域，以及各种可以被用来开展竞争的潜力发展活动，其中包括行为学习、岗位轮换、访
329 问、工作影子计划、领导导师制、启导，以及其他一些活动。在这些为领导者量身定制的发展性活动的帮助下，教练有了更明确的目标和更牢固的基础。有人认为，教练是使领导者成功完成这一系列活动的关键。

领导者作为教练

在上述案例中，参与项目的领导者接受了教练；但与此同时，他们也学会了如何对团队成员还有其他人进行有效的教练。参与研讨会的经验完善了他们成为教练的学习过程。这一项目显示了一种更广泛的趋势，要求领导者将教练方式融入他们的领导风格中。过去的"命令和控制"的领导风格已经越来越多地被"领导者兼教练"的风格所取代。而且，随着支持教练方式的领导者越来越多，企业会逐渐建立起一种教练文化（M.C.Anderson & D.L.Anderson，2006），这种文化强调发展，鼓励自由。

对教练和领导力发展项目所做的评估显示出将教练方式融入领导风格有许多好处。那些采用教练方式管理员工的领导者，其下属在面对问题时，渐渐能找到他们自己的答案了。他们觉得自己拥有了更大的自由度，可以自己寻找解决问题的方法而无需得到上级的批准。这样一来，他们就变得更有想法，面对问题时会寻找新的解决方法，对新技术的使用也更有创意。教练让学习变得更加主动，同时还被运用在与他人的互动中。随着人们对教练带来的成功体会越深，它对企业的影响也将越广。在上面的案例中，领导者谈到了他们是怎样将教练的理念教给他们的团队成员。领导者成为使用教练方法的榜样，这样一来，那些没有接受过

正规教练培训的员工也开始教练别人。

教练所带来的益处并不都是无形的。在上面的案例中，我们看到了教练项目是如何增加了领导者及其团队成员的工作效率的。比如，在领导者对所带领的团队成员进行教练之后，这些成员变得更独立也更有想法了，这就使得领导者不用时时告诉其下属每一件事应该怎么做，这样一来，领导者就会有更多的自由时间，也就可以将更多的时间投入到工作的战略方面。领导者之间的合作 330
也更加高效，会议的议题变得更加集中，在更短的时间里便能够完成更多的任务。

在案例中我们还看到，由于这一教练项目，这些领导者所带领的团队成员也变得更加高效。更大的自由、更多的创意帮助他们缩短了完成任务所花费的时间，因而他们也能在更短的时间里完成更多的任务。由于这些员工也开始在工作中使用教练方法，一种更广泛的非正式的支持教练活动的网络得以建立。这一网络完善了教练活动中使用的更为正式的“伙伴体系”，使之成为一种“潮流”，在企业中得到更广泛的应用。这样一来，教练的持续性就得到了加强，而工作效率的提高也得到了保证。随着这一计划的持续进行，教练将不再是一个突然发生的事件，而是一个长久的学习的过程。

教练所需的战略环境

对教练和领导力发展项目的评估显示，当这一项目与企业的业务战略不符时，就可能难以在企业内部得到实施。教练项目必须在合适的战略环境下实施，其结果必须明确而且能为企业创造战略价值。对于那些与大学有合作项目的企业，或是有高度集中的培训发展部门的企业来说，他们有富余的资源和能力来营造必需的战略环境（M.C.Anderson，2007）。在本案例中，公司的领导层希望教练项目可以推动战略性的文化改革，而实施教练项目的商业原理和所需的战略环境得到了领导层的理解和认可。

战略性的教练项目需要强力的赞助。赞助人不仅要提供资金，还要能描绘远景，给予支持和引导。这一项目越具有战略性，它产生收益所用的时间就越长。比如，要将教练理念贯彻到企业的各个领导层需要好几年的时间。像案例中的企业，目标是加强企业领导层的后备力量，要达到这一目标也需要好几年，所以赞助人必须要用长远的眼光看待这一项目及其效果。赞助人要大谈特谈这个项目及其效果来证明他的远见，并以此作为自己支持这一项目的最重要原因。

331 分析这三个因素——与其他发展性活动相结合、领导者充当教练和必要的战略环境，对教练项目的成功至关重要。上述案例在正式的评估过程中对这三者进行了说明。鉴于这一教练项目是试验性的，而且极有可能在企业中更广泛地实施，这一评估意义重大。对教练在工作中的应用及其对企业的作用等方面所进行的评估，为如何将教练的价值最大化提供了丰富的参考依据。虽然近年来有许多针对投资回报率和教练带来的货币价值方面所做的评估，但教练所带来的最大收益恐怕还是无形的。在上述案例中，工作效率的提高固然重要，而且还是投资回报率的基础，但后备领导力的提升，尽管是无形的，却对企业的长期发展至关重要。所以，我们应该可以说，教练项目起码不是一项亏本的投资，至少为企业创造了战略价值。

结论

专业的教练和对投资回报率的研究，为更深入地开展教练和创造更大的战略价值提供了新的可能。教练不再是简单的一系列一对一的活动，而是会影响领导风格和企业文化的项目。领导者不仅仅要被教练，他们自己也要成为教练。随着越来越多的领导者将教练方式融入他们的领导风格中，企业文化会渐渐发生细微但重要的转变。这要求领导者在日常工作中对员工进行教练。领导者要成为老师，提出问题后仅仅给出答案是不够的。员工要更多地担负起解决问题的责任，而且对方案的选择要有更大的自由。

投资回报率揭示了实现领导风格以及企业文化转变的关键因素。教练项目必须与其他发展性活动相结合，使领导者成为教练并建立一个必要的战略环境。对于那些管理教练项目的人，不管是作为对内的管理者还是对外的教练，关注整体至关重要。要经常问这样的问题：这个教练项目如何才能——

- 有助于实现商业目标？
- 使领导者成为教练？
- 补充其他发展性活动？
- 有助于改善企业文化？

通过解决这些问题，项目负责人和教练将提高教练为这家企业创造的战略价 332
值。正如上述投资回报率的案例显示，这一价值既包括有形价值，也包括无形价值，而且可以转化为货币价值。投资回报率研究显示了教练项目同时也是一种商业计划。这传达给企业领导人和教练发起者一个关键的信息：对教练项目进行投资也是一种商业投资。我们已经证明，教练可以创造重要的无形收益，而它对提高工作效率所做的贡献也已经远远超过了其成本。

参考文献

Anderson, M. C. (2003). *Bottom-line organization development*. Boston: Butterworth-Heinemann.

Anderson, M. C. (2007). The strategic contributions of corporate universities to leadership coaching. In M. Allen (Ed.), *Corporate universities* (2nd edn). San Francisco: Berrett-Koehler Publishers.

Anderson, M. C., and Anderson, D. L. (2005). *Coaching that counts*. Boston: Butterworth-Heinemann.

Anderson, M. C., and Anderson, D. L. (2006). Leaders who coach create coaching cultures. In D. Kirkpatrick (Ed.), *Improving employee performance through appraisal and coaching* (2nd edn). New York: AMACOM.

Anderson, M. C., Dauss, C., and Mitsch, B. (2002). The return on investment in executive coaching at Nortel Networks. In D. J. Mitsch (Ed.), *In action: Executive coaching*. Alexandria, VA: American Society for Training and Development.

Anderson, M. C., Lynch, J., and Brill, P. (2007). The business impact of leadership coaching: results from the second annual bench mark survey of leadership coaching. *International Journal of Coaching in Organizations*, September.

Coaching-Partnership, Ltd, www.coachinginpartnership.com.

要点回顾 / David B. Drake

本书第一部分主要聚焦于教练的心理学和哲学基础，而这一部分则在组织 333
和领导力发展领域追溯教练的根源，探讨了教练在组织中的实施、期待、影响和价值。相应地，作者们探究了组织所面临的一些问题，并试图通过教练取得更好的、更持久的效果。

无论教练对你而言是新事物，还是你视自己为老练的专业教练；无论你是在组织内部，还是在组织之外，我们请你思考以下问题，作为认识自己、认识客户、认识教练实践的催化剂。

第12章　团队教练：基于团队动力的教练模式（David Clutterbuck）

（1）如果你为团队做教练，你会做哪些准备工作？如果你不为团队做教练，你会根据你的客户类型做哪些准备工作？在理论和实践上，你是否深刻地理解了他们的本质和需求？为此你需要发展的是哪些方面？

（2）当个人客户致力于在家庭或工作的各种系统中做出改变时，你如何论述他们所面临的现实？在本章中你得到哪些启发，可以帮助你更加有效地帮助客户辨析这些关系或系统领域？

（3）作为教练，在专业性方面，你从本章中获得的最关键的启发是什么？

第13章　领导力教练：教练技术对组织的影响（Diane Brennan） 334

（1）在使用这种一幕接一幕地叙述的教练干预来向领导者说明你的工作的方法中，你学到了什么？对你而言，要更好地理解人们和组织的变化，存在哪些问题？

（2）你是否有机会开诚布公地与你的同仁分享你的案例以取得反馈和发展？如果有，你如何加深这些对话的深度以及你自我反思的程度？如果没有，从哪里开始才能创造你在这个方面的需求？

（3）作为教练，就开放性而言，你从本章中获得的最关键的启发是什么？

第14章　创建企业教练文化，提升企业弹性和绩效（Vicki Escudé）

（1）你如何定义或者描述教练文化的特征？这一章如何说明你的观点以及你力求在系统中（如组织、社区、家庭等）打造这一文化所做的努力？

（2）你如何评价应用个人教练能力衡量组织变革的意愿度，并且识别和提供合适的教练干预？对于这些能力，你认为你自己的长项和挑战各是什么？

（3）作为教练，就能力而言，你从本章中获得的最关键的启发是什么？

第15章　6种当代组织文化中的教练模式和领导力（William Bergquist & Vikki G. Brock）

（1）你工作的组织中最明显的文化类型是什么？哪种文化类型最适合你的教练模式？基于你的自我评估，你会给本章中的教练什么建议？为什么？

（2）对于你自己和别人的焦虑，你通常会怎样联系和反应？在你的教练实践中，你的偏好是如何体现的？你认为焦虑和意义之间有什么联系？

335 （3）作为教练，就偏好而言，你从本章中获得的最关键的启发是什么？

第16章　教练技术、精益流程和“流”（Kim Gørtz）

（1）你愿意在多高水平上和多大范围中对客户进行教练？在你的工作中，哪些时候经常有“流”的体验？如果你希望，需要付出什么才能提升你的工作能力、扩大你的工作范围？

（2）从教练中获得的情感、认知和行为的收益与系统（如组织、社区、家庭等）的发展和成功有什么样的联系？

（3）作为教练，就认知角色而言，你从本章中获得的最关键的启发是什么？

第17章　教练技术的深化：投资回报率评估中的洞察（Merrill C. Anderson）

（1）关于对教练项目的评估，如投资回报率或者其他的评估过程，你有哪些体验？阅读这个案例增加或改变了你的哪些想法——尤其是关于测量那些有形收益与教练技术所带来的无形收益？

（2）就教练的过程、成果和教练倡议而言，哪些问题及其答案对于你或者你的客户（或赞助商）最为重要？这些是正确的问题吗？如果不是，你想要问哪些别的问题？

（3）作为教练，就效能而言，你从本章中获得的最关键的启发是什么？

后记

337 正如许多有识之士看到的，当前世界更大的势力在推波助澜。我们也看到一个正在兴起的新的时代面临着许多前所未有的挑战和机遇。教练更大幅度地步入世界性舞台正当其时。这一目标的实现需要我们更深刻地追本溯源，深入研究，理清关系，获取成果。本书的目的正是为了更好地支持教练从业者和教练专业，支持其通过更加坦诚的自我反思和更加勇敢的集体表达来更好地应对挑战。

本书已近尾声，我想在此重申每一章中为教练从业者及教练领域的未来所揭示的启示。我们的目标在于通过分享我们在教练中所面临的重要事件所引发的启示来阐述教练的理念以及实践。在此过程中，我们是学者，也是实践者，这样可以使我们的观点既脚踏实地又切实可行。我们希望代表读者和世界各地的教练成功实现这一目标。

我们需要更好地理解——

1. 教练的根基：

（1）教练理论基础的不同类别，使教练们可以为自己的持续发展和表现设计一个连贯的计划。

338 （2）教练关系的本质及其与教练成果之间的关系，使教练们可以更加投入地提升教练关系中自我管理的能力。

（3）教练会谈创造出“场域”的动力，教练们在与客户工作时，在他们所陈述的资料中所蕴涵的巨大机会。

（4）超越教练中实用主义文化，区分证据的种类和用途的最佳方法。

（5）更好地将不同理论的论点、研究和实践联系起来的机制，使更多的教练采取学者—实践者方法进行教练实践。

2. 教练的应用：

（6）支持人们发展弹性和心理坚韧性的最好方法，使得他们可以处理复杂问题，并以建设性和健康的方式做出决定。

（7）真正的全球化的教练模型需要包含非西方和非主流的认识论、价值观以及实践。

（8）教练可以多种方式有效解决具体问题，取得具体成果。

（9）教练可以帮助客户走上智慧之路，解决当前关键问题。

（10）人文精神对人类和社会发展的作用，以及如何使客户探讨这些问题。

（11）最好的方法，也是最必要的方法，研究教练的各种模式，探讨共同点以及更加复杂的区别。

3. 组织中的教练：

（12）与教练相关观点的基础，以及结合能力、体验和循证的方法支持有效的团队教练。

（13）教练出现的不同角色和形态，例如：正式的教练会谈、咨询、协助，以及当同一个专业人士（内部或者外部）扮演不同的角色时发挥不同作用。

（14）教练文化的定义和基本元素，培育教练文化所需能力，以及在这种文化中不同教练类型的细微区别。

（15）当代组织文化中教练取得成果所需的资源，以及以不断增长的焦虑 339
和对于更大意义的需求为标志的问题的实时处理。

（16）在复杂系统中创造“流”状态的方法，以及在精益环境中保持富有意义的以关系为基础的教练对话。

（17）对教练项目的测量，可以最终证明丰富教练方法、发展教练行业的意义，尤其是对于我们工作中不可见的部分。

哪个（些）术语促使你思考你工作的未来以及教练的发展？访问我们的网址：www.practiceofcoaching.com讲述你的故事，加入教练同仁的对话。

David B. Drake

美国加州福尼亚塞瓦斯托波尔

索引

（索引中页码均为英文原版书中页码，同中文版斜体页码）

作者名录

Merrill C. Anderson：博士。具有超过20年经验的高管教练、作家和教育家，致力于提升个人和组织的绩效。他现在是Cylient公司的高管，这是一家以MetrixGlobal™评估服务为特色的、基于教练技术的领导力发展公司。他著有上百部专业著作，是2003年度美国培训与发展协会（ASTD）投资回报率论坛宣讲人。他的学术成果被广泛引用于战略变革和投资回报率方面的国际期刊中。

William Bergquist：国际级教练和咨询师，研究生院院长。著有43本书，致力于个人、团队、组织和社会的变革。近年来，他专注于组织教练过程，与他人联合创办了《组织教练国际期刊》和组织教练国际联营企业。他的研究生院（心理学专业学院，PSP）为那些成熟的成功人士授予临床和组织心理学的硕士和博士学位。这所学院还参与了教练联盟（The Coaching Alliance）的多个项目，倡导在世界范围内进行培训、教练、咨询、出版和研究服务。

Diane Brennan：自2000年以来，她在亚利桑那州图森成立Brennan Associates公司，以独立教练和咨询师的身份在全世界开展工作。她擅长绩效管理、领导力发展、冲突解决和过程提升，作为个人和团队教练与组织领导、医师和老板进行沟通。她拥有宾州布鲁姆斯堡大学的MBA学位和美国医学实践学院的研究员荣誉，是国际教练联合会大师级教练。在担任教练之前，她在美国私人和公众贸易卫生保健组织中，从事高层管理和临床实践工作超过20年。

Vikki Brock：高管、领导者和教练导师。拥有20余年的对财富100强的领导经验以及13年的成功治企经验，通过Call Me Coach公司提供教练服务。Vikki于1989年从华盛顿大学EMBA毕业，并在2008年获得专业研究国际大学

（International University of Professional Studies）的教练和人类发展方向博士学位。为了撰写关于教练发展的学位论文，她先后采访了175位重要的业内影响者。她是得克萨斯-达拉斯大学管理学院教练项目的教员。她于1998年成为国际教练联合会大师级教练，同时也是世界商业教练协会（Worldwide Association of Business Coaches）的认证高管教练（CEC）。

Francine Campone：教育学博士，独立教练和顾问。她担任国际教练联合会研究座谈会会议记录的编者之一已有三年之久。她的专业在于帮助成熟的职业人士，尤其是在非营利组织和教育组织中的职业人士，在工作和生活中实现重大的转型。Campone博士是得克萨斯大学达拉斯分校高管教练研究生项目的创始人之一，并在该学院和菲尔丁大学教授教练研究及循证教练课程。

David Clutterbuck：谢菲尔德哈勒姆大学和牛津布鲁克斯大学访问教授及教练导师，欧洲导师与教练委员会联合创办人之一，并担任该委员会英国研究会主席。他是12本教练和启导书籍的作者或联名作者，出版了《工作中的团队教练》（*Coaching the Team at Work*）一书。他领导一个国际性的顾问团队——Clutterbuck Associates，致力于帮助组织发展可持续的教练或启导项目。他完成了第一个关于启导的纵向量化研究，从启导者和被启导者两个视角研究两者的关系。

Marcia Collins：以优异的成绩获得计算机工程专业学士学位，于1996年合作创立人生教练公司（Coach For Life，http://www.coachforlife.com），该公司拥有教练培训资质认证。Marcia领导编写了她的两个认证教练项目的所有培训资料，他们的培训以成功教练模型™为主，其中心主题为“教练人类的人文精神”。作为一名大师级教练，Marcia不断发展那些做好准备的人，促使他们在体验灵性的强大力量以及人类自我发现的美妙时，教练自己的客户也进行这一体验。Marcia还协助创建了灵感学习基金会（Foundation for Inspired Learning，http://inspiredlearning.org），培训学员创造能够激发灵感的神圣的学习环境。

Sabine Dembkowski：博士，伦敦及科隆教练中心（www.thecoachingcentre.

com）创建者和负责人。她与同事一起为财富500强公司DAX30以及整个欧洲杰出的服务性企业的董事会成员、高管和潜力员工服务。在建立教练中心之前，她是科尔尼管理咨询公司在伦敦的战略管理咨询师。Sabine与Fiona Eldridge共同撰写了《高效高管教练七步法》（*The Seven Steps of Effective Executive Coaching*），于2006年由Thorogood出版（sabinedembkowski@thecoachingcentre.com）。

David B. Drake：博士，加利福尼亚叙事教练中心（www.narrativecoaching.com）创办人和执行理事。他为领导者、管理者和团队讲授教练技术和组织内部的发展策略，也在全世界范围内为职业人士讲授叙事教练技术，是教练相关的研究项目的重要专家。他在加利福尼亚菲尔丁研究生大学取得了人类和组织系统的博士学位。他学习并教授荣格的叙事心理学、悲伤过程和通过仪式，帮助个人和组织客户实现重大转型。David发表的关于叙事、循证及教练的文章、论文和书中的章节共20余篇。

Fiona Eldridge：英国教练技术中心联合创始人、常务董事，主要为公众部门的领导者提供服务。此前她是Veredus公司领导力与教练中心主任。除了为教练中心工作外，她还是教学部门的非执行主席和英国国家医疗服务体系（NHS）专业人士机构的非执行董事——管理NHS内部临时工作的提供、费用和质量。她还是《高效高管教练七步法》的合著者（f.eldridge@thecoachingcentre.com）。

Vicki Escudé：硕士，大师级教练。高管领导力教练机构CEO，在高管教练、商业运营、写作、管理和心理辅导方面有超过20年的经验。她是SECA的高级合伙人和教练培训师，也是Success Unlimited Network公司的董事会成员和教练培训师。她在2005—2008年任国际教练联合会董事会成员，也是得克萨斯-达拉斯大学管理教练项目的教员。她毕业于范德比尔特大学，从西佛罗里达大学获得心理学硕士学位，在测试、评估、教练培训和协助方面得到了很多进修机会。

Sandy Gordon：博士，供职于西澳大利亚大学体育科学、运动与健康学院，教授体育和运动心理学以及教练心理学。他是注册运动心理学家、澳大利亚心理学会成员，也是澳大利亚心理学会教练心理分会（IGCP）以及运动心理学院（CoSP）成员。他还取得了教练和咨询心理研究院的高级以及专业发展管理教练认证。他担任几家应用心理学研究期刊的编委会成员，并定期发表评论文章。

Kim Gørtz：在过去5年中，Kim对从哲学的角度研究组织发展、教练、领导力、员工参与及创新领域的兴趣不断提高。他目前就任于丹麦北欧联合银行的学习中心，是一位工业博士。在那里，他针对企业教练与领导力发展、员工参与度及创新之间的关系开展一系列基础性研究。他组织“教练咖啡屋”已有两年之久。迄今为止，他发表的著作有：《思想的开放》（*The Openness of Thought*）、《领导力的价值观》（*Values in Leadership*）、《有意义的价值》（*Values with Meaning*）、《教练的视角》（*Coaching in Perspective*）、《哲学的表现形式》（*The Philosophical Performance*），以及《从哲学角度做教练》（*Coaching from Philosophical Perspectives*，www.filosofisten.dk）。

Kristina Gyllensten：注册咨询心理学家和教练。Kristina在城市大学教练心理学系完成了她的博士学业，研究方向是教练的实践体验及工作环境中的压力。她是这一领域诸多文献和书籍的联合作者。目前她是瑞典哥特堡一家认知治疗中心的治疗师和研究员，并致力于哥特堡一个名为adSapiens的新兴教练组织的发展，在此组织中，她既是教练，也是培训师。

Charles Hamrick：拥有18年管理跨国企业的经验、8年为大型跨国企业管理层担当教练的经验，主要帮助那些在国际背景下面对挑战和实现目标的人。他在亚洲大部分国家进行管理、咨询工作，是数百名高管的教练，同时也是美国参议院和众议院议员的教练。他是一名注册教练，拥有工程学学士和硕士学位、心理学硕士学位、工商管理学硕士学位。他还掌握多门语言，包括英语、日语、中文和韩语。

Peter Jackson：教练和讲师，在牛津布鲁克斯大学教授教练和启导的研究生课程。他拥有伦敦大学伯克贝克学院组织行为学硕士学位以及牛津布鲁克斯大学教练和启导实务硕士学位。他是教练协会委员会成员、教练协会认证教练，曾任《教练协会快报》（*AC Bulletin*）编辑。发表的文章主要探索了教练反思的特征，以及从事教练的人对其所从事工作的理念。他之前主要在IT和HR领域工作。

Travis Kemp：博士，Teleran Group Pty.有限公司常务董事以及首席教练心理学家，教育家、心理学家、人力资源专家。Travis是澳大利亚心理学会教练心理分会的创始人及委员会成员，兼任悉尼大学教练心理教学项目讲师，同时也是南澳大利亚大学国际研究生商学院研究员、阿德莱德大学医学院精神病学临床导师。Travis联合编辑了《循证教练第一卷：来自行为科学的理论、研究和实践》（*Evidence-Based Coaching Volume One: Theory, research and practice from the behavioural sciences*）和《国际教练心理学评论》。

Peter J. Reding：工商管理学硕士，人生教练公司联合创办人，这是一家成立于1996年的认证教练培训公司。Peter是国际教练联合会独立的道德委员会主席，协助编写了国际教练联合会的核心教练能力标准。他还是教练培训组织协会（ACTO）的8名发起人之一，并且担任该协会执行董事两年半之久。作为一名大师级教练，Peter教练的对象是那些可以改变世界的远见卓识者。2003年，Peter建立了非营利的灵感学习基金会。他还通过其公司Positively Brilliant International（http://www.positivelybrilliant.com）传播创造学习环境的理念。他从马凯特大学获得学士学位，从佩珀代因大学获得工商管理学硕士学位。

Peter Webb：领导力教练心理学家，专长于亚太地区领导力效能中的智慧行为。他拥有昆士兰大学经济学荣誉学位以及悉尼大学应用科学（教练心理学）硕士学位。他是澳大利亚心理学会教练心理分会前秘书长，也是悉尼大学教练研究生项目组织内部教练课程讲师，还是墨尔本商学院伊莉莎高管教育中心副主任。他发表了多部关于高管教练以及通过教练发展智慧的著作。

Patrick Williams：博士，临床心理学家，转为教练后从业20余年。他拥有人类心理学硕士学位、超个人心理学教育博士学位，是国际教练联合会首批认证的25名大师级教练之一。Patrick曾在2002—2005年服务于国际教练联合会董事会。他还是人生教练培训学院的创建人。他撰写了无数关于教练的书籍和文章，包括畅销专业书《成为专业人生教练：人生教练培训学院的课程》（*Becoming a Professional Life Coach: Lessons from the Institute for Life Coach Training*）。Patrick因致力于“教练地球村”项目而成为首个被教练基金会授予“全球前瞻人物”称号的人。